서프라이즈 한국사

역사 속의 진실 혹은 거짓

서프라이즈 한국사

역사 속의 진실 혹은 거짓

초판 인쇄 2009년 2월 11일 | 초판 발행 2009년 2월 16일
지은이 이정범 | 펴낸이 홍석 | 펴낸곳 도서출판 풀빛
기획위원 채희석 | 책임편집 최양순 | 사진 권태균 | 디자인 김명희
마케팅 양정수 · 김명희 · 홍성우

등록 1997년 3월 6일 제 8-24호
주소 120-818 서울시 서대문구 북아현3동 177-5
전화 02-363-5995(영업) · 02-362-8900(편집) | 팩스 02-393-3858
전자우편 pulbitco@hanmail.net | 홈페이지 www.pulbit.co.kr

ISBN 978-89-7474-433-5 03910

이 책의 국립중앙도서관 출판시 도서목록(CIP)은 e-CIP
홈페이지(http://www.nl.go.kr/ecip)에서 이용하실 수 있습니다. (CIP제어번호: CIP2009000416)

서프라이즈 한국사

역사 속의 진실 혹은 거짓

이정범 지음

우리가 알고 있던 역사는 과연 진실인가?

　그동안 이런저런 글을 쓰다가 우연한 기회로 우리 역사에 관심을 갖게 되었다. 그런 과정에서 역사는 어렵다는 선입관을 깨뜨렸다는 게 나름대로의 성과라 할 수 있겠다. 다큐멘터리나 소설, 영화로만 접하던 역사적 사건들을 독서를 통해 그 실체를 좀 더 분명히 인식하고, 더 나아가 청소년을 위한 여러 단행본으로 정리하는 과정에서 얻은 결과였다. 특히 교과서나 통사로는 접하지 못했던 인물이나 사건이 제법 많다는 사실이 흥미를 자극했다.

　그러면서도 한때는 우리 역사에 대한 부정적인 인식을 떨쳐 낼 수가 없었다. 아직까지 미스터리로 남아 있는 단군조선의 실체나 중국과 동아시아를 양분했던 고구려와 발해의 지배 영역조차 제대로 밝히지 못하는 역사학계, 국가 안위와 민생에는 아랑곳없이 권력 투쟁에만 골몰했던 조선의 지배층, 가문과 개인의 이익을 위해 국권을 손쉽게 넘겨 버린 친일파, 그렇게 형성된 수구 기득권층의 완고한 생명력 등이 그 부정적 인식의 근거였다.

　얼마 전, 부모님을 모시고 굴포천 공사 구간을 지날 때였다.

　"이 굴포천 양쪽으로 도로를 낸다는데, 그게 경인운하보다 훨씬 경제성

4

이 있다더라."

이런 아버지의 말씀을 듣고는 문득 고려와 조선 시대에도 굴포천을 운하로 만들려다 포기했다는 이야기를 떠올렸다. 인력과 장비가 턱없이 부족했던 당시로서는 어쩔 수 없었을 것이다. 하지만 운송 수단이 다양하게 발달한 요즘 시대에 군이 운하를 만들어야 할까?

이야기는 '용산 참사'와 서울 곳곳에서 벌이고 있는 재개발 사업, 전국적으로 적체된 미분양 아파트로 이어지다가 느닷없이 중국의 싼샤三峽댐으로 빠졌다. 그 엄청난 공사 규모와 환경 파괴, 경제성 등이 화제가 되었는데, 가만히 부자간의 대화를 듣고 계시던 어머니가 한마디 하셨다.

"옛날에는 중국 동북쪽이 전부 우리나라 땅이었다며?"

"그런 얘길 어디서 들으셨어요?"

"텔레비전에 교수들이 나와서 그러더라. 본래 우리 땅인데 중국 사람들이 뺏어 갔다고."

경인운하로 시작된 이야기가 이젠 고구려와 발해 시대의 지배 영역으로까지 거슬러 올라갈 참이었다. 하지만 그 화제는 아버지의 한마디로 허망하게 끝나고 말았다.

"그럼 뭐 해? 다 옛날 얘기지."

다 지나간 일인데, 뭘 따지나? 그런데 과거의 잘못을 반복하지 않으려면 역사가 주는 교훈을 알아야 한다. 잘났든 못났든 어떤 역사적 사건과 그 인과관계를 통해 교훈을 얻고 계승 발전시키는 게 민초의 한 사람으로서 짊어진 과제인 것이다.

이 책의 전체적인 구성으로 보면 한민족의 먼 조상이 한반도로 정착하던 아득히 먼 시절부터 대한민국 정부 수립까지, 시대 순서에 따라 20개의 장으로 구성되어서 언뜻 보면 한국사 전체를 다룬 통사처럼 보일지 모른다. 하지만 이 책은 우리가 교과서나 통사에서 배웠던 역사에 대해 '그것이 과연 진실이었을까'라는 의문으로부터 출발한다. 말하자면 우리가 익히 알고 있던 역사적 사실의 진실 혹은 거짓을 추적하고자 했다. '우리 역사의 뒷담화'를 수면 위로 끌어올린 셈이다.

그래서 각 장은 주변 국가 또는 학계 내부에서 쟁점이 되었던 문제, 역사적 사실이나 해석이 왜곡되어 잘못 알려진 문제 등이 중심을 이루고 있다. 물론 별로 알려지지 않았지만 역사의 이면에 있는 흥미로운 내용을 다룬 경우도 있다. 그러니까 이 책은 역사가 과거의 진실이라고 믿는 사람들에게 역사란 소위 '이긴 자가 만들어 낸 역사'일 수도 있고, '사관이나 역사학자의 주관적 기술'일 수도 있음을 강조한 셈이다.

이 책을 쓰기 위해 관련된 역사 기록이나 주장들을 다양하게 검토하면서 최대한 객관적으로 쓰려고 노력했다. 그럼에도 주관적 해석이 불가피하게 개입된 부분도 있다. 가령 단군 신화의 경우처럼, 한쪽에서는 지나치게 확대 해석해 민족적 자긍심을 일깨우는 역사적 진실로 삼는 반면 다른 쪽에서는 건국 신화에 지나지 않는다고 정반대의 주장을 펴고 있는데, 이런 첨예한 논쟁의 경우 필자 역시 객관적 진실에 무게를 두려 노력하면서도 어느 한쪽의 손을 들 수밖에 없었다.

책을 완성해 세상에 선보이기까지 많은 분들의 도움이 있었다. 중요한 고비마다 격려를 아끼지 않았던 홍석 사장님과 채희석 선생님, 꼼꼼하게 책임편집을 진행해 준 최양순 후배와 친절한 풀빛 직원들, 힘을 실어 주었던 여러 친구와 동기, 선후배, 가족들 모두에게도 깊은 고마움을 전한다.

무엇보다 어려운 경제 사정에도 선뜻 이 책을 선택해 주신 미지의 독자들이야말로 가장 고마운 분들일 것이다.

모든 분들에게 물심양면의 풍요함이 있기를 기원한다.

2009년 2월
이정범

차례

서프라이즈
한국사

한민족, 너는 누구냐?

I

한국인은 모두 단군의 자손?

"우리는 민족 중흥의 역사적 사명을 띠고 이 땅에 태어났다……."
1968년 12월 5일에 선포된 '국민교육헌장'의 첫머리다. 이른바 우리나라
교육의 지표를 제시했다는 이 헌장은 1970년대에 각 학교의 조회 시간이나
어떤 의식을 치를 때마다 암송되곤 했다.

인간은 결코 자신의 선택 의지로 세상에 태어나는 게 아님에도 이 헌장
은 한국인의 사명을 일방적으로 정의해 놓았다. 게다가 성공한 부자가 된
다거나 어느 한 분야의 전문가가 되어 가정과 이웃의 행복을 도모하는 정도

가 아니라 민족을 중흥시켜야 할 '역사적 사명'을 띤 것이어서, 이 헌장을 억지로 암기하던 아이들의 어깨를 무겁게 짓눌렀다.

그렇다면 이 헌장에서 말하는 민족은 어떤 의미였을까? 당시만 해도 단군의 유전적 혈통을 이어받은 하나의 공동체를 뜻하는 것으로 인식한 게 일반적이었다. 따라서 국민교육헌장에는 '우리는 모두 단군을 공통의 조상으로 삼는 한 핏줄이다. 그러니 서로 시비와 갈등을 일으키지 말고 하나로 단결해 대한민국을 번영시키자'는 계몽사상이 담겼다고 볼 수도 있다.

이런 인식처럼 우리는 민족을 말할 때 먼저 그 구성원들의 혈연적인 일체성부터 떠올린다. 하지만 사전적인 의미의 민족은 언어와 종교, 풍습 등 여러 문화적인 특징을 공유하는 집단으로 정의된다. 다시 말해 민족이란 인종이나 혈통의 동질성보다는 문화적 동질성에 좀 더 비중을 둔 용어다. 또한 이런 기본 개념에 따르면 한민족Korean people은 한반도와 만주, 연해주 일대에 살면서 공동 문화권을 이루며 한국어를 사용하는 민족을 가리킨다. 현재 북한과 중국, 일본 등에서는 한민족 대신 조선민족朝鮮民族이라는 용어가 주로 사용되며, 남한에 사는 우리에게는 한민족 외에 한겨레, 배달겨레, 배달민족이라는 말도 익숙하다.

한편 많은 한국인들은 대한민국을 '하나의 민족이 국민을 이루고 있는 나라'인 단일민족국가라고 여긴다. 거의 모든 국민이 한민족이라는 동질감을 가지고 있으니 이런 인식이 그다지 빗나간 것은 아니다. 다만 지금은 '한국인 모두는 단군의 자손'이라는 종래의 인식이 오류였다는 사실이 밝혀지고 있다.

근래에는 일본의 임나일본부설, 독도 영유권 주장을 비롯해 중국의 동북공정東北工程 같은 주변 국가와의 역사 마찰로 인해 한민족의 기원에 대한 관심과 연구가 활발해졌다. 아울러 한민족의 기원 및 인종적 특성, 정착 과정 등을 분명하게 인식하는 일도 중요해졌다.

교육인적자원부(현재의 교육과학기술부)가 2002년에 편찬한 현행 '중학교 국사'는 한민족의 기원과 관련해 다음처럼 서술하고 있다.

> 우리 민족은 황색 피부, 검은색 머리 등의 신체적인 특징을 지녔으며, 인종적으로는 몽골 인종에 속하고, 어족으로는 터키어, 퉁구스어, 몽골어와 함께 알타이어족에 속하는 것으로 본다. 따라서 우리 민족은 남방계보다는 북방계와 관련이 더 많다고 할 수 있다.
>
> 일찍부터 만주 지역과 한반도를 중심으로 동북아시아 지역에 넓게 자리 잡았던 우리 민족은 신석기 시대와 청동기 시대를 거치면서 점차 민족의 기틀을 형성하고 주변의 여러 민족과 교류하면서 독특한 문화를 발전시켰다.
>
> '중학교 국사' 10쪽 중에서

한민족이 인종으로는 몽골리안, 언어로는 알타이어족에 속한다는 것과 북방에서 유입된 사람들이 한민족의 주류를 이루고 있다는 기본 개념은 수십 년 동안 유지되어 왔다. 최근에는 이를 좀 더 구체화하고 과학적으로 뒷받침하는 연구도 제법 있었다.

일례로 2004년 2월 4일 자《한겨레신문》에는 한림대학교 김종일 교수의 연구 성과를 보도하는 '한국−몽골인, 민족 기원 가깝다'는 기사가 실렸다. 이를 살펴보면 "한국인과 몽골인, 일본인은 유전적으로 매우 가까운 것으로 나타난 반면, 중국인과는 상당한 거리를 두고 있는 것으로 나타났다"며 "한국인이 몽골인과 갈라진 때가 중국인과 갈라진 때보다 더 최근일 가능성이 높다"는 김종일 교수의 말을 인용하고 있다.

그런데 며칠 뒤, 같은 신문의 기사에 이런 내용과는 정반대되는 연구 결과가 게재되었다. 2004년 2월 18일 자 '한국인 유전자 남방 75퍼센트+북방 20퍼센트'라는 제목의 기사가 그것이다. 이는 단국대학교 김욱 교수의 연구 성과를 기사화한 것으로, 김욱 교수는 "16만 년 전 아프리카에서 출현한 현대인(호모사피엔스)은 6~8만 년 전 다른 대륙으로 이동하기 시작했으며, 이주 집단의 한 갈래가 2~3만 년 전 아시아 남쪽으로 가는 과정에서 Y염색체에 돌연변이를 일으켜 'M175'라는 유전자형을 지니게 되었다는 것은 이미 알려진 사실"이라며, "이번에 Y염색체를 비교해 보니 한국인 75퍼센트에서 이런 유전자형이 발견되었다"고 주장했다. 또한 "한국인은 유전적으로 중국 베이징의 한족, 만주족과 매우 가까운 것으로 분석되었다"고도 말해, 한림대학교 김종일 교수와는 전혀 다른 결론에 이르고 있다.

이런 상반된 연구 결과는 연구 방식의 차이에서 비롯되었다고 하는데, 앞으로 보다 분명한 결과가 나와야 할 것으로 보인다. 하지만 북방계와 남방계의 비율과는 관계없이 오늘날 한국인의 직접적인 선조가 각각 대륙과 해양의 두 통로로 들어와 이중적인 민족 기원을 구성했다는 점에서는 견해가 일치한다.

한국인은 북방계와 남방계 외에 내침족來侵族(외부에서 침략해 들어온 종족) 귀화인 등 크게 네 종족으로 구성되었다. 이를 유전학적으로 좀 더 세분하면, 적어도 35개 이상의 혈통으로 이루어졌다는 게 전문가들의 견해다. 이렇게 된 데는 역사적으로 한반도를 둘러싸고 수많은 전쟁이 있었으며, 그 과정에서 이민족과 한민족의 주류(북방계+남방계) 사이에 혼혈이 생겨났고, 많은 귀화인들이 정착한 것을 중요한 원인으로 꼽을 수 있다.

가락국의 수로왕비(허황옥)가 인도에서 중국을 거쳐 지금의 김해로 들어와 김해 허씨의 시조가 되었다는 설화를 대표적인 예로 들 수 있다. 이 밖에 덕수 장씨(아랍계 상인), 화산 이씨(베트남) 등은 귀화인 출신이 각 씨족의 시조가 된 경우다. 최근 통계청 자료에 따르면 한국의 여러 성씨 중 토착 성씨는 286개인 데 비해 귀화인이 만든 성씨는 442개로, 귀화인의 성씨가 약 1.5배에 달하고 있다.

오늘날에도 유럽, 일본을 비롯해 동남아 등지의 외국인들이 결혼 또는 귀화를 통해 한국인으로 살아가고 있다. 거꾸로 해외로 진출한 한국인 중 현지인들과 결혼해 그 2세가 혼혈인 경우도 많다.

이런 사실만 보더라도 '한민족은 모두가 단군의 자손'이라는 인식에 과학적인 근거가 없다는 것을 알 수 있다.

아프리카에서 한반도까지

우리는 한겨레, 한민족, 한국이라는 말을 거의 날마다 듣거나 쓰고 있다. 여기서 '한'은 크다, 밝다는 뜻을 가진 우리말이며, 한자로 쓰는 한韓도 그 새김과 관계없이 우리말과 같은 뜻으로 쓰인다. 그래서 어떤 이들은 '대한민국'이란 국호에는 크다는 뜻이 중첩되어 있다고 말하기도 한다.

한반도에 구석기인들이 살기 시작한 시기는 70만 년 전으로 거슬러 올라가지만, 그들을 한민족의 직접적인 조상으로 보는 것에는 논란의 여지가 있다. 오늘날 인류의 직접적인 시조로 알려지는 호모사피엔스가 약 15만 년 전에 출현했고, 그들의 출현과 함께 이미 수십만 년 전부터 존재했던 유인원類人猿 내지 원인들이 급격한 기후 변화 등으로 지구상에서 자취를 감춘 까닭이다. 아울러 아프리카에서 출현한 호모사피엔스가 6~8만 년 전부터 전 세계로 이동하기 시작해 오늘날 각 민족의 원류가 되었다는 사실은 이미 앞에서 살펴보았다.

현재 내셔널 지오그래픽을 비롯한 여러 단체가 공동으로 참여해서 DNA 분석을 통해 인류의 이동 경로를 추적하고 있다. 이 프로젝트에는 인구 유전학자와 고대 DNA 분석 전문가, 언어학자 및 고고학자들이 참여하고 있으며, 그 결과는 속속 업데이트되고 있다. 또 2010년 무렵이면 최종적인 연구 성과가 발표될 것으로 알려졌다.

이 프로젝트를 통해 학자들은 아프리카에 등장한 인류가 어떤 방법으로 전 세계를 가로질러 이동했는지, 그 자세한 경로를 밝힐 수 있을 것으로 내다보고 있다. 또한 현생 인류와 사라진 네안데르탈인 사이의 이종 교배 여부, 아메리카 대륙에 정착한 경로가 태평양인지 대서양인지의 여부, 그리고 아프리카에서 가장 오래된 인류는 누구인지 등 아직까지 풀리지 않은 다양한 의문들에 대한 해답이 나올 것으로 기대한다.

이와는 별도로 우즈베키스탄의 면역학 연구소와 옥스퍼드의 유전학자들이 공동 연구를 통해 얻은 결론에 따르면, 호모사피엔스가 아프리카를 출발한 이후 오늘날의 중앙아시아에 가장 먼저 정착했다고 한다. 그들이 정착할 무렵의 중앙아시아는 비옥한 열대 지역으로, 거주하기에 적당한 조건을 갖추고 있었다. 그러나 기상 변화에 따른 사막화가 진행된 결과 호모사피엔스는 뿔뿔이 흩어졌고, 그 와중에 진화와 돌연변이가 거듭되어 오늘날과 같은 각 민족의 원류가 되었다고 한다.

한편 인류의 이동 경로를 추적한 성과를 단행본으로 펴낸 경우도 있는데, 《최초의 남자》(원제: The Journey of Man)를 한 예로 들 수 있다. 이 책의 저자인 스펜서 웰스Spencer Wells는 1987년 미국 버클리대학 연구팀이 전 세계 여러 민족의 유전자 샘플을 분석해 "인류는 20만 년 전 아프리카 대륙에 살았던 한 여성으로부터 갈라져 나왔다"고 발표한 데서 동기를 얻어 《최초의 남자》를 쓰게 되었다고 한다. 최초의 여성 '아프리카의 이브'와 대비해서 최초의 남자를 상징하는 '아담'의 자손들이 전 세계로 이동한 경로를 자세히 서술한 책이다.

스펜서가 연구한 바에 따르면, 약 6~14만 년 전 아프리카 서북부 리프트 밸리에 살던 1만여 명의 사람들이 현재 60억 인류의 공통 조상이었다. 그 1만 명 중 일부가 6만 년 전부터 대이동을 시작해 전 세계에 퍼졌기 때문이다.

아담의 자손들이 삶의 터전을 벗어나 전 세계로 이동한 이유는 무엇일까? 저자는 그 무렵 지구상에 닥친 빙하기를 원인으로 들고 있다. 당시의 빙하기는 유라시아 대륙만 얼음으로 덮었을 뿐 아프리카에는 직접적인 영향을 주지 않았다고 한다. 다만 평균 기온이 지금보다 몇 도 떨어지는 정도였는데, 이후 빙하가 늘면서 해수면이 낮아졌다. 또 기후 변화가 지속되어 아프리카의 숲이 줄고 빠른 속도로 사막화가 진행되면서 식량 위기라는 중

대한 국면에 맞닥뜨린다. 그래서 사냥감을 찾아 좀 더 온화한 아라비아 반도로 북상했으며, 그중 일부가 인도 대륙 및 인도네시아를 거쳐 호주에까지 이동해서 정착했다는 주장이다.

> …… 연구자들은 전 세계의 다양한 인종들이 보유한 변이형을 각각의 독특한 염기 서열에 따라 구분하는데, 이들 각각을 하나의 독립적인 단위, 즉 '표지형marker'이라고 부른다. 한 유전자의 표지형들이 이처럼 다양한 형태로 존재하게 된 것은 오랜 세월에 걸쳐 인류의 유전체에 돌연변이가 축적된 결과다. 이 표지형들의 분포 양상을 세계 지도에 표시해 보면, 인류의 과거 이동 경로를 짐작할 수 있다. 이때 각각의 표지형을 만들어 낸 돌연변이가 일어난 시점과 그 상대적 순서, 그리고 인류 역사를 통해 발생한 인구의 급격한 증가 또는 감소 현상들을 고려 대상에 포함시키면 상당히 정확한 이동 경로도 그릴 수 있다.
>
> 《최초의 남자》, 142쪽 중에서

스펜서가 관여하는 연구 단체에서는 각각의 표지형이 되는 무리를 'M168'과 같은 기호로 나타내고 있다. 연구자들은 우연히 3만 1000년~7만 9000년 전에 살았던 것으로 추정되는 한 남자의 화석을 발견했다. 그리고 그의 Y염색체상에 우연한 돌연변이가 일어난 것을 확인하고는 M168이란 이름을 붙였다.

M168은 현재 아프리카인을 제외한 다른 모든 인종의 시조로 추정되고 있다. 따라서 그는 '유라시아 아담'이라는 별명으로도 불린다. 오늘날 인

류를 계통수系統樹로 도식화하면 M168, 즉 유라시아 아담이라는 커다란 줄기에서 비롯된 각각의 가지들로 비유할 수 있다.

그중 M122로 명명된 무리가 지금의 중국 본토를 지나 연해주 북쪽으로 이동한 것이 약 1만 년 전으로 추정되는 데 비해, M130은 이미 5만 년 전에 호주 대륙까지 정착했다는 내용이 흥미롭다.

그들은 어떤 방법으로 망망대해를 건너 호주까지 이르렀을까? 그 실마리 역시 빙하기에 있었다. 스펜서 웰스는 여러 근거를 들어 당시의 빙하로 인해 전 세계의 해수면이 현재보다 최대 100미터 정도 낮았던 것으로 추정했다. 해수면이 낮아진 덕분에 지금보다 훨씬 드넓었던 아프리카, 인도, 동남아시아의 해안가는 당시 인류가 생활하는 데 매우 큰 편의를 제공했고, 그 결과 쉽사리 호주 대륙까지 도착했다는 것이다.

이 현생 인류의 대이동을 살피면서 유념할 것은 그들이 어떤 목적지를 정해 놓고 단시간 내에 이동한 게 아니었다는 점이다. 그저 새로운 사냥감을 찾아, 생활하기에 좀 더 편리한 조건을 따라 이동했는데, 그 평균 속도는 1년에 1킬로미터에 불과했다. 즉 1만 킬로미터를 이동하는 데 1만 년이란 세월이 걸렸던 셈이니, 굼벵이처럼 느린 속도였다. 하지만 그처럼 굼뜬 속도가 아담의 자손들이 어떻게 전 세계로 퍼질 수 있었는지를 자연스럽게 설명해 준다.

이런 측면에서 아프리카를 출발한 현생 인류가 약 4만 년에 걸쳐 유라시아 대륙, 베링 해협을 건너 남아메리카에까지 정착한 것은 결코 놀라운 일이 아니다. 한 가지 재미있는 사실은 인류의 대이동이 유럽 일부 지역을 제외하면 대체로 서쪽으로부터 동쪽으로 진행되었다는 점이다.

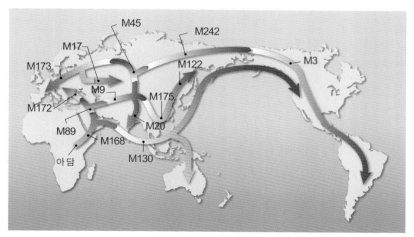

Y염색체로 본 인류의 이동 경로 (출처: ≪최초의 남자≫, 스펜서 웰스)

    그렇다면 한민족의 시조가 되었던 사람들은 어떤 경로로 이동한 것일까? 이 그림에서 보면 한반도 북부와 남부를 각각 지나가는 표지형은 M175에서 파생된 M122와 M168에서 파생된 M130으로 나타나고 있다. 이 부분을 스펜서는 다음처럼 분석했다.

    …… 우리는 M9에서 갈라져 나온 가지의 하나인 M175 표지형이 동아시아 전역에서 흔하게 발견된다는 얘기를 했었다. 분포 양상은 M175가 중국 북부 또는 한국에서 생겨났을 가능성을 시사해 주는데, 실제로 중국 땅에서 가장 먼저 농사를 짓기 시작한 인류 집단은 M175 가계의 후손이었던 것으로 밝혀졌다. 참고로 전체 중국 남성의 절반 이상이 M122라는 특정한 Y염색체 표지형

을 가지고 있는 것으로 미루어 볼 때, 과거 1만여 년 동안 중국 대륙의 인구가 급격하게 늘어난 것을 알 수 있다.

《최초의 남자》, 287쪽 중에서

이는 앞에서 한국인의 75퍼센트가 M175 유전자형을 가지고 있다는 김욱 교수의 연구 결과와 어느 정도 일치하는 내용이다.

한편 이와 같은 과학적인 연구 성과와 역사적 사실을 종합하면 아프리카를 출발한 현생 인류가 동쪽으로 이동하다가 몽골 대륙에 한동안 정착했으며, 그중 한 부류가 남쪽으로 내려가 한반도로 진출했고, 또 다른 부류는 중국 산둥반도에서 서해를 건너 한반도 중서부로 진출한 것으로 추정할 수 있다. 그들이 이른바 '북방계 한민족'의 원류가 되었을 것이다. 이들은 눈두덩이 두텁고 뱁새눈 형태며, 펑퍼짐한 코와 굵고 뻣뻣한 모발, 다소 튀어나온 광대뼈 등을 신체적인 특징으로 삼고 있다.

이에 비해 '남방계 한민족'은 북방계보다 훨씬 이전 시기에 한반도에 정착했다고 한다. 다만 그들이 어떤 경로로 들어왔는지는 자세히 밝혀지지 않은 상태다. 남방계의 신체적인 특징으로는 눈썹이 진하고 쌍꺼풀이 지며, 짧은 코와 큰 콧방울, 두터운 입술, 많은 수염, 네모난 얼굴, 굵은 머리카락, 검은 피부 등이 거론되고 있다. 충무와 통영, 오키나와 앞바다 등에서 발견된 두개골과 패총, 유적 등은 남방계의 특징을 잘 보여 준다.

한민족의 큰 뿌리를 구성하는 북방계와 남방계 선조들은 오랜 세월을 두고 혈통적인 융합을 이루었다. 학자들은 역사적으로 북방계가 지배층이 되면서 남방계를 거의 흡수·통합한 것으로 보고 있다. 이런 논리를 비약해

'단군 신화' 역시 환웅으로 상징되는 북방계 종족이 웅녀로 상징되는 남방계를 흡수 통합하는 과정으로 보는 학자들도 있다.

아무튼 한민족은 공간적으로나 시간적으로 기나긴 여정을 거치면서 지금처럼 하나의 큰 민족으로 정착한 셈이다.

한민족의 정체성

오늘날 지구상의 수많은 인종은 피부와 머리카락의 색깔 및 조직, 골격의 모양 등에 따라 크게 몽골로이드Mongoloid(황인종), 코카소이드Caucasoid(백인종), 니그로이드Negroid(흑인종)의 세 인종으로 분류된다. 두말할 필요 없이 한민족은 몽골로이드에 속한다.

또한 인류는 인종적인 특성 외에 어족語族으로 분류되기도 한다. 어족이란 '하나의 공통적인 조어祖語에서 비롯된 것으로 여겨지는 하위下位의 여러 언어군言語群'으로 정의되는데, 한국인의 경우 알타이어족Altaic languages에 속한다는 것이 일반적인 견해다. 한때는 한민족이 '우랄알타이어족'에서 파생되었을 것이라는 가설이 등장했지만, 오늘날에는 그다지 호응을 얻지 못하고 있다.

그럼에도 한민족의 언어, 즉 한국어가 어느 어족에 속하는가의 문제를 떠나 세계적인 특성을 지니고 있다는 점은 주목할 만하다. 민족문화대백과사전에 따르면 전 세계에는 약 7천여 가지의 언어가 있으며, 그중 한국어는 20위 안에 드는 큰 언어에 속한다. 더구나 중국어, 일본어와 함께 동아시아의 3대 문명어文明語를 이루면서도 비슷한 언어를 찾아볼 수 없는 독특한 고립성을 가지고 있다. 이런 특성은 한민족의 정체성을 규정하는 중요한 기준이다.

그런가 하면 현생 인류의 이동기에 해당하는 후기 구석기 및 신석기의 문화 유물(비파형 단검, 기하문 거울 등)과 중국 고대의 역사서들도 한민족의 정체성을 파악하는 중요한 수단으로 이용되고 있다. 주周나라 초기부터 중국 문헌에 나타나는 '중국 동북부의 민족', 이를테면 숙신肅愼, 조선朝鮮, 한韓, 예濊, 맥貊, 동이東夷 등은 모두 오늘날의 한민족을 가리킨다.

이처럼 한국인은 비록 단일한 혈통에서 비롯되지는 않았지만, 문화적인 관점으로 말할 때의 한민족은 독특한 정체성을 유지해 왔다. 해마다 설날이나 추석을 앞두고 '민족 대이동'이라는 고통을 감수하고라도 부모와 일가친척을 찾아뵙는다거나 조상에게 성묘하고 차례를 올리는 일 등을 단적인 예로 들 수 있다. 주변 국가로부터 수없이 침략을 받았으며, 최근에는 일제의 악랄한 식민 통치에 시달리면서도 민족 고유의 정체성과 자주성을 결코 잃지 않았던 끈질긴 근성 또한 한민족이 가진 중요한 특성으로 꼽힌다.

한편 한민족은 다양한 외래문화와 종교를 민족 신앙 내지 전통과 잘 습합시키는 능력을 가지고 있다. 또 고구려 벽화, 석굴암, 고려청자 및 조선백자, 금속 활자, 한글, 거북선, 온돌, 김치, 불고기 등 독창적인 문화 전통을 세계에 자랑하고 있다. 2002년 한일 월드컵을 개최했을 때는 저마다 붉은 티셔츠를 사 입고 수백만 명이 신명나는 거리 응원을 펼쳐 전 세계에 하나의 신드롬을 일으키기도 했다.

반면에 역사적으로 반복된 사대주의 정책이 몸에 밴 탓인지 강대국이나 선진국에 의존하려는 근성을 보이는데, 이는 한민족의 가장 큰 단점으로 지적되고 있다. 또 고구려가 멸망한 이후 역대 지배층에서 이른바 숭문천무崇文賤武를 앞세워 북방계 한민족이 가졌던 역동성을 상실한 것도 오늘날까지 부정적인 영향을 준 게 사실이다.

요컨대 한국인은 혈통적으로 결코 단일하다고 할 수 없지만 민족적으로는 문화적인 동질성을 수천 년 동안 이어 온 결과, 세계에서 보기 드문 단일민족국가를 이루고 있다. 그러나 단일민족국가가 혼합민족국가보다 우월하다는 근거도 없을 뿐만 아니라, 민족과 국가에 대한 명확한 자각이 시작된 것은 근대 이후였다. 말하자면 단일민족이라는 혈연적 동질성에서도, 단일민족이 고대부터 이어 온 국가라는 정체성에서도 우리는 지나치게 국수적인 인식을 할 필요가 없다. 이런 점에서 자랑스러운 한국인을 내세우기보다 개개인이 이미 세계인의 한 사람으로 살고 있다는 자각이 필요한 때라 하겠다.

역사와 신화의 경계, 단군조선

2

단군에 대한 논란들

한민족의 시조로 추앙받는 단군과 단군이 통치했던 한반도 최초의 국가인 고조선에 관한 수수께끼는 한두 가지가 아니다. 고조선에 대한 논란은 그 성립 시기부터 영역, 건국 과정의 역사성, 현존하는 기록과 문화유산에 관한 것 등 그 대상이 다양하다. 이를테면 고조선의 영역만 해도 평양 부근의 세력이 컸던 고대 부족국가 중 하나였다는 주장에서부터 적어도 요하와 중국 동북부, 한반도 전체를 지배하던 대제국이었다는 주장까지 팽팽히 맞서고 있다.

본래 조선朝鮮으로 불렸던 이 나라를 '고조선'이라고 처음 칭한 사람은 고려 후기의 일연一然(1206~1289) 스님이었다. 일연은 《삼국유사三國遺事》를 편찬할 때 단군과 고조선의 건국 신화 서문에 해당하는 내용을 다음처럼 서술했다.

> 고조선(왕검조선): 위서魏書에서는 이렇게 말했다. 지금부터 2000년 전에 단군왕검이 있어 아사달(경에 무엽산이라 하고 또 백악이라고도 이르는데, 백주 땅에 있다. 혹은 개성 동쪽에 있다고도 하는데, 지금의 백악궁이다)에 도읍을 정하고 나라를 열어 조선이라고 불렀으니, 바로 요 임금과 같은 시기다.*

여기서 단군왕검이 세워, '왕검조선'으로 불렸던 나라를 일연이 편의상 고조선이라고 했음을 알 수 있다. 물론 여기에는 전설로 전해지는 기자조선 및 멸망기에 76년 동안 존재했던 위만조선보다 먼저 성립된 왕검조선(또는 단군조선)을 구분하려는 뜻이 담겼다. 오늘날 고조선에 대한 통념이 이성계가 역성혁명易姓革命으로 성립시킨 조선 왕조와 구분한 한반도의 첫 나라를 지칭하는 것과는 약간 다른 개념이기도 하다.

《삼국유사》는 김부식金富軾이 편찬한 정사正史《삼국사기三國史記》보다 약 140년 뒤에 완성되었는데,《삼국사기》에서 미처 다루지 못한 '나머지 이야

---

* 古朝鮮 王儉朝鮮 魏書云 乃往二千載 有壇君王儉 立都阿斯達 經云 無葉山 亦云 白岳 在白州地 或云 在開城東 今白岳宮은 開國號朝鮮 與高同時. 한자 원문에서는 요(堯)를 고(高)로 적고 있는데, 이는 고려 제3대 국왕 정종의 이름 왕요(王堯)를 피해서 쓴 것이다.

기〔遺事〕'를 다룬 것으로 잘 알려져 있다. 더구나 현존하는 역사서 중 고조선을 언급한 최고最古의 책으로서, 그 가치가 높이 평가된다.

일연이 《삼국유사》를 편찬하던 시기는 고려가 몽골의 무차별 공격을 받던 끝에 원의 간섭기로 접어들 무렵이었다. 그런 때여서 그가 민족적 자긍심을 일깨우기 위한 수단으로 단군과 고조선의 건국 과정을 수록했다는 것은 널리 알려진 사실이다. 따라서 《삼국유사》의 기록은 고조선에 대한 기초적이며 매우 중요한 사료로 활용되고 있다. 그런데 이 기록을 단순한 신화로 볼 것인지, 아니면 어느 정도 역사적 가치를 지닌 기록으로 볼 것인지에 대한 판단에서부터 사람들의 견해가 엇갈리고 있다.

앞의 인용문에는 고조선의 건국 주체와 시기, 도읍, 국호, 동시대의 중국왕조까지가 함축되어 있다. 그런데 이 글의 본문에 해당하는 부분에서는 '고기古記'를 인용해 "단군왕검은 당요唐堯가 즉위한 지 50년이 되는 경인년(당요가 즉위한 원년이 무진년이니, 50년은 경인년이 아니라 정사년이므로 아마 사실이 아닌 듯하다), 평양성(지금의 서경)에 도읍을 정하고 비로소 조선이라고 불렀다*"고 기록해 놓았다. 바로 이 기록에 따라 오늘날 단군기원을 기원전 2333년으로 잡고 있다.

그런데 일연이 《위서》를 인용한 앞부분의 글과 '고기'를 인용한 이 부분에서 고조선의 건국 시기에 차이가 있음을 발견하게 된다. 먼저 《위서》는 북제北齊 때(550~577년) 위수魏收가 편찬한 역사책으로, 중국 25사史의 하나로

---

* 壇君王儉 以唐高卽位五十年庚寅 唐高卽位元年戊辰 則五十年丁巳 非庚寅也 疑其未實 都平壤城今西京 始稱朝鮮.

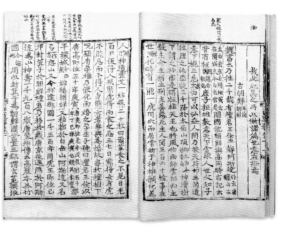

꼽힌다. 《후위서》라고 불리는 이 책 중 단군 이야기가 실린 제29편이 송나라 때 없어져 지금은 현존하지 않는다. '고기' 또한 현존하지 않는 《단군고기》인지, 아니면 여러 옛 기록을 통칭하는 것인지 분명하지 않다. 어쨌든 《위서》가 550~577년 사이에 편찬되었다면, 《삼국유사》에 인용된 "지금으로부터 2000년 전"이란 기원전 1400년대 초중반에 해당한다. 따라서 '고기'에서 당요가 즉위한 기원전 2333년과 약 900년 정도 차이가 난다.

도읍 문제만 해도 《위서》에서는 개성 동쪽의 백악궁(아사달)이라 했는데, '고기'에서는 평양성(서경)이라고 했다. 《위서》와 '고기'의 기록이 다른 것도 그렇지만, 일반적인 선입관으로 자리 잡고 있는 거대한 대륙 속의 고조선과 비교할 때 실망스러운 건국이 아닐 수 없다.

단군왕검이 환인의 서자 환웅과 웅녀 사이에서 태어났다는 대목은 흔히 말하는 건국 신화의 범위에 속하며, 그 밖에 고조선의 도읍이나 건국 시기와 주체 등은 역사적인 사실에 해당한다. 즉, 《삼국유사》 속의 고조선 이야기는 신화와 역사적 사실이 혼합된 기록이다. 따라서 고조선의 실체를 기록한, 가장 오래된 책인 《삼국유사》가 오늘날 고조선을 둘러싼 숱한 논란의 원천이라는 점은 아이러니가 아닐 수 없다.

현재 고조선이라는 시공간에 대해서는 사료가 절대적으로 부족한 까닭에 고고학적인 발굴 성과에 기대는 수밖에 없다는 것이 중론이다.

한반도에 현생 인류 이전의 원시 인류가 처음 정착한 시기는 약 100만~70만 년 전으로 추정되고 있다. 이를 뒷받침하듯 남북한 각 지역에서 발굴된 구석기 시대의 유적만 1000군데가 넘는다. 그 뒤 신석기나 청동기 시대의 유적도 수없이 발굴되었으며, 울주 암각화를 비롯한 여러 유적의 수수께끼가 베일을 벗고 있다.

선사 시대의 행적이 이만큼 밝혀졌다면, 역사 시대로 접어든 고조선에 대한 기록과 유물은 훨씬 자세하고 다양하게 밝혀지는 게 당연할 것이다. 하지만 실상은 그렇지 못해 소모적인 논란만 가중되고 있는 셈이다.

미스터리의 늪에 빠진 《환단고기》

네티즌이나 일반 독자들 사이에서 《환단고기桓檀古記》에 대한 관심이 높아진 것은 1980년대 이후며, 특히 2002년부터 중국이 추진하는 '동북공정東北工程'이 《환단고기》 열풍을 일으키는 데 큰 영향을 끼쳤다.

《한단고기》라고도 불리는 이 책을 제목대로 풀이하면 '환웅과 단군에 대한 옛 기록'이다. 1911년 계연수桂延壽라는 사람이 편찬했다고 하며, 신라~조선 시대의 저술인 《삼성기三聖記》, 《단군세기檀君世記》, 《북부여기北夫餘記》, 《태백일사太白逸史》 등 네 가지 역사서를 저본底本으로 삼아 하나로 묶은 책이다. 그런데 이 네 가지 저본의 편찬자와 시기는 저마다 다른데다 일부 편찬자는 행적이 분명하지 않다.

먼저 《삼성기》는 신라 시기의 승려 안함로와 원동중이 함께 지은 책이라고 한다. 두 사람 모두 출생 연도와 행적이 밝혀지지 않고 있다. 《삼성기》라는 제목처럼 한민족의 뿌리인 세 성인 환인, 환웅, 단군의 이야기를 담고 있다.

《삼성기》는 안함로가 지은 상편과 원동중이 지은 하편으로 구분되는데,

우리 민족의 건국 과정을 신화 시대인 환인 시대, 역사 시대인 환국 시대(환웅 시대)와 배달국 시대(단군왕검 시대, 즉 고조선 시대)로 나누어 다루고 있다. 만일 이 책이 현존한다면 일연의 《삼국유사》는 물론 김부식의 《삼국사기》를 훨씬 앞서는 한국 고대사에 대한 첫 기록으로 손꼽혔을 것이다.

《단군세기》는 고려 후기 문정공 이암李嵒(1297~1364)이 편찬한 것으로, 아사달에 도읍을 정하고 조선을 다스렸던 역대 단군들의 이야기가 담겼다. 단군왕검으로부터 47세 단군 고열가까지 2096년 동안의 역사 기록이다. 이암은 공민왕 대에 수문하시중을 지냈으며, 서예가 탁월했던 인물로 알려졌다.

《북부여기》는 고려 말의 학자였던 범장이 저술했다고 하는데, 범장의 행적도 분명치 않다. 이 책에는 해모수를 비롯한 북부여 역대 왕의 이야기가 기록되었으며, 그중에는 5세 동명왕(주몽)에 대한 기록도 있다.

《태백일사》는 조선 중종 대의 학자 이맥이 편찬했다고 하나, 이맥의 행적 또한 분명치 않다. 바로 이 《태백일사》가 《환단고기》의 핵심을 이루는 부분이라고 하는데, 고대 국가부터 고려까지의 역사가 기록되었다. 대종교에서 기본 경전으로 삼고 있는 《천부경天符經》과 단군의 가르침이 담긴 《삼일신고三一神誥》는 본래 《태백일사》 안에 수록된 것이라 한다.

이처럼 《환단고기》는 고조선을 비롯해 한국 고대사에 관한 거의 모든 내용을 수록한 책이라고 볼 수 있다. 그렇지 않아도 고조선에 대한 사료가 부족하고 그 실체에 대한 해석이 분분한 터에, 이처럼 뚜렷하게 고조선을 비롯한 한국 상고사를 밝힌 책이 있다면 당연히 환영받을 일이다. 하지만 실상은 어떤가? 민족주의적인 성향이 강한 사람들과 일부 재야 사학자들이

《환단고기》를 적극 옹호하는 데 비해, 이른바 '강단 사학자'로 일컬어지는 대부분의 주류 사학자들이 애써 외면하는 현실이다.

여기에는 여러 사정이 있을 것이다. 그중 1911년 계연수가 필사본으로 남긴 《환단고기》가 거의 70년이 지난 1979년에 처음 나타나는데 그 경위가 아리송하다는 점, 《환단고기》의 내용을 뒷받침할 만한 사료와 고고학적 발굴 성과가 별로 없는 점, 신라~조선 시대의 저술을 하나로 합본해 묶은 것임에도 20세기 중·후반에 처음 사용되었던 용어들이 등장한다는 점이 크게 지적되고 있다.

예를 들어 '단군세기' 편 가운데 '2세 단군 부루'의 내용 중 일부를 보면 이렇다.

> …… 신축 원년, 단제께서는 어질면서 다복하셔서 재물을 저장하니 크게 풍부했으며, 백성과 더불어 산업을 다스리시니 한 사람도 배고픔과 추위에 시달리는 자가 없었다. 봄가을로 나라 안을 두루 살펴보시고는 하늘에 제를 올려 예를 다했다. 여러 왕의 잘잘못을 살피시고 상벌을 신중히 했으며, 도랑을 파기도 하고 고치기도 하며 농사짓고 뽕나무 심을 것을 권장했다. 또 기숙사를 설치해 학문을 일으키니 문화는 크게 진보해 그 명성이 날로 떨쳐졌다…….

여기서 산업, 문화 등의 낱말은 근대화 이후에 등장한 용어다. 이 밖에도 《환단고기》에는 국가, 인류, 전 세계, 남녀평등 같은 현대 사회에서 자주 쓰이는 용어들이 눈에 띈다. 따라서 《환단고기》가 정말 신라~조선 중종 시기에 편찬한 책들을 저본으로 삼았는지 의심스럽다는 것이다.

계연수가 《환단고기》를 편찬할 당시 열세 살이었던 제자 이유립李裕岦 (1907~1986)은 중국과 국경을 맞대고 있는 평안북도 삭주에서 태어났으며, 어려서부터 한학을 공부했다. 그런데 여섯 살 때 《동몽선습》을 공부하다가 '한무제가 위만조선을 멸망시켰다'는 내용을 보고는 그 책 읽기를 중단한 뒤 계연수의 제자가 되었다.

당연히 계연수가 묶었던 《환단고기》 원본은 이유립이 보관하게 되었다. 그 뒤 여러 차례의 곡절로 멸실 위기를 맞았으나 이유립의 제자인 오형기가 필사본을 남겨 1979년 영인되었으며, 그 영인본을 원고로 삼아 여러 출판사에서 《환단고기》를 펴냈다는 것이다. 그러나 주류 사학계에서는 앞에서 들었던 여러 이유로 《환단고기》를 외면하고 있다.

일연은 《삼국유사》에 단군 신화를 기록함으로써 민족의 정신적 구심점을 부각시키려고 했다. 마찬가지로 《환단고기》도 그 저본들과 편찬 과정이 석연치는 않지만, 일제 강점기라는 민족 최대의 위기 속에서 편찬되었다. 따라서 편찬자 계연수 및 그 뜻을 이어받은 이유립 등의 애국심과 민족정신은 높이 평가할 만하다.

다만 그런 편찬 동기가 《환단고기》의 내용에 대한 신뢰성과 직결되는 것은 아니다. 한마디로 《환단고기》는 사서라기보다는 미지의 고대사를 마음껏 상상한 듯한 내용으로 구성되었기 때문이다. 영화 〈반지의 제왕〉보다 더 환상적이고 스펙터클하며 흥미진진하다.

먼저 이 책에는 우리 민족의 역사가 1만 년(기원전 80세기?) 전부터 시작되었으며, 최초의 국가는 환국으로 기술되었다. 환국 다음에는 배달국이 있었으며, 그 뒤 비로소 단군조선(고조선)이 성립했다.

1만 년 전에 성립한 환국은 3301년 동안 이어졌는데, 모두 일곱 명의 환인이 통치했다. 계산하면 한 명의 환인이 471년씩 통치한 셈이다. 환인은 곧 하느님이니까 말이 전혀 안 되는 것은 아니다.

　배달국의 통치자 호칭은 환웅으로, 1500년 동안 18명의 환웅이 통치했다. 한 명의 환웅이 83년씩 통치한 셈이다. 그 뒤 비로소 우리가 익히 알고 있는 단군조선이 성립했는데, 2096년 동안 47명의 역대 단군이 통치했다고 한다. 한 단군이 평균 44년씩 통치했다는 계산이 나온다.

　한편 환국은 12개의 연방국으로 이루어졌으며 남북으로 5만 리(약 2만 킬로미터), 동서로 2만 리(약 8000킬로미터)에 이르는 광대한 영역을 가지고 있었다. 지구의 둘레가 약 4만 킬로미터라고 하니, 환국 12연방이 얼마나 컸는지 짐작할 만하다. 뿐만 아니라 고대 메소포타미아 문명의 주인공 수메르 인들도 본래 한민족이었다고 한다. 《환단고기》에는 이 나라를 수밀이국須密爾國으로 표기하고 있다. 그 예로 《태백일사》 〈한국본기〉 편에는 다음과 같은 내용이 있다.

　《삼성밀기》에서 말한다. "파나류산 밑에 한인씨의 나라가 있나니 천해 동쪽의 땅을 역시 파나류국이라 한다. 그 땅의 넓이는 남북 5만 리, 동서 2만 리니라. 통틀어 말하면 한국이요, 갈라서 말하면 곧 비리국, 양운국, 구막한국, 구다천국, 일군국, 우루국(또는 필나국), 객현한국, 구모액국, 매구여국(또는 직국다국), 사납아국, 선비이국(또는 시위국, 통고사국이라 함), 수밀이국이니 합쳐서 12국이라. 천해는 지금은 북해라 한다."

이 기록을 현대식으로 해석하면 '한국'이라는 대연방국이 있고, 이 연방국은 비리국 등 12개 국가로 구성되었다는 것이다. 그중 한 나라가 수밀이국인데, 이를 《환단고기》 지지자들은 수메르를 가리키는 것으로 보고 있다.

2002년 한일 월드컵 때 큰 인기와 관심을 끌었던 치우蚩尤천황은 배달국의 14대 환웅이었다. 치우천황은 기원전 28세기 무렵, 철제 무기를 사용했던 전쟁의 신으로 추앙받고 있다. 그는 머리를 구리로 둘렀고 이마를 쇠로 가린 모습인데, 당시로서는 최첨단인 철제 무기를 이용해 백전백승을 거두었다 한다. 중국의 시조로 알려진 태호복희도 사실은 배달국 5대 환웅의 막내아들이었다. 따라서 중국 역사도 한민족으로부터 시작된 것이다. 뿐만 아니라 우리가 날마다 읽고 쓰는 한글도 본래는 배달국 시기에 만들어진 가림토 문자가 그 원형이며, 가림토 전에는 사슴 발자국을 보고 만든 문자인 녹도 문자를 썼다고 한다.

이것이 《환단고기》에서 그려지는 한국 상고 시대의 모습이다. 쉽게 말해 1만 년이라는 장구한 역사와 광활한 영역, 거칠 것이 없던 군사력, 세계 초유의 문화 수준을 간직한 위대한 제국이 환국~단군의 시대였던 것이다.

이런 묘사는 반세기 이상 남북으로 분단된 채 나날이 긴장 속에서 살아야 하는 오늘날의 한민족에게 극단의 카타르시스를 맛보게 하기에 충분하다.

오늘날 고조선에 대해서는 그 성립 시기와 도읍, 변천 과정, 유적과 유물 등 수많은 부분이 수수께끼에 휩싸여 있고, 각 부분에 대한 학자들 사이의 논쟁도 치열하다. 《삼국유사》에 등장하는 단군 이야기에 대해서도 마찬가지다. 그러나 세계사도 그렇듯이 수천 년의 역사를 가진 나라들치고 건국 과정과 시기, 영역 등이 명확하게 규명된 나라는 거의 없다. 이는 건국에 관한 신화적인 요소를 배제하고 역사적 사실만으로 건국사를 편찬하는 일이 커다란 난제임을 반증한다. 따라서 단군조선을 신화로 볼 것인지, 역사적 사실로 볼 것인지를 두고 벌이는 논쟁이야말로 '소모적인 논쟁'의 대표적인 사례라 할 만하다. 더구나 그런 논쟁이 감정 대립으로 격화되는 것은 국가적으로나 민족적으로 결코 바람직하지 않다.

《환단고기》에 대한 문제도 이런 관점에서 역사적 근거는 빈약하지만 큰 의미가 담긴 저술로 바라볼 필요가 있다. 그러나 《환단고기》를 굳이 역사서라고 우긴다면 문제가 심각해진다. 우리는 일본의 관변 사학계가 그동안 신화 및 인위적인 가공과 조작으로 가득한 《일본서기日本書紀》를 앞세워 임나일본부설의 근거로 삼고, 더구나 한반도와 대륙 침략의 구실로 삼았던 사실을 비난하고 반박해 왔다. 《환단고기》도 《일본서기》와 비슷한 단점을 가지고 있다. 《일본서기》가 역사서로서 그다지 가치가 없다면, 《환단고기》도 마찬가지인 것이다. 그런 전제가 있어야 《일본서기》의 내용을 가차 없이 비판할 근거가 생긴다.

우리의 상고사가 오랜 역사에 빛나고 그 지배 영역이 광활했다면 기분 좋은 일이다. 하지만 꼭 그런 상고사가 있어야만 한민족으로서의 자긍심을 갖는 것은 아닐 터다. 오히려 고조선이 뛰어난 청동기와 철기 문물을 발전시킨 나라, '홍익인간弘益人間'과 '제세이화濟世理化'를 건국 및 통치 이념으로 가진 문화의 나라였다는 점을 더욱 자랑스럽게 여길 필요가 있지 않을까.

백제의 타임캡슐, 풍납토성

3

위례성의 실체를 찾아라

　　백제는 기원전 18년에 건국해 660년 나당 연합군에게 패해 멸망했으며, 이후 몇 년 동안 부흥 운동까지 벌였던 것을 감안하면 약 700년 정도 존속된 왕조였다. 그중 약 500년 이상은 하남 위례성 및 광주, 양주 등을 중심지로 두었으며, 웅진과 사비 시대는 고작 200년 남짓이었다. 즉, 백제는 웅진으로 천도하기 전까지 대부분의 시기에 한강 남동쪽을 근거지로 삼았다는 이야기다.

　　그러나 오늘날 많은 사람들이 백제의 수도라고 하면 대부분 사비(부여)나

웅진(공주)을 떠올린다. 반면 백제 왕조가 대부분의 시기를 보냈던 한강 유역에 대해서는 마치 건국 신화 속의 공간적 배경 정도로만 여기는 것이 고작이다.

> 그(비류)는 한산에 도착해 부아악에 올라가 거주할 만한 곳을 찾았다. 비류는 바닷가에 거주하기를 원했다. 열 명의 신하가 간해서 말했다. "이곳 하남 땅만이 북쪽으로는 한수가 흐르고 동쪽으로는 높은 산이 있으며, 남쪽으로는 비옥한 들이 보이고 서쪽은 큰 바다로 막혀 있습니다. 이런 천험의 요새는 다시 얻기 어렵습니다. 이곳에 도읍을 정하는 것이 좋지 않겠습니까?" 그러나 비류는 듣지 않고 백성들을 나누어 미추홀로 가서 터를 잡았다. 온조는 하남 위례성에 도읍을 정하고, 열 명의 신하로 하여금 보좌하게 한 뒤 국호를 십제라고 했다. 이때가 기원전 18년이었다.
>
> 《삼국사기》〈백제본기百濟本紀〉 중에서

이 기록은 비류와 온조 형제가 남하해 일단 한강 유역에 머물면서 도읍을 물색하는 유명한 대목이다. 안목이 짧았거나 바닷가를 좋아했던 비류는 이 천혜의 도읍지를 외면한 채 습기와 소금기로 덮인 땅 미추홀(지금의 인천)로 갔다. 그러다가 하남 위례성에 도읍을 정한 온조의 백성들이 잘 먹고 잘 사는 것을 보고는 자신의 오판을 부끄러워하다 죽었다. 이후 비류의 백성들이 기꺼이 따랐다고 해서 온조는 '십제+濟'라는 국호를 백제百濟로 바꾸었다는 내용이 덧붙여진다.

일연 스님도 《삼국유사》를 통해 《삼국사기》의 기록을 그대로 인용해서 백제의 수도가 하남 위례성이라는 것을 밝혔다. 그러면서 다음의 이야기를 덧붙였다.

 …… 성왕 때 도읍을 사비로 옮겼으니 지금의 부여군이다[미추홀은 인주(仁州, 인천)이며 위례성은 지금의 직산(稷山)이다].《고전기》를 살펴보면 이렇게 말했다. 동명왕의 셋째 아들 온조가 계묘년(기원전 18)에 졸본부여로부터 위례성에 이르러 도읍을 세우고 왕이라 일컬었다. 병진년(기원전 5)에 한산(지금의 광주)으로 도읍을 옮겨 389년을 지나 근초고왕 함안戚安 원년(371)에 이르러 고구려의 남평양을 취하고 북한성(지금의 양주)으로 도읍을 옮겼다. 105년을 지나 22대 문주왕이 즉위하고 을묘년(475)에 이르러 웅천(지금의 공주)으로 도읍을 옮겼다.

 여기서 괄호로 처리한 지명은《삼국유사》가 편찬되었던 고려 후기의 명칭이다. 따라서 위례성을 그 당시에는 직산으로 불렀다는 것과 함께 백제 초기의 수도가 직산(위례성)→광주(한산)→양주(북한성) 등으로 옮겨졌다는 것을 알 수 있다.

 한편 이런 기록 때문인지 조선 시대에 편찬된《신증동국여지승람》등에는 충청도 직산현(지금의 충청남도 천안시 직산읍)을 온조왕이 도읍한 곳으로 명시해 놓았다. 또 현재의 일부 국어사전에서조차 직산에 대해 "충청남도 천안시에 있는, 경부선 역의 하나. 백제의 시조 온조가 도읍한 위례성이었다고 전한다"라고 풀이하는 실정이다.

 하지만 지난 1989년과 1995년 두 차례에 걸쳐 서울대학교에서 발굴 조사한 결과, 직산 동쪽에 위치한 위례산성은 백제의 도읍이 아니라 통일신라

시대의 방어용 산성이라는 사실이 밝혀졌다.

그런 가운데 위례성에 대한 두 가지 유력한 학설이 떠올랐는데, 하나는 지금의 풍납토성이라는 주장이며, 다른 하나는 《삼국사기》에 기록된 사성 蛇城이 곧 위례성이라는 주장이었다.

《삼국사기》〈백제본기〉책계왕責稽王 원년 기사를 보면 이렇다.

> …… 왕이 장정을 징발해 위례성을 보수했다. 고구려가 대방을 치자 대방
> 은 우리에게 구원을 요청했다. 이에 앞서 왕이 대방 왕의 딸 보과를 부인으로
> 맞이했기 때문에 왕이 "대방은 우리와 장인─사위 관계의 나라니 그들의 요청
> 을 들어주어야 한다"고 말하고, 마침내 군사를 출동시켜 구원했다. 고구려에
> 서 이를 원망했다. 왕은 고구려의 침략을 염려해 아차성과 사성을 보수해 방비
> 하게 했다.

이 기사의 전후 맥락을 살피면 책계왕은 대방의 공주를 왕비로 맞았다는 이유로 고구려의 미움을 받았다. 따라서 그는 장차 고구려의 침략이 있을 것으로 예상하고 아차성과 사성을 보수하게 했다. 그런데 바로 앞 대목에 장정을 징발해 위례성을 보수하게 했으므로, 위례성은 곧 사성을 가리키는 것으로 볼 수 있다.

한편 20세기 중반까지는 경기도 광주의 춘궁리 일대가 위례성이었다는 학설이 대세였다. 이는 조선 후기의 실학자 다산茶山 정약용丁若鏞이 기원전 18년에 도읍한 위례성을 '하북 위례성'으로, 기원전 5년 광주(한산)에 도읍 한 것을 '하남 위례성'으로 지칭한 것에 근거를 두고 있다. 즉 다산은 백제

초기의 도읍들을 통틀어 위례성이라 했으며, 최초의 도읍은 하북河北, 이후의 도읍은 하남河南으로 구분했다.

역사학자 이병도는 하남 위례성의 정식 명칭을 한성漢城이라 했으며, 그 한성이 바로 광주 춘궁리 일대라고 밝혔다. 그곳이 산으로 둘러싸인데다 옛 기와와 불상, 주초석 등이 발굴된 적도 있어 이병도의 춘궁리설은 거의 정설처럼 굳어진 상태였다.

한편 하남시 교산동 일대를 위례성으로 보는 학설도 있었는데, 2002년 말 기전문화재연구원에서 이 지역을 발굴한 뒤 "한성백제와는 아무런 관련이 없다"고 발표함으로써 교산동설은 그저 설로만 그치고 말았다.

개발과 보존 사이의 줄다리기, 풍납도성 발굴사

이처럼 《삼국사기》에는 위례성에 관한 기사가 여러 곳에 등장하지만, 명확하게 어느 지점을 가리키는지는 분명하지가 않다.

그렇다면 지금은 그 지명조차 남지 않은 위례성은 대체 어디를 가리키는 것일까?

일제 강점기였던 1925년은 을축년이었다. 그해에는 이른바 '을축년 대홍수'가 일어나 남한 지역의 주요 하천과 주변 지역들이 초토화되었다. 이 홍수로 당시 조선총독부 1년 예산의 58퍼센트에 해당하는 1억 300만 원의 피해액을 내고 수많은 사상자가 발생했다고 하니, 가히 그 재해의 규모를 짐작할 만하다.

이 홍수로 인해 한강 일대도 쑥대밭이 되었는데, 그 무렵에는 이름조차 없던 풍납토성風納土城 서벽이 유실되었다. 그러면서 땅속 깊이 묻혔던 청동 초두鐎斗(술을 데워 잔에 따르는 일종의 제사용기)와 금제 귀고리, 유리옥 등이 발견되었다. 이로 말미암아 조선총독부는 대홍수로 유실된 그 성을 '풍납리 토성'이라 명명했다. 1933년에는 이병도 박사가 "《삼국사기》에 기록된 사성蛇城이 바로 풍납토성"이라는 학설을 내놓았다. 그는 덧붙이기를 "풍납리는 본래 '배암蛇들이'라고 불렸는데, 배암이란 말이 차츰 변해 '바람들이'가 되었고, 이를 한자로 표기해서 풍납風納이란 지명으로 정착된 것이다"라고 설명했다.

이후 이병도의 주장은 국사학계의 정설처럼 굳어진 상태였다. 그러다가 1964년, 김원룡 교수를 비롯한 서울대학교 발굴 팀이 풍납토성을 시굴 조사한 결과 백제 토기 조각들을 발견했다. 김원룡 교수는 이 결과를 바탕으로 1967년 "풍납토성은 백제 초기에 건설되어 5세기 동안 사용되었던 중요한 성"이라고 발표했다. 그러나 이 주장은 기성 사학자들로부터 철저히 외면당했다.

…… 왜냐하면 당시 우리 고대 사학자들은 백제가 기원 전후 시기 한강변에 풍납토성을 쌓을 만한 힘이 없었을 것이라고 여겼다. 한성백제가 명실공히 강력한 왕국으로 변모해 고구려, 신라와 맞설 수 있었던 시기는 3세기 후반대인 고이왕 때라고 보았기 때문이다.

《고고학자 조유전의 한국사 미스터리》, 64쪽 중에서

이런 사정이 있어 김원룡 교수는 풍납토성이 '중요한 성'이라고만 했을 뿐, 그것이 '역사에 기록된 위례성'이라고는 단정하지 못했다. 이로 인해 한때 관심을 끌었던 풍납토성은 차츰 세인들의 기억에서 지워졌고, 그 넓은 지역 대부분은 주거 단지로 급속하게 변모해 나갔다.

그 뒤 1980년대 중반부터 비로소 풍납토성과 가까이 있는 몽촌토성夢村土城이 백제 초기의 도읍인 위례성일지도 모른다는 주장이 나왔다. 당시 5공 정부는 1988년 서울 올림픽 개최를 앞두고 몽촌토성 주위를 서울 올림픽 체육시설 및 공원 조성지로 결정했다. 그리고 그런 시설을 건설하기에 앞서 1983년부터 대대적인 발굴을 시작했다. 그 결과 여러 지상 건물 터와 움집, 목책 등을 비롯해 백제 시대의 유물을 상당량 수습할 수 있었다. 이에 따라 학계에서는 몽촌토성을 3세기 중반에서 5세기 후반(475년)까지 약 200여 년 동안 백제의 도읍이었던 곳으로 보게 되었다.

1997년 초, 선문대학교의 이형구 교수가 지금의 풍납토성을 새로 발굴하면서부터 깊이 잠들었던 백제 초기의 도읍은 다시 세간의 주목을 끌었다. 이형구 교수가 풍납토성을 발굴하는 과정은 흥미진진하다.

풍납토성이 대규모 주거 단지로 개발되던 무렵, 현대건설이 아파트를 짓기 위해 높은 방호벽을 쳐놓았다. 이형구 교수 팀은 그 방호벽 밑으로 몰래 들어가 터파기 공사가 한창이던 현장에서 무수하게 박힌 백제 토기 파편들을 발견할 수 있었다. 아파트 터파기 공사는 일반 주택과는 달리 지하 4미터 이상 깊이 파야만 하는데, 그렇게 깊은 곳에서 백제의 유물들이 쏟아져 나왔던 것이다. 이는 풍납토성에 수많은 건축물들이 들어섰으면서도 유물을 발견하지 못한 이유기도 하다.

몽촌토성 전경

이형구 교수의 발굴로 풍납토성은 1400여 년 만에 세상의 주목을 끌었다. 이때 국립문화재연구소, 서울대학교 박물관, 한신대학교 박물관 등이 참여하는 공동 발굴단이 편성되었다. 발굴단은 얼마 후 다수의 유구遺構(옛 토목건축의 구조와 양식을 알려 주는 자취)와 유물을 발굴하는 성과를 올렸다.

이후 한때 중단되었던 아파트 건설 공사가 다시 진행되었다.

발굴 기간 내내 감탄사가 끊이지 않았다. 끝도 없는 판축 토루와 성벽을 보호하는 강돌, 깬 돌이 열 지어 있고 성벽의 흘러내림을 방지하는 수직목과 식물 유기체 등이 이어졌다.

　발굴 결과 폭 43미터 이상에 현존 높이 11미터에 이르는 사다리꼴 형태의 토성임을 알게 되었다. 최대 높이는 15미터로 추정되며, 늦어도 3세기 전후에 완성된 것으로 추정되었다. 당시 왕권에 준하는 강력한 절대 권력이 없이는 둘레 3.5킬로미터에 이르는 거대한 토성을 축조하기란 불가능한 일이었다.

《고고학자 조유전의 한국사 미스터리》, 70~71쪽 중에서

　개발이냐 문화재 보존이냐를 두고 긴장이 팽팽하던 무렵, 우려했던 사건이 일어났다. 2000년 5월 13일, 발굴 지역 일대의 재건축 사업을 담당하던 조합장이 굴착기로 '백제 유구'를 밀어 버리게 한 것이다. 그 조합장은 토지 보상에 대한 원칙도 없고 발굴비도 당초의 예상보다 늘어나자, 그런 식으로 분노를 터뜨렸다고 한다. 이 사건에 대해 당시 《경향신문》은 '백제가 테러당했다'는 제하의 기사를 내보내 여론을 들끓게 했다.

　이후 풍납토성 내부에서는 재개발을 통한 건축 행위가 금지되었으며, 다만 지하 유구가 파손되지 않는 범위 내에서 소규모의 건축 행위는 허용하는 방향으로 문화재위원회의 방침이 정해졌다. 결과적으로 풍납토성 내부의 보존이 결정된 것이지만, 그럼에도 개발과 보존 사이의 대립과 문제점은 명쾌하게 해결되지 않았다.

　이듬해인 2001년 9월, 삼표산업은 을축년 대홍수 때 유실된 풍납토성 서벽 밖에 사옥을 짓기로 하고 착공하기 전 학술기관에 시굴 조사를 의뢰했다. 이때 모 대학 박물관에서 시굴을 한 뒤 '신중하지 못하게' 아무런 문화재도 없다고 결론을 내렸다. 이에 따라 삼표산업은 본래 계획대로 공사를

진행하기로 하고 국립문화재연구소 관계자들이 입회한 가운데 터파기 공사에 들어갔다. 그러나 그때 백제 시대의 문화재들이 다수 발견되면서 공사는 중단되었다. 이후 2002년 말부터 2003년 3월까지 본격적인 발굴 작업을 한 결과 풍납토성 서벽과 관련해 해자垓子로 추정되는 유구가 발견되었으며, 이것으로 삼표산업 부지는 문화재 보존 구역으로 확정되었다.

한편 풍납토성에 대해서는 1997년 이형구 교수 팀이 발굴 작업을 한 이래 차츰 백제 초기의 도읍인 위례성이 분명하다는 것이 다수 의견으로 굳어지고 있었다.

발굴된 유적과 문화재

현재 사적 제11호로 지정된 풍납토성은 서울시 송파구 풍납동에 있다. 서쪽으로는 한강과 접하고 있으며, 남쪽으로는 성내천을 사이에 두고 몽촌토성과 통하는 길이 나 있다. 또 서북쪽으로는 한강을 사이에 두고 아차산성阿且山城, 동남쪽으로는 멀리 남한산성을 바라보고 있다.

풍납토성 전체 모양은 남북으로 약 3킬로미터, 동서로는 약 1킬로미터의 타원형에 가까운 형태다. 을축년 대홍수 때 유실된 서벽을 제외하고는 토성의 동북쪽 귀퉁이와 동쪽 부분이 비교적 잘 보존되어 있는데, 북벽은 약 300미터, 동벽은 1500미터, 남벽은 200미터가량 된다.

토성 전체 둘레는 약 4킬로미터에 이르는 규모로 북벽 446미터 구간은 이미 복원 및 정비가 끝났으며, 동벽과 남벽은 정부가 단계적으로 매입해 정비할 계획이라고 한다.

원형이 비교적 제대로 남은 북벽의 경우 외벽은 정상보다 약 2미터 내려간 위치에 넓은 단을 쌓은 다음 차츰 경사지게 기반을 만들었는데, 너비는 약 30미터다. 성벽은 돌이 섞이지 않은 고운 모래로 층층이 다져서 쌓아 올렸다.

1997년 이형구 교수 팀이 풍납토성을 실측 조사한 결과에 따르면, 성벽의 너비는 평균 30~40미터 정도며, 높이는 복원된 북벽은 11.1미터, 아직 복원이 되지 않은 남쪽과 동쪽은 6.2~6.5미터로 일정하지가 않다. 한편 동벽에는 비슷한 간격으로 네 군데가 크게 뚫린 채 외부와 통하는데, 이는 축성 당시의 성문들로 추정되었다.

국립문화재연구소는 1999년 풍납토성의 동벽을 발굴하고, 이 토성의 축성 방식이 중국의 초기 토성 축성 방법에서 영향을 받은 것으로 보았다. 따라서 풍납토성은 삼국 시대에 크게 발달한 산성들보다 다소 앞선 기원 전후에 축성된 것으로 추정되었다. 즉, 풍납토성이 고대의 도성인 낙랑토성이나 고구려의 국내성과 비슷한 시기에 축성되었다는 것이다. 또한 당시 인구 규모나 사회 조직, 권력 구조 등을 종합적으로 고려할 때 3세기를 전후한 시기에 이미 이와 같은 거대한 규모의 토성이 축조 완료되었다는 점에서 풍납토성은 백제 초기의 왕성일 가능성이 높다고 분석했다.

1925년 을축년 대홍수 때 청동제 초두와 과대금구銙帶金具(금으로 만든 허리띠) 등이 출토된 이래 1964년, 1997년, 1999년 풍납토성 발굴 조사를 할 때마다 수많은 유구와 집터, 토기 가마 등이 발견되었고, 어망추·돌 방추차·경질 무문토기·목탄 등 백제 초기의 유물과 유적이 대거 발굴되었다.

79년, 이탈리아 나폴리 만 동쪽에 있던 활화산 베수비오가 대폭발하면서 로마 귀족의 휴양 도시 폼페이는 6미터가 넘는 화산재에 뒤덮여 사라졌다. 1만 명이 넘는 사람들도 아비규환의 화석으로 변해 당시의 처참하고 긴박했던 실정을 엿보게 한다. 이후 역사 기록으로만 존재하던 폼페이가 다시 세상에 모습을 드러낸 것은 18세기 이후였다.

475년, 고구려 3만 대군의 침략을 받은 백제 위례성도 순식간에 폐허로 변했다. 하지만 폼페이와 같은 불가항력의 천재지변을 당한 게 아니었으므로, 백제 주민들은 모두 흩어졌거나 고구려의 포로가 되어 강제 이주당했을 것이다. 그 뒤 위례성은 철저히 망각되기 시작했다.

위례성은 방어를 위해 한강과 접해서 축성되었는데, 이는 위례성이 땅속 깊이 매몰되는 중요한 원인이 되기도 했다. 전문가들은 한두 번의 홍수만으로도 하천 유역이 퇴적층으로 깊이 묻힐 수 있다고 말한다. 따라서 백제 천도 후 폐허가 된 위례성 터에 적어도 4미터 이상의 토사가 쌓이는 것은 1500여 년의 시간을 고려할 때 너무나 당연한 일이었다. 인재에 이어 천재가 겹쳐 매몰되었다는 점이 폼페이와는 다른 셈이다.

고구려, 신라의 역사서와 마찬가지로 백제 왕조가 편찬한 역사서들인 《서기》, 《백제기》, 《백제신찬》, 《백제본기》 등은 모조리 사라졌다. 그런 나머지 땅속 깊이 잠들어 있던 위례성의 소재조차 찾아낼 수 없었던 것이다. 앞에서 소개한 것 외에도 풍납토성 안에서 출토된 유물은 무수하다. 그래서 풍납토성을 두고 한국 고고학계의 최대 발굴이라는 찬사가 이어지기도 했다.

하지만 어느 특정 지역의 유구나 유적 발굴은 현지 주민들이나 건설 회사 등의 현실적인 이해관계에 얽혀 살벌한 풍경을 연출하는 경우가 적지 않다. 유적 보호와 재산권 내지 생존권의 보장은 결코 양립할 수 없는 길항拮抗 관계에 있기 때문이다.

그런데 풍납동 미래마을 아파트 부지에서 지난 2000년 중요한 유물들이 발굴되었다. 특히 500상자 분량의 기와 조각들은 색상과 모양, 제작 방법 등이 다양한 것으로 추정되었다. 또 기와 무지 옆에서는 일반 주거지에서는 찾기 힘든 벽돌과 십자형의 주춧돌이 발견되기도 했다. 이런 유물들은 그 자리에 궁궐이나 관청 등의 대형 공공시설이 들어섰다는 사실을 알려 준다.

당시 이형구 교수는 이에 대해 미래마을 터는 왕궁의 물품을 제작해서 공급하는 일종의 공방工房 지역으로, 기와 건물이 있던 자리는 그런 공방을 관리하던 관청으로 각각 추정했다.

그런데 이 미래마을 터보다 한 해 앞서 발굴된 경당지구의 유물은 고고학계를 더욱 놀라게 했다. 그곳에서 아홉 마리 이상의 말 머리뼈를 발굴했기 때문이다. 다른 부위는 없고 오직 머리뼈만 있다는 것은 특정한 목적에 따라 말을 희생시키고 한 구덩이 안에 묻어 두었다는 것을 뜻한다. 학계의 연구 결과 당시 백제인들이 기우제 등 국가적인 제의를 치를 때 희생양으로 말머리를 바친 것으로 추정되었다.

더구나 말 머리뼈가 발굴된 자리 바로 옆에는 대형 건물 터가 있었다. 이른바 여呂 자형 건물이다. 이 건물 주위로는 약 1.5미터의 폭을 가진 도랑이 에워싸고 있으며, 그 안은 숯으로 채워져 있었다. 숯은 고대부터 정화淨化를 상징하는 물건이다. 더구나 함부로 드나들지 못하게 도랑이 에워싼 건축물이라면, 바로 그곳이 신성한 제사 터였음을 짐작케 한다.

이 경당지구에서는 항아리와 단지 등 토기를 비롯한 유물이 약 2만여 점이나 발굴되기도 했다. 이들 토기 중에는 백제뿐만 아니라 소가야·왜·진나라 식 도기들도 포함되었다고 한다. 즉, 이들 유물은 백제가 주변 국가들과 활발하게 교류했다는 것을 보여 주는 반증이라 할 수 있다. 특히 동전 문양의 도기는 백제와 중국이 3세기 초부터 교류를 시작했다는 중요한 단서로 알려졌다.

이 밖에 중국제인 금동 과대금구 등의 유물이 왜에서뿐만 아니라 몽촌토성에 이어 풍납토성에서도 출토되었는데, 이는 백제가 중국, 일본을 비롯해 동아시아의 교역과 물류 기지로서의 역할을 했다는 걸 보여 준다.

그러나 무엇보다 중요한 것은 이러한 풍납토성의 축성 방식과 출토 유물 등을 다각도로 분석할 때, 역사에 기록된 하남 위례성이 바로 오늘날의 풍납토성을 가리킨다는 점이다. 풍납토성 자체가 강력한 왕권이 행사되지 않으면 결코 완성시킬 수 없는 규모를 갖추었기 때문이다. 이를테면 전문가들은 풍납토성 전체에 이용된 흙의 양만 222만 6000톤에 이르며, 그 흙을 파내고 운반해서 한 층씩 성을 쌓는 데 필요한 연인원은 약 446만 명 정도로 계산했다. 이는 5만 명이 꼬박 석 달(90일) 동안 축성에만 전념해야 이룩할 수 있는 규모였으니, 백제 초기에 국왕과 지배 세력이 모든 국력을 총동원해서 풍납토성을 완성시킨 셈이다. 따라서 풍납토성은 곧 위례성이라는 등식이 성립될 수 있었다.

그러므로 한강의 토사에 묻혀 있던 풍납토성과 그 안에서 발굴된 유물들은 한성백제의 위상과 당시의 생활상, 그리고 국제 교류상을 생생하게 간직한 '타임캡슐'이 아니겠는가.

광개토 호태왕 비문과
칠지도의 진실

4

14세기 만에 발견된 바위 역사책

1880년 무렵, 청나라 정부는 만주 지역의 봉금封禁을 해제하고 농민들을 이주시키기 시작했다. 이 조치로 많은 중국 농민들이 만주로 이주해 광활한 농토를 개간해 나갔다. 그러던 어느 날, 한 농부가 넓은 벌판 한가운데 우뚝 솟은 거대한 비석을 발견했다. 농부는 비석의 4면 모두에 수많은 글씨가 새겨진 것을 확인하고는 상당한 호기심을 느꼈다. 그는 신고 정신이 투철했던 모양인지, 관할 관청인 봉천 회인현懷仁縣에 자신이 발견한 비석의 실체를 알려 주었다.

지금의 중국 길림성 통화전구 집안현 통구성通溝城에서 동북쪽으로 4.5킬로미터 떨어진 태왕촌에 소재한 이 비석은 오늘날 한민족이라면 얼마든지 자긍심을 느껴도 좋을 광개토 호태왕의 업적을 기록한 비석이다. 그 지역은 고구려의 수도가 있던 곳이며, 비석에서 서남쪽 300미터 지점에는 태왕릉이 있다.

비석에 새겨진 광개토 대왕의 정식 묘호는 국강상광개토경평안호태왕國岡上廣開土境平安好太王이라고 되어 있다. 이를 줄여서 흔히 '광개토 대왕'이라고 하며, 현재의 국사 교과서는 이 표기를 따르고 있다. (정식 묘호가 '태왕'으로 되어 있으므로, 여기서는 '광개토 호태왕' 또는 줄여서 '호태왕'으로 표기할 예정이다.)

농부에게서 낯선 비석이 광활한 평야에 우뚝 서 있다는 신고를 받은 회인현 책임자는 얼마 후 금석학 전문가를 불러 비문을 면밀하게 조사했다. 그리고 탁본 기술자들에게 몇 개월에 걸쳐 탁본을 시켰다. 그 탁본은 곧 북경의 금석학계에 소개되면서 전문가들의 주목을 받기 시작했다.

호태왕비는 크게 너비 3.35미터×2.7미터의 대석臺石과 비신碑身으로 구성되었으며, 오랜 풍상을 겪는 동안 밑부분이 땅속에 묻혀 있는 모습이었다. 비신의 높이는 6.39미터로 아파트 3층과 비슷하며, 너비는 1.38~2미터고, 폭은 1.35~1.46미터다. 머리 부분이 비스듬한 것을 비롯해 전체적으로 자연스런 원석대로의 모습이다.

조사 결과에 따르면 이 비석은 네 면에 걸쳐 글자를 새긴 4면환각비四面環刻碑로, 글자 수는 모두 1775자로 추정된다. 일부 훼손 또는 마모된 부분을 감안해 1800여 자가 넘을 것으로 보는 견해도 많다. 글자 한 자의 크기는 어른 손바닥만 한 10~15센티미터 정도고, 약 13센티미터가량의 행간을 가느다란 종선을 그어 구분했는데, 모두 44행이다.

중국 한시와 서예학 분야의 전문가인 전북대학교 중문과 김병기 교수는 호태왕비의 탁본을 처음 본 순간 "질박하고 튼튼하면서도 이면에는 화려한 문화의 힘이 들어 있고, 예스러우면서도 현대적인 참신함이 느껴지며, 강한 것 같으면서도 한없이 부드러운 매력을 거듭 느꼈다"는 감회를 전하고 있다. 이런 평가를 염두에 두고 호태왕비의 탁본 글씨를 가만히 들여다보면, 서예의 문외한이라도 고구려인의 웅혼한 기상과 투박한 아름다움이 저절로 느껴지는 듯하다.

익히 알려진 것처럼 이 동양 최대의 비석은 호태왕 승하 후 2년이 지난 414년, 그의 아들이며 고구려 제20대 국왕인 장수왕長壽王이 세운 것이다. 대부분 비석은 죽은 이의 생전 업적과 공덕을 오래도록 기리기 위해 세운다. 특히 호태왕의 경우는 '광개토'라는 묘호가 뜻하는 것처럼, 고구려의 영토를 역사상 가장 넓게 확장한 업적이 두드러진다. 호태왕 생전에 어느 지역을 어떻게 정복해 영토를 확장했는지를, 편년체 형식으로 기록한 내용을 통해 쉽게 짐작할 수 있다. 그렇기에 이 비석의 존재 자체만으로도 고구려가 동아시아의 판도를 중국과 양분했던 국가였음이 증명된다.

장수왕은 414년에 호태왕비를 세운 뒤 제도 정비와 대외 교류에 주력했다. 그러다가 427년에는 남하 정책을 본격 추진하기 위해 평양으로 천도했다. 이 평양 천도와 함께 집안集安 일대의 고구려 유적들은 차츰 세상 사람들로부터 잊혀졌다. 침묵 속에서 중원을 호령했던 호태왕비도 마찬가지였다. 더구나 고구려가 멸망한 뒤 오랜 세월이 지나면서 만주 지역은 아예 한민족에게 낯선 땅이 되고 말았다. 조선 시대에 편찬된 책들 중에는 "집안 지방에 옛 궁궐터와 능비가 있다"는 단편적인 기록은 있지만, 그것이 여진족의 유적으로 인식되었을 뿐이다. 따라서 19세기 말에야 중국 농민에 의해 발견된 호태왕비는 한민족에게 매우 큰 의미가 있다.

호태왕비의 내용은 크게 세 부분으로 이루어졌다. 앞부분에는 고구려의 건국 신화 및 역대 국왕의 세계世系, 광개토 호태왕의 행장行狀이 담겼다. 본문에 해당하는 부분은 호태왕의 정복 활동과 영토 관리에 대한 내용을 연도순으로 담았다. 그리고 마지막 부분에는 능을 관리하는 데 필요한 여러 규정과 호태왕의 당부를 전하고 있다.

이렇게 구성된 호태왕비는 당시 고구려와 주변 국가의 전쟁, 국제 교류, 일상생활과 수묘守墓에 관한 제도, 사회사, 고구려인의 천하관天下觀을 연구하는 데 귀중한 1차 사료라고 할 수 있다. 특히 비문碑文이기는 하지만《삼국사기》보다 약 700여 년 앞선 고구려 당대의 생생한 역사 기록이라는 점에서 그 의의가 매우 크다는 걸 알 수 있다. 그래서 몽골의 한 학자는 호태왕비를 일컬어 '바위 역사책'으로 비유했다고 한다.

호태왕비 연구 과정과 비문 해석 논쟁

만주에서 호태왕의 비석이 발견된 1880년 무렵, 조선은 1876년에 체결한 강화도조약에 따라 부산·인천·원산 등을 개항했고, 일본은 정한론征韓論의 세부 계획을 치밀하게 다듬어 나갔다.

일본은 19세기 중반부터 메이지 유신을 추진해서 성공하자, 눈길을 밖으로 돌려 조선에 대해 강제로 통상을 요구했다. 운요호 사건과 불평등한 강화도조약(병자수호조약)은 일본의 무력 압박을 상징하는 사건이었다. 이 과정에서 메이지 유신 이후 소외되었던 막부의 무사들과 메이지 정부의 일부 강경론자들을 중심으로 정한론이 고개를 들었다. 정한론은 말 그대로 조선을 정복해 대륙 진출의 거점으로 삼겠다는 장기 전략이었다.

호태왕의 비석이 발견되고 그 탁본들이 북경에 소개되었을 때, 마침 일본 육군 참모본부 소속 사카와 가게노부酒勾景信 중위가 만주 일대를 여행하고 있었다. 사카와는 당시 만주 공략 프로젝트를 세우기 위한 정보를 수집하고 있었다고 한다. 따라서 사카와가 고구려와 관련된 거대한 비석과 그 탁본에 대한 정보를 입수하는 일은 그리 어렵지 않았을 것이다.

그 뒤 일본에서는 육군 참모본부를 중심으로 몇몇 역사가들이 약 5년에 걸쳐 비문 해독 작업을 진행했다. 이후 광개토 호태왕의 비문과 해석문이 세상에 널리 알려진 것은 1889년 일본 정부의 어용 기관지인 《회여록會餘錄》 제5집에 요코이 다다나오橫井忠直가 쓴 '고구려비고高句麗碑考'라는 글이 게재되면서였다.

《회여록》에 호태왕 비문과 해석이 실리면서 구한말의 학자들도 비로소 비석의 존재와 그 내용을 알 수 있었다. 이에 따라 을사늑약 이후인 1908년 《증보문헌비고增補文獻備考》에 비문 전문이 실렸고, 《황성신문》에는 비석 발견 이후의 기사가 게재되었다.

당시 호태왕 비문 연구와 관련해 중국과 일본의 학자들이 대학생 수준이었다면, 한국 학자들은 초등학생 수준이었다. 이를테면 뚜렷한 민족의식을 가지고 고대사를 새롭게 해석했던 단재丹齋 신채호申采浩조차 호태왕비를 조사할 때 그 길이와 둘레가 '몇 발 몇 뼘'이라고 기록할 정도였다. 이는 당시 한국 학자들의 열악한 연구 환경을 말해 준다.

이처럼 1930년대까지 일본을 중심으로 활발한 연구가 진행되었던 호태왕비에 대한 관심은 이후 30여 년의 공백기를 거친 뒤 1957년부터 다시 논의가 활발해졌다. 이 무렵에는 중국 학자들이 비문 해석을 주도했고, 1963년경에는 북한 학자들이 일본의 학설을 정면으로 반박하면서 큰 관심을 끌었다.

한편 1970년대 초에는 일본의 구 육군 참모본부가 비석에 석회를 발라 몇몇 글자를 임의로 조작했다는 것과 처음 호태왕 비문의 탁본을 주도했던 사카와 중위가 육군 참모본부 소속 스파이였다는 사실이 폭로되었다. 더구나 재일 사학자 이진희李進熙는 여러 탁본과 사진, 해석문을 대조하고 연구한 결과 "1899∼1900년 사이에 일본이 세 차례에 걸쳐 석회를 발라 비문의 글자를 조작했다"고 주장했다. 그는 자신의 논저인 〈광개토태왕능비의 탐구〉(1982년)를 통해 비문 조작 사실을 구체적으로 밝혀 한중일 삼국에 큰 반향을 일으켰다.

이에 대해 중국 길림성 문물고고연구소장 왕건군王健群은 1984년에 "이진희의 비문 조작설 주장은 근거가 없으며, 조작이 안 되었더라도 호태왕 비문을 '임나일본부설'에 대한 증거라 할 수도 없다"고 주장했다. 이와 같은 왕건군의 양비론 이후 이진희를 비롯해 일부 학자들이 주장했던 비문 조작설은 한풀 꺾였다. 하지만 호태왕비는 여전히 동북아 삼국의 고대사 연구를 좌우하는 중심에 서 있고, 세 나라 학자들은 저마다 자국의 입장에서 비문 조작설 내지 비문 해석 등을 놓고 첨예한 대립을 보이고 있다.

'광개토 호태왕 비문' 일부 해석

옛날 시조 추모왕鄒牟王이 나라를 세우시니 추모왕은 북부여 출신으로 천제이신 아버지와 하백의 따님인 어머니 사이에 태어나셨다. ……유명遺命을 이어받은 세자 유류왕儒留王(2대 유리왕)은 도로써 나라를 잘 다스렸다. ……이렇게 왕위가 전해져 17세손인 국강상광개토경평안호태왕에 이르게 되었다. 18세에 왕위에 올라서 영락태왕永樂太王이라 칭했다. 은택恩澤은 하늘까지 이를 만큼 넉넉했으며, 위엄과 무예는 사해四海에 떨쳤다. ……이에 비를 세워서 공적을 기록해 후세에 보이고자 한다. 그 내용은 다음과 같다.

광개토 호태왕 비문 탁본

영락 5년(395) 을미에 왕은 □(비)려가 □□□하지 않는 까닭에 친히 군사를 이끌고 가서 토벌했다.

……백잔(백제)과 신라는 옛날부터 고구려의 속민屬民으로서 줄곧 조공을 해왔다. 그런데 신묘년(391)부터 왜가 백제와 □□, 신라에 조공을 시작하자 (고구려는) 왜를 신민臣民으로 삼았다.

6년(396) 병신에 왕이 친히 군사를 이끌고 백제를 토벌했다. 고구려군은 □□ 수를 공격해 다음의 성을 점령했다. ……그 나라 잔당이 대의에 복종하지 않고 감히 덤비려고 나오니 왕이 크게 노해서 아리수阿利水를 건너 정병을 동원해 그 성을 압박했다.

……8년(398) 무술에 일부 군대를 파견해 백신帛慎의 토곡土谷을 살펴보게 했다. 이 일로 막사라성 가태라곡의 남녀 300여 명을 얻었다. 그 이후로 조공에 관한 일을 의논했다.

영락 9년(399) 기해년, 백제가 맹세를 어기고 왜와 □(내)통했다. (이에) 호태왕이 순행해 평양으로 내려갔다. 신라에서 사신을 보내 신라 왕의 말을 아뢰기를 "왜인이 그 국경에 가득 찼는데, 성과 해자를 부수고 있습니다. 그들은 노객奴客으로 하여금 백성으로 삼으려고 하니 태왕께 귀의해 명을 받들고자 합니다." 은혜롭고 자비로운 호태왕은 그 충성을 갸륵하게 여겨 신라 사신으로 하여금 돌아가 □(고구려의) 계책을 고하도록 했다.

10년(400) 경자년에 왕은 보병과 기병 도합 5만 명을 보내 신라를 구하도록 했다. 고구려군이 남거성을 가로질러 신라성에 이르니 그 안에 왜군이 □(가득)했다. 관군이 도착하자마자 왜적은 물러났다. □□□□□□(고구려군이) 왜군의 뒤를 급히 추격해 임나가라任那加羅의 종발성에 이르니 성은 곧 항복했다.

……14년(404) 갑진에 왜□□가 대방帶方 영역을 침입했다. ……왕의 군대가 적의 길을 끊고 좌우로 공격하니 왜구가 궤멸되었다. 참살된 (왜구) 수가 헤아릴 수 없이 많았다. (이하 생략)

광개토 호태왕의 능

칠지도

광개토 호태왕비

이소노카미 신궁에서 발견된 칠지도

1874년, 일본의 스가 마사토모菅政友라는 학자가 이소노카미 신궁石上神宮의 주지住持에 해당하는 대궁사大宮司로 취임했다. 1824년 의사의 아들로 태어난 그는 1869년에 일본사 편찬국의 국사편집國史編集으로 임명되어 《대일본사》를 편집하는 일에 종사했다. 그러다가 사별한 아내가 신관神官의 딸이었다는 인연으로 이소노카미 신궁 대궁사에 취임한 것이다.

나라현 용왕산 기슭에 자리한 이소노카미 신궁은 고대 일본의 무기고 터였다고 하며, 그래서인지 일본의 초대 천황으로 추앙받는 신무왕神武王이 왜를 평정할 때 썼다는 신검神劍 등 귀중한 유물이 전해져 왔다. 그러니까 이소노카미 신궁은 고대 일본에서 제의적인 상징으로 신성시되던 곳이며, 고대 일본 최초의 통일을 이룬 야마토大和 정권의 토대라는 점에서 일본인들에게 각별한 의미가 있는 문화 유적이다.

그가 이소노카미 신궁의 대궁사로 취임할 때는 일본에서 메이지 유신이 한창이었다. 따라서 천황 중심의 정치 체제를 구축하는 한편 소외된 사무라이들의 불만을 잠재우기 위해 '정한론'이 무르익을 때였다.

당시 마사토모는 메이지 유신의 영향으로 신神과 불佛을 분리한다는 정책에 따라 이소노카미 신궁에 참배 시설을 확충할 필요를 느꼈다. 그리고 신궁의 본전本殿을 세우기 위해 적당한 터를 물색해 나갔다.

오래전부터 이소노카미 신궁 경내에는 이른바 금족지禁足地라고 불리던 신성불가침 구역이 있었다. 일반인은 물론 궁사들조차 함부로 드나들지 못하던 금단의 영역이었다. 마사토모는 바로 그 자리에 본전을 세우기로 하고, 1874년 8월 천황의 허락을 받아 금족지 발굴을 시작했다. 그 결과 환두대도를 비롯한 신검과 비취색 곡옥, 청동거울 등의 유물을 발굴할 수 있었다. 모두 일본 천황가의 세 가지 보물로 신성시되던 것들이었다.

한편 그 금족지의 가장 안쪽에는 신고神庫가 있는데, 신고란 일본 황실에서 대대로 전해지던 유물을 보관하는 창고를 가리킨다. 마사토모는 신고 안의 유물을 조사하는 과정에서 누구도 손을 댄 흔적이 없는 궤짝을 발견했다. 일본사 편찬 경력을 가진 그는 호기심을 참지 못하고 궤짝을 조심스럽게 열어 보았다. 놀랍게도 그 속에는 날의 끝 부분을 포함해 가지가 일곱 개 달린 검이 들어 있었다. 마사토모는 그 기이한 모양의 칼을 보는 순간《일본서기》의 칠지도七枝刀 기록을 떠올리고는 흥분을 감추지 못했다. 〔《일본서기》에는 칠지도 명문에 새겨진 '지(支)' 자를 '지(枝)' 자로 표기했음.〕

《일본서기》 신공기 52년의 기록은 이렇다.

252년 9월 백제 왕의 사자 구저가 와서 일본에 대한 복속의 징표로 칠지도 七枝刀와 칠자경 등 여러 귀중한 보물을 바쳤다.*

이 기록이 사실이라면 자그마치 1600여 년이 넘게 잠들어 있던 유물을 마사토모가 깨운 셈이다. 역사 속의 기록인 줄만 알았던 칠지도를 현물로 발견한 마사토모는 등골이 오싹해지는 전율을 느꼈다.

유심히 칠지도를 살펴보던 그는 오랜 세월 탓에 잔뜩 녹이 슨 표면에 언뜻언뜻 금색이 비치는 걸 보았다. 그는 그것이 칠지도와 관련된 중요한 기록임을 직감했다. 무엇보다 그 글자를 판독하는 일이 시급했다. 그는 당시의 일을 다음처럼 기록해 놓았다.

"칠지도의 크기는 길이 75센티미터, 가지 10센티미터, 폭 2.5센티미터, 두께 0.3센티미터다. …… 칠지도는 아주 시커멓게 녹슬었는데, 금색이 조금 보여 의심이 나서 그 위의 녹을 조심스레 제거하다 보니 비로소 문자가 나타났다."

현재 칠지도는 일본의 국보로 지정되어 특별한 전시 기간이 아니면 일반인의 관람이 금지되어 있다. 물론 칠지도가 보관된 신고는 들어갈 수도 없으며, 사진 촬영도 엄격히 금한다.

마사토모는 쇠줄을 이용해 칠지도 표면의 녹을 벗겨 나갔다. 그의 기록처럼 칼이 시커멓게 녹슬었으니 아무리 조심스럽게 녹을 제거한다 해도 표면에 금 상감으로 새겨졌던 글자의 획이 녹과 함께 벗겨지거나 아예 훼손되어 몇 글자는 판독이 어렵거나 불가능한 상태가 되었다.

어쨌든 그가 조심스럽게 칠지도의 녹을 제거하고 보니 앞면에 34자, 뒷면에 27자 등 모두 61자가 새겨져 있었다. 이 61자로 이루어진 몇 개의 문장은 그 뒤 100여 년이 넘도록 한일 양국 학계가 벌인 고대사 논쟁의 중심에 서게 되었다.

마사토모는 흥분을 가라앉히고 칠지도를 본래의 자리에 보관해 두었다. 그 뒤 마사토모가 칠지도를 발견할 당시의 일을 메모한 것은 11년이 지난

*五十二年秋九月丁卯朔丙子 久氏等從千熊長彦詣之 則獻七枝刀一口 七子鏡一面 及種種重寶.

1885년이었다. 아울러 그 내용이 세상에 널리 알려진 것은 그가 죽은 지 만 10년 후인 1908년에 출간된 '스가 마사토모 전집'을 통해서였다. 따라서 칠지도는 마사토모가 처음 발견한 뒤 약 24년 만에야 그 실체가 드러났던 셈이다.

그가 세상을 놀라게 할 발견을 하고도 자신이 죽은 뒤에야 발표하게 했던 이유는 분명하지 않다. 다만 메이지 유신 이후 천황을 신처럼 격상시켰던 당시 일본의 상황과 연결하면 어느 정도 짐작되는 바가 있다. 비록 그가 이소노카미 신궁의 대궁사였지만 황실에서 대대로 보관하던 유물에 손을 댄 것은 황실을 모독하는 중대 범죄였을 것이다.

칠지도 속의 연호와 해석 논쟁

'스가 마사토모 전집'이 출간된 1908년은 일본이 대한제국을 사실상 강제 점령한 시기였다. 일본은 메이지 유신을 단행한 후 지속적으로 논리를 발전시킨 정한론에 따라 차근차근 한국을 지배해 나갔다. 더구나 청일·러일 전쟁에서 차례로 대승한 뒤로는 고종 황제마저 강제 퇴위시켰으며, 마지막 한일병합조약을 체결할 시기만 노릴 때였다.

비록 강제 통치를 계획하고 있었지만, 한국인의 거센 반발과 국제 여론을 무마하기 위해서는 명분이 있어야만 했다. 바로 그때 등장한 것이 칠지도에 새겨진 역사 기록이었다. 일본의 어용 학자들에게 칠지도의 기록은 왜가 한때 한반도 남부를 지배했다는 《일본서기》의 기록을 뒷받침하는, 움직일 수 없는 증거가 될지도 몰랐다. 더구나 1880년대에 발견된 광개토 호태왕 비문을 조작한 혐의가 있는 그들에게 칠지도의 발견은 대단한 행운이었을 것이다.

상대적으로 한국 학자들이 일본 측의 칠지도 해석을 반박하는 데는 많은 어려움이 따랐는데, 칠지도에 접근하는 것이 불가능했기 때문이다. 1960년대로 접어들어서야 본격적인 반론이 시작되었다.

지금까지 알려진 칠지도 명문을 판독이 불가능한 글자는 □로, 훗날 학자들이 보충했거나 논란이 되고 있는 글자는 괄호로 처리해서 인용하고, 이를 토대로 한국 학계가 대체로 인정하는 번역문은 다음과 같다.

> 앞면: 泰(和)四年五月十六日丙午正陽 造百練鋼七支刀生百兵宜(供)供侯王 □□□□作 (태화 4년 5월 16일, 병오 정양에 여러 차례 단련한 철로 칠지도를 만들었다. 모든 병화를 물리칠 수 있으니 마땅히 후왕에게 줄 만하다.)
>
> 뒷면: 先世以來未有此刀 百濟王世(子)奇生聖音故爲倭王(旨)造 傳示後世 (예로부터 이와 같은 칼은 없었다. 백제 왕 치세에 왕의 명을 받들어 왜왕 지를 위해 만들었으니 후세에 전해 보여라.)

완전히 훼손되었거나 정상적으로 판독하기 힘든 글자를 포함한 61자의 원문에 대해서는 학자들마다 약간씩 다르게 해석하고 있다. 특히 제작 시기와 관련된 연호, 제작자, 명문을 남긴 주체와 왜왕 지의 정체 등에 대한 논란이 분분하다. 다만 백제의 왕 또는 왕세자가 칠지도를 왜왕에게 주었다는 점에는 이론의 여지가 없다. 문제는 백제 왕이 칠지도를 아랫사람인 왜왕에게 기념으로 하사한 것인지, 일본의 주장처럼 감사의 표시로 헌상한 것인지를 둘러싼 양보 없는 논쟁에 있다.

당연히 남북한 학자들은 임나일본부와 칠지도 헌상설을 여러 근거를 들어 부인하고 있으며, 일본 측에서는《일본서기》등을 근거로 칠지도는 백제 왕이 바친 것이며 임나일본부설의 명백한 증거라고 우기고 있다.

《일본서기》는 일본뿐만 아니라 고대사 사료史料가 턱없이 부족한 한국에서도 중요한 비중을 차지하는 사료다. 특히《삼국사기》,《삼국유사》에 기록되지 않은 내용들도 꽤 많아 고대의 한일 관계를 밝히는 기본 자료로 활용되고 있다. 하지만 5~6세기 이전의 거의 모든 내용은 역사 기록이라기보다 신화神話 내지 의도적인 왜곡과 창작물에 가깝다는 비판에서 자유롭지 못한 책이기도 하다.

칠지도가 등장하는《일본서기》의 기록과 실제의 칠지도 명문만 해도 상당한 차이가 있다는 것을 대표적인 예로 들 수 있다.

먼저 한반도 삼국을 벌벌 떨게 했다는 신공왕후神功王后가 어떤 인물인지부터 알아보자.

《일본서기》를 비롯한 여러 기록에 따르면, 그녀는 중애왕仲哀王의 왕비며 응신왕應神王의 어머니였다. 서기 200년 무렵, 중애왕이 갑자기 죽자 그녀는 아직 태어나지도 않은 아들(훗날의 응신왕)을 대신해 70년 동안 섭정을 했다. 중애왕이 죽었을 때 그녀는 뱃속에 응신을 잉태한 채 바다 건너 신라를 공격했는데, 아이가 태어나지 않도록 신기한 돌 두 개를 보자기에 싸서 배에 둘렀다고 한다. 그래서 응신은 임신 15개월 만에 태어났다.

그 뒤 응신왕은 270년부터 310년까지 재위한 것으로 되어 있다. 어째 수상한 느낌이 든다. 아무리 응신왕이 중애왕의 유복자로 태어났다고 하지만, 70세가 될 때까지 어머니의 섭정을 받았다면 정상적인 일이 아니다. 그런데다 그 후 40년이나 왜를 통치했으니, 응신왕은 110세까지 장수를 했다는 뜻이 된다.

한편 《일본서기》의 기록을 액면대로 보면 신공왕후는 섭정 중에 눈부신 활약을 펼쳤다. 그녀는 한반도 삼국의 국왕을 굴복시켜 조공 약속을 받아냈으며, 가야를 정벌해 백제에 넘겨주고 그것을 관리하기 위해 임나일본부를 설치했던 것이다. 이처럼 훌륭한 업적을 남긴 덕분인지 지금도 일본 나라시 산릉정山陵町에는 신공왕후릉이 있으며, 오이타현의 우사신궁宇佐神宮을 비롯해 일본 곳곳의 신궁 및 신사에 배향되어 있다.

그런데 신공왕후가 백제 왕으로부터 칠지도를 헌상받았다는 《일본서기》의 내용이 옳다면, 그 일이 있었던 신공왕후 섭정 52년(252)과 실제 칠지도에 새겨진 태화泰和 4년이 일치해야 한다. 다시 말해 태화 4년을 정확히 밝히는 것이 칠지도의 수수께끼를 푸는 기본적인 열쇠인 셈이다.

먼저 태화가 백제의 독자적인 연호인지, 아니면 중국 연호인지부터 살펴볼 필요가 있다. 신공왕후가 집권하던 시기의 중국은 《삼국지三國志》의 시간적 배경이 되던 때였다. 유비와 손권 연합군이 적벽대전을 통해 조조를 격파하는가 하면, 위魏(220년 건국) · 촉蜀(221년) · 오吳(222년) 삼국이 차례대로 건국되었다. 이후 사마염이 천하를 통일해 진晋을 건국한 265년까지, 삼국은 치열한 세력 대결을 벌였다.

만일 252년 무렵 세 나라 중 한 왕조가 태화라는 연호를 썼다면, 《일본서기》의 기록은 딱 들어맞게 된다.

위나라의 경우 조조가 220년에 죽고 그의 아들 조비가 문제文帝로 즉위했으며, 연호는 황초를 시작으로 태화太和(227~232년), 청룡, 경초, 정시, 가평(249~254년), 정원, 감로, 경원, 함희로 정해졌다. 촉은 장무, 건흥, 연희(238~257년), 경요라는 연호를 썼고, 오의 연호는 황무, 황룡, 가화, 적오(238~251년), 태원, 태평, 원흥, 천기 순이었다. 즉, 중원의 삼국 중 태화라는 연호를 쓴 나라는 230년대의 위나라밖에 없다. 여기서 연호가 태화로 되려면 신공왕후 섭정 52년이 252년보다 20여 년이나 앞선 230년대 초반이어야 하는 모순이 생긴다. 그렇다면 252년과 태화 4년이 일치하기 위해서는 태화가 백제의 독자적인 연호였다는 뜻인가?

252년 무렵 백제의 국왕은 고이왕(재위 234~286년)이었다. 그는 백제를 강력한 중앙 집권 체제로 발전시켰지만 독자적인 연호를 썼다는 기록은 없다.

1951년 일본의 사학자 후쿠야마 토시오福山敏男는 〈이소노카미 신궁 칠지도〉라는 논저를 통해 '태화泰和'의 태泰가 중국의 금석문에서는 태太와 통용되므로 동진東晉의 연호인 태화太和(366~371년)일 개연성이 높다고 주장했다. 그의 주장대로 하면 태화 4년은 369년이 된다. 이 369년설은 한국 학계에서도 대체로 긍정하고 있다. 그렇다면 《일본서기》의 칠지도 기록과 실제 칠지도 명문 속의 연도는 약 117년이나 차이가 나는 것이다.

동진은 사마염이 세운 진나라가 멸망한 뒤 사마예가 양쯔강 이남을 영토로 317년에 건국해서 419년까지 존속했던 왕조다. 동진에서 태화를 연호로 사용한 황제는 사마혁司馬奕이며, 즉위 기간은 366~371년까지 5년 남짓이었다. 당시 동진 황실은 각 지역 호족들의 득세에 밀려 권력이 취약했으며, 더구나 사마혁은 형주자사 겸 안서장군이었던 환온桓溫의 쿠데타로 진제帝에서 해서공海西公으로 지위가 떨어진 형편이었다. '백제의 광개토 대왕'으로 불리던 근초고왕이 이처럼 취약했던 동진의 태화 연호를 썼을까 하는 의구심이 들 정도다.

그런가 하면 칠지도를 발견했던 마사토모는 '태화泰和'의 화和를 시始로 판단해 중국 서진西晉의 연호 태시泰始 4년인 268년이라는 학설을 펴기도 했다. 268년에 칼을 만들어 252년에 전달했다면, 첨단과학 시대인 지금도 상상으로만 존재하는 타임머신이 있어야 가능한 일이다.

하지만 여기서는 두 주장이 모두 옳다고 치자. 그러면 일본 학계가 금과 옥조의 고대사 텍스트로 삼고 있는 《일본서기》와 신공왕후 52년 기사는 한마디로 가공과 날조, 기발한 상상력이 동원된 허구의 기록임을 스스로 인정하는 꼴이 된다. 더 나아가 이런 엉터리 기록에 의존해 임나일본부설과 칠지도 헌상설을 주장하는 일본 학계는 엄청난 자충수를 둔 셈이다.

이 밖에도 칠지도가 백제 왕이 왜왕에게 내린 하사품이라는 근거는 수없이 많다. 이를테면 칠지도 명문의 전체적인 문맥으로 보았을 때 윗사람이 아랫사람에게 당부하는 말투로 보아야 한다는 점, 지배와 권력의 상징인 칼을 윗사람에게 바치는 경우는 없었다는 점, 당시 철기 문화의 발전 수준으로 판단할 때 일본은 칠지도처럼 정교하고 고난도의 기술이 필요한 칼을 만들 수준은 결코 안 되었다는 점 등 한두 가지가 아니다.

결론적으로 일본의 국보인 칠지도는 전성기를 맞아 제국帝國을 자처하던 백제의 국왕 근초고왕이 지위가 한 단계 낮은 왜왕 또는 제후국의 왕을 뜻하는 후왕候王에게 하사했거나 교류의 징표로 선물한 고대의 유물로 보아야 할 것이다.

《일본서기》는 어떻게 읽어야 하나?

5

임나일본부, 실체를 밝혀라

앞에서 다룬 광대토 호태왕 비문의 최대 수수께끼인 신묘년 기사는 원문을 어떻게 판독하고 해석하느냐에 따라 여러 경우의 수가 생긴다. 마치 월드컵 조 예선에서 1위를 다투는 두 팀의 승점이 똑같을 때 여러 경우의 수를 따져 본선 진출을 예상하는 것과 비슷한 상황이다. 경우의 수를 따질 필요도 없이 본선 진출이 확정되는 게 가장 좋은 것처럼, 호태왕 비문을 해석함에 있어 이론의 여지가 없다면 얼마나 좋을까?

문제의 신묘년 기사는 "百殘新羅舊是屬民由來朝貢而倭以(辛卯)年來

渡(海)破百殘 □□ 新羅以爲臣民"이며, 이 문장에 대한 해석은 한중일 삼국 학자들의 입장에 따라 수십 가지에 이를 정도다. 한 예로 이 문장은 "백제와 신라는 본래 (고구려의) 속민屬民이라 예전부터 (고구려에) 조공을 해왔다. 그런데 신묘년부터 왜倭가 백제, (가야), 신라에 대해 조공을 하자 (고구려는) 왜도 신민臣民으로 삼았다"라는 것이 전북대학교 김병기 교수의 해석이다.

그가 이 해석에서 주목한 부분은 속민과 신민의 차이점이다. 얼핏 생각하기엔 두 용어가 비슷한 것 같지만, 실제로는 큰 차이가 있다는 것이다. 김병기 교수는 "같은 뿌리의 민족 관계에 있는 나라면서 직접 조공을 하는 나라를 속민이라 하는 데 비해 신민이란 일반 명사로서 속민에 비해 훨씬 복속도가 낮은 먼 관계의 신하 나라를 가리킨다"고 풀이하고 있다.

그러나 일본 측에서는 "倭以辛卯年來渡(海)破百殘 □□ 新羅以爲臣民" 부분을 "신묘년 이래 왜가 바다를 건너와 백제를 치고 신라를 공략해 신민으로 삼았다"라고 해석하고 있다. 본래 백제와 신라가 고구려의 속민이었으나, 신묘년 이후로는 왜가 건너와 두 나라를 왜의 신민으로 삼았다는 해석이다.

광개토 호태왕의 업적을 기리는 비문에 왜를 주어로 삼는 내용이 나올 리 없다는 점에서 일본 측의 해석은 억지임을 알 수 있다. 그럼에도 같은 문장을 두고 수십 가지 해석이 나오고, 100여 년이 넘도록 논쟁이 끊이지 않는 것은 이른바 《일본서기》에 근거한 임나일본부설任那日本府說 때문이다.

4세기 후반 왜의 야마토大和 정권이 한반도 남부 지역으로 진출해 백제와 가야, 신라를 지배했으며, 특히 가야에는 일본부라는 기관을 두고 6세기 중엽까지 직접 지배했다는 게 임나일본부설의 핵심이다. 일본인의 먼 조상이 한때 한반도 남부를 지배했다니, 한민족이라면 누구든 듣기 거북한 소리다.

여기서 임나일본부설의 진실에 다가서려면 야마토 왜가 과연 4~6세기 무렵에 한반도를 지배할 정도의 문화적 수준과 군사력을 갖추었는지부터 살펴보아야 한다.

일본 최초의 통일 정권으로 알려진 야마토 왜는 3세기 말에 성립되어, 효덕왕孝德王 시기 다이카 개신大化改新으로 일컬어지는 개혁 정치가 단행된 645년 무렵에 막을 내렸다. 따라서 일본이 고구려, 백제, 신라와 같은 중앙 집권적인 통일 국가를 이룩한 시기는 아무리 빨라야 645년 이후로 보는 게 한국과 중국뿐만 아니라 일본 역사학계의 지배적인 견해다. 그러니까 중앙 집권 체제도 갖추지 못한 집단이 한반도 남부의 고대 국가를 직접 지배한데 다 아직 일본이라는 국호도 만들어지기 전에 '임나일본부'라는 명칭을 사 용했다는 것은 언어도단이다.

임나일본부설은 일본의 사학자 스에마츠 야스카즈末松保和가 집대성한 것으로 알려졌다. 스에마츠는 1949년에 출간된 자신의 저서《임나흥망기任 那興亡記》를 통해《일본서기》, 광개토 호태왕 비문의 신묘년 기사, 중국의 사 서, 이소노카미 신궁에 소장된 칠지도 등 몇 가지 기록과 유물 등을 참조해 야마토 정권이 한반도 중남부를 지배하기 위한 기구로 임나일본부를 설치 했다고 주장했다.

과연 그의 주장은 사실과 부합할까? 먼저《일본서기》에서 임나任那란 말 이 처음 등장하는 숭신기崇神紀 65년(기원전 33) 7월 기사부터 살펴보자.

65년 7월, 임나국이 소나갈질지를 보내 조공했다. 임나는 축자국으로부터 2000여 리 떨어져 있고, 북으로는 바다로 막혀 있으며 계림의 서남쪽에 있다. *

《일본서기》 중 이 대목을 읽어 본 사람은 알겠지만, 앞뒤 배경 설명도 없이 임나국이 등장한다. 그런데다 축자국과 임나국의 위치와 거리마저 수상하다. 이 기사를 근거로 임나국의 위치를 추정하려면 축자국과 계림을 기준으로 잡아야 한다. 현재 일본에서는 축자국을 지금의 후쿠오카를 포함하는 규슈九州 지역에 소재했던 행정 단위나 소국小國으로 추정하고 있다.

그리고 계림(경주)의 서남쪽에 임나가 있다고 했으니, 오늘날의 김해 일대를 떠올리게 된다. 문제는 축자국(규슈)과 임나 사이가 2000여 리(약 800킬로미터)라고 한데다 임나의 북쪽에 바다가 있다는 점이다. 즉 임나를 김해 일대로 가정할 경우 김해가 규슈와 2000여 리 떨어진 곳이어야 하고, 더구나 북쪽에 바다가 있어야 한다. 따라서 이 기록은 오류와 모순 덩어리라고 할 수 있고, 만약 정확한 기록이라 해도 임나를 경주의 서남쪽에 있으면서 규슈로부터 2000여 리쯤 떨어진 상상 속의 지역으로 볼 수밖에 없다.

《일본서기》에는 이후 5년이 지난 수인왕垂仁王 2년(기원전 28) 기사에 다시 임나국이 등장한다.

임나인 소나갈질지가 귀국할 뜻을 밝혔다. 그는 숭신천황 시대에 조공을

---

* 六十五年秋七月 任那國遣蘇那曷叱知令朝貢也 任那者去筑紫國 二千餘里 北阻海以在鷄林之西南.

바치러 왔다가 줄곧 머물고 있었는데, 천황께서는 붉은 비단 100필을 상으로 내려 임나왕에게 전하게 했다. 하지만 신라인이 도중에 가로챘기에 이때부터 그 두 나라(신라, 임나)에 대한 원한을 갖게 되었다.*

일본 나라奈良 시대에 편찬된 《일본서기》는 신라가 삼국을 통일한 뒤인 680년부터 만들기 시작해 40여 년 만인 720년에 완성되었다. 왜는 전통적으로 백제의 문물을 받아들이며 크게 의존했는데, 7세기 후반에 백제와 고구려가 차례대로 멸망하자 심각한 위기를 느꼈다. 따라서 국왕을 중심으로 통치 체제를 안정시키기 위해 《일본서기》를 편찬한 것으로 알려졌다. 당시 왜의 지배층에서는 '왜왕'이라는 호칭을 '천황'으로 바꾸고, 중국 황제와 같은 반열에 있다는 걸 보여 주기 위해 역사 기록을 멋대로 조작하거나 과장하고 미화시켰다. 그런 나머지 《일본서기》에 기록된 연도와 사건, 인물 등은 역사적 사실과 마구 뒤섞이고 조작되어 있다.

신공왕후가 군대를 끌고 신라를 정벌하러 갔다는 신공기神功紀 9년 10월의 다음 기사가 대표적이다.

······10월 화이진에서 출발했다. 때에 풍신이 바람을 일으키고 해신이 파도를 일으켜 바닷속의 큰 고기들이 다 떠올라 배를 도왔다. 바람은 순풍이 불고 범선은 파도에 따라갔다. 노를 쓸 필요 없이 곧 신라에 이르렀다. ······신라

---

* 是歲 任那人蘇那曷叱智請之 欲歸于國 蓋先皇之世來朝未還歟 故敦賞蘇那曷叱智 仍齎赤絹一百疋 賜任那王 然新羅人遮之於道而奪焉 其二國之怨 始起於是時也.

良馬二匹即養於輕坂上廐因以阿直岐令
掌飼故号其養馬之家曰廐坂也阿直岐亦
能讀經典卽拜太子菟道稚郎子師焉於是
天皇問阿直岐曰如勝汝博士亦有耶對
曰有王仁者是秀也時遣上毛野君祖荒
田別巫別於百濟仍徵王仁也其阿直岐者
阿直岐史之始祖也
十六年春二月王仁来之則太子菟道稚郎子
師之習諸典籍於王仁莫不通達所謂王仁
者是書首等之始祖也是歲百濟阿花王薨
天皇召直支王謂之曰汝返於國以嗣位仍且
賜東韓之地而遣之（東韓者甘羅城高難城尔林城是也）八月遣
平群木菟宿禰的戸田宿禰於加羅仍授精
兵詔之曰襲津彦久之不還必由新羅之拒
而滯之汝等急往之擊新羅披其道路於
是木菟宿禰等進精兵莅于新羅之境新羅
王愕之服其罪乃率弓月之人夫與襲津

《일본서기》

왕은 멀리 바라보고 '뜻밖의 군사들이 자기 나라를 멸망시키려 하는가'라고 생각했다. 두려워 싸울 마음을 잃었다. 마침내 정신을 차리고 "내가 들으니 동쪽에 신국神國이 있으니 일본을 가리킨다고 합니다. 또 성왕聖王이 계시다 하니 천황이라 합니다. 그대들은 반드시 그 나라의 신병일 것이니 어찌 군사를 움직여 막을 수 있겠습니까?"라고 말한 뒤 흰옷을 입고 스스로 항복했다. ……때문에 신라 왕은 항상 배 80척에 실을 만한 분량의 조공을 일본국에 바쳤다. 이것이 연유가 되어 고구려, 백제 두 나라 왕은 신라가 지도와 호적을 거두어 일본국에 항복했다는 것을 듣고 가만히 그 군세를 엿보게 했다. 그러나 도저히 이길 수 없다는 것을 알고는 스스로 영외에 와서 머리를 조아리고 "앞으로는 우리를 서번西蕃이라 칭하며 영원히 조공을 그치지 않겠습니다"라고 말했다.

이 기사에 해당하는 신공왕후 9년은 209년이며, 이는 고구려 산상왕山上王 13년, 신라 내해왕奈解王 14년, 백제 초고왕肖古王 44년에 해당한다. 그렇다면 209년 무렵에 재위하던 한반도 삼국의 왕들이 정말 신공왕후에게 무릎을 꿇었을까? 이들 세 왕은 신공왕후와 어떤 관련도 없을 뿐더러 여러 기록을 살펴보면 위의 내용이 사실이 아님을 단박에 알 수 있다.

그런데 이때부터 40여 년이 지난 신공기 49년(249) 3월 기사에는 비로소 임나일본부를 연상시키는 기사가 등장한다. 앞에서 인용한 신공기 9년 10월 기사에서처럼 신공왕후는 직접 함대를 이끌고 신라 왕을 굴복시킨 뒤에 한반도 삼국으로부터 조공 약속을 받아 냈다. 그러나 신라 왕이 조공 약속을 어기고 왜를 배반하자, 신공왕후는 신라를 응징하기 위해 한반도로 군대를 보냈다. 그런데 어찌된 셈인지 신라는 놓아두고 대신 가야 7국을 응징해 지금의 전라도와 충청도에 해당하는 일부 지역을 백제 초고왕에게 주었다는 게 신공기 49년 3월 기사에 실린 내용이다.

이는 일본 학자들이 왜가 한반도에 임나일본부를 설치하고 지배했다는 근거로 삼는 유명한 대목이다.

> 49년 3월, 황전별과 녹아별을 장군으로 삼아…… 그리하여 백제 초고왕 부자 및 황전별, 목라근자 등은 의류촌(지금은 주류수지라 함)에 함께 모여 서로 만나 즐거워했다. ……이때 백제 왕이 맹약하며 말하기를, "만약 풀을 깔아 자리를 만들면 불에 타 버릴까 두렵고, 또 나무를 가져다 자리를 만들면 물에 떠내려갈까 두렵소. 그 때문에 반석 위에 앉아 맹세하고 서약하는 것이니 이는 (맹약이) 오랫동안 길이 전해 변치 않음을 보여 주려는 것이오. 그러니 지금 이후부터 천년만년 끝나는 일 없이 언제나 (백제를) 서번이라 부르며, 봄가을로 조공할 것이오"라고 했다. 그 뒤 천웅장언을 데리고 도성 아래에 이르러 후하게 예우를 더해 주고 구저 등을 수행시켜 (왜로) 보냈다.

이 대목에는 임나일본부란 용어도 없고, 왜가 그런 기관을 설치했다는 내용도 없다. 그런데도 일본 학계에서 이를 임나일본부의 근거로 삼고 있으니, 당시의 상황이 실제 그랬는지 알아볼 필요가 있겠다.

이 기사에 등장하는 백제의 초고왕에 관한 한국학중앙연구원의 인물 소개를 보면, 생년은 밝혀지지 않았고 다만 166~214년까지 재위한 것으로 되어 있다. 그는 일명 소고왕素古王 또는 속고왕速古王으로 불렸으며, 개루왕에 이어 백제 5대 왕으로 즉위했다.

그는 즉위 전부터 신라와 불화가 생긴 일로 줄곧 전쟁을 반복했다. 그러던 중 190년에 신라 서쪽 국경 지대의 원산향圓山鄕(현재의 경북 예천군 용궁면)을 공격한 뒤 추격해 오는 신라군을 와산蛙山(지금의 충북 보은)에서 크게 격파했으며, 204년에는 신라의 요차성腰車城(지금의 경북 상주)을 함락시키고 그곳 성주인 설부薛夫를 전사시키는 전과를 올렸다.

하지만 초고왕이 왜와 교류했다거나 왜를 도와 7국을 점령해 그 지역을 위임받았다는 기록은 어디에서도 찾아볼 수가 없다. 그도 그럴 것이 신공기 49년은 249년에 해당하며, 초고왕이 서거한 지 35년 뒤의 일이기 때문이다.

그렇다면 249년 전후의 신라와 백제의 국왕은 누구였으며, 역사적 사건은 무엇이었을까. 249년은 신라 첨해왕沾解王 3년, 백제 고이왕古爾王 16년에 해당한다.

먼저 신라 첨해왕은 249년에 사량벌국을 공략해 신라 영토로 병합했다. 그리고 같은 해에 왜의 침공을 받았다. 《삼국사기》에는 "첨해왕 3년(249) 4월에 왜인이 서불한 우로于老를 죽였다. 7월에 (첨해왕이) 궁궐의 남쪽에 남당(또는 도당이라고도 함)을 짓고 양부를 이찬으로 삼았다"*는 기록이 있다. 왜와 신라 사이가 좋지 않았던 시기인 것은 분명한데, 이 내용과 임나일본부 설치는 아무 관계가 없다.

* 三年 夏四月 倭人殺舒弗邯于老 秋七月 作南堂於宮南 南堂或云都堂 以良夫爲伊.

한편 백제의 제8대 고이왕은 234년부터 286년까지 약 52년 동안 재위하면서 백제를 강력한 중앙 집권 체제를 갖춘 나라로 발전시켰다. 그는 신라 변방을 침략해 영토를 확장했으며, 16등급의 관제를 마련하는 업적을 남겼다. 고이왕은 249년을 전후해 천재지변 등으로 수난을 겪었으며, 255년 무렵에는 신라와 접전을 벌이는 등 재위 기간을 평탄하지 못하게 보냈다. 하지만 그의 재위 기간 중에 왜와 관련된 기록은 보이지 않는다.

《일본서기》에서처럼 249년에 왜가 가야를 정복해 그 영토를 백제에 넘겨주었다면, 백제로서는 매우 중요한 역사적 사건이었을 것이다. 《삼국사기》가 중국의 역사 문헌을 주요 참고 자료로 삼아 편찬되었다고 하니, 249년에 임나일본부가 설치되었다는 내용까지는 아니더라도 백제의 영토가 크게 넓어졌다는 내용은 한 줄 정도 삽입될 만한 일이다. 하지만 금성이 달을 범했다는 천문 기록만 있을 뿐이다.

이런 여러 사실에 비추어 볼 때, 왜왕이 한반도 남부를 지배하기 위해 임나일본부를 설치했다는 주장은 아무런 근거도 설득력도 없다.

그렇다고 한국의 역사 기록에 '임나任那'라는 용어 자체가 없는 것은 아니다. 광개토 호태왕 비문에 있는 '임나가라任那加羅'를 비롯해 《삼국사기》에 1회, 진경대사탑眞鏡大師塔 비문에 1회 등 모두 세 군데 기록에 임나라는 용어가 등장한다. 저마다 임나가라, 임나가량, 임나 등으로 표기되었는데, 그것이 '임나일본부'와 같은 뜻으로 쓰인 것은 아니다. 다만 임나가 어떤 지역을 수식하거나 임나라는 수식어가 붙은 지역을 통칭하는 말로 쓰였다는 것으로 이해할 수는 있다. 임나를 좁은 의미로는 김해 지역, 넓은 의미로는 가야 전체를 가리키는 용어로 추정하는 학자들도 많다.

한국에서는 그동안 수많은 근거를 들어 임나일본부설의 허구성을 지적해 왔다.

한마디로 역사의 발전 과정상 후진국이 문화와 국력이 앞선 선진국을 경영한다는 것 자체가 당찮은 말이다. 하지만 광개토 호태왕 비문의 기록에서 '왜倭'라는 용어가 자주 등장하는 것처럼, 당시 한반도와 일본 열도 사이에는 어떤 식으로든 분명 교류나 전쟁이 있었다. 만일 임나일본부가 실재했다면, 그것은 총독부와 같은 지배 기구가 아니라 양국 사이의 교류를 담당하던 외교·무역 기관이었을 가능성이 높다고 볼 수 있다.

신화와 조작이 뒤섞인 《일본서기》

오늘날 학계 일부에서는 《일본서기》의 편찬자 등이 역사적 사건과 역대 왕들의 계보를 일치시키기 위해 1주갑(60년) 내지 2주갑(120년)을 인상시켰다고 한다. 만일 《일본서기》에 기록된 연도에다 60년이나 120년을 더하면 실제 역사적 사건과 일치하는 내용이 많다는 주장이다. 하지만 실제로 일치하는 것보다는 그렇지 않은 부분이 훨씬 많다. 그래서 더욱 갈피가 잡히지 않는다. 만약 일치한다고 해도 《일본서기》를 조작했다는, 보다 결정적인 증거가 될 뿐이다.

한국에서도 《일본서기》의 2주갑 인상설을 전제하고, 임나일본부설 또는 칠지도 헌상설을 반박하는 학자들이 많다. 하지만 지금까지 살펴본 것처럼 《일본서기》와 그중에서도 신공왕후와 관련된 기록은 완벽한 조작이다. 그

것은 역사를 기록하는 데 있어 가장 기본적인 요소인 시간, 사건의 전후 관계, 사건 자체의 실제성 등이 허위로 밝혀졌기 때문이다. 후대에 일어난 사건에 꿰맞추기 위해 연대와 인물, 사건을 조작했다면, 그건 역사 기록이 아니라 전후 관계도 맞지 않는 엉터리 픽션에 불과한 것이다. 따라서 굳이 2주갑 인상설을 논할 필요도 없이 임나일본부설이나 칠지도 헌상설은 허위라는 게 명백하다.

그렇다면《일본서기》편찬자들은 왜 굳이 연대를 조작하면서까지 가공의 역사적 사건을 기록해야만 했을까? 우선 생각할 수 있는 것은 일본이 기원전 660년부터 고대 국가로 출발했다는 것을 전제하고, 실제로 중앙 집권 체제가 갖추어진 7세기 중엽까지 약 1000년 동안의 공백을 메우려는 저의가 있었을 것이다. 다른 한 가지는 자국에 불리하거나 부끄러운 과거가 될 수 있는 기록을 정반대로 조작하려는 의도도 있었을 것이다. 따라서 적어도 5~6세기 이전의《일본서기》기록은 날조와 허구로 이루어졌다 해도 과언이 아니다.

《일본서기》가 조작되었으며 신공왕후가 가공의 인물이라는 점에 대해서는 와시자키 히로토모鷲崎弘朋의 저서《사마대국邪馬臺國의 위치와 일본 국가의 기원》(일본 신인물왕래사, 1996년) 등 일본 측 자료에서 분명히 확인되고 있다. 전체 670여 쪽에 이르는 이 책의 '2.4 히미코와 신공황후' 편에는《일본서기》를 편찬한 시기와 연대 및 인물 조작의 필요성, 조작 방법이 자세히 언급되어 있다.

요컨대 일본 최고의 관찬官撰 정사正史로 알려진《일본서기》편찬자들은 텍스트로 삼은 중국 측 사서들을 참조하다가 히미코卑彌呼와 관련된 기록이 자주 나오는 것을 보고 큰 고민에 빠졌다. 그들은 중국 사서들에 기록된 히미코와 일본의 시조신으로 섬겨지던 천조대신天照大神의 인물상이 동일한 것으로 보았다. 따라서 중국 사서들의 기록대로 하자면 천조대신을 3세기의 인물로 설정해야 하며, 이는 천조대신을 기원전 660년 이전의 인물로 설정하려는《일본서기》편찬 목적에 맞지 않는다.

이로 인해 편찬자들은 초대 왕(고조선으로 치면 단군왕검)으로 추앙해야 할 '신무천황神武天皇'이 기원전 660년에 즉위한 것으로 조작하기로 했다는 것이다. 이렇게 해서 천조대신(고조선 이전의 환인 또는 환웅에 해당함)은 그 이전의 신화적 인물로 자리를 잡게 되었다.

이제 남은 과제는《일본서기》가 조작되었다는 흔적을 어떻게 감추는가였다. 이에 따라 중국 사서들에 자주 등장하는 히미코의 활동을 가공의 인물 '신공황후'가 수행한 것으로 기록했다. 이런 완벽한 조작을 위해 당시 최고의 엘리트로 구성된 편찬자들이 무려 40년이나 머리를 쥐어짜《일본서기》를 완성시켰다고 한다.

이와 관련해 와시자키는 다른 학자들의 연구 성과를 근거로 자세하게 기술했지만, 여기서는 생략한다. 다만 와시자키가 그 글의 끝부분에 서술한 내용은 이렇다.

……그러나《일본서기》가 말하는 신공황후의 본질은 ① 왕이 공석일 때 69년 동안 섭정한 것, ② 최고 권력자로서 남편 중애천황의 상을 당한 상태로 응신천황을 임신한 채 스스로 200킬로미터가 넘는 바다를 건너 조선으로 출병한 것, ③ 신공기神功紀에 위지魏志 및 진기거주晉起居注를 인용하고, 신공황후를 히

미코·대여台與로 가장하는 것 등 세 가지다. 이런 관점으로 볼 때 신공황후는 가공의 인물이다. 즉 신공황후의 실체는 중애천황의 황후라는 실상에다 히미코·대여라는 허상의 반투명막을 덮어씌운 것이다. *

---

* ……しかし日本書紀が語る神功皇后像の本質は, ① 69年間の天皇空位のままの攝政, ② 時の最高權力者でありながら, また應神を出産する間際でありながら, さらには夫の仲哀天皇の喪中でありながら, みずから200キロの海を越えて朝鮮出兵したこと, ③ 神功紀に魏志および晋起居注を引用して, 神功皇后を卑彌呼·台與に見せかけていること, 以上の三点であって, これらの觀点からすれば, 神功皇后は架空の人物ということである. すなわち神功皇后の實體は, 仲哀天皇の皇后という實像の上から, 卑彌呼·台與の虛像の半透明膜を覆いかぶせたものである.

상상력 유발 왕국, 가야

6

가야국이 간직한 비밀들

오늘날의 대중들에게 가야伽倻는 '철의 왕국', '비밀의 왕국', '제4의 왕국' 등의 수식어가 붙는 고대 국가로 인식되고 있다. 건국 이후 약 400년 이상 왕조가 이어졌던 이 나라의 실체가 안개처럼 느껴지는 것은 미처 중앙 집권 체제를 갖추지 못한데다 자국의 역사 기록을 남겨 놓지 못했던 까닭이다.

그래서인지 김부식은 고구려, 백제, 신라 외에 가야를 추가한 《사국사기四國史記》를 편찬할 수 없었는지 모른다. 이런 사정은 《삼국유사》도 마찬가지지만, 그나마 일연은 불교적인 관점에서 다룬 '가락국기駕洛國記'를 정리해 수록했다는 점에서 좀 더 개방적인 태도를 보여 주었다.

다른 고대 국가들이 그런 것처럼 가야 또한 현실과 이상 세계를 넘나드는 건국 신화를 남겨 놓았다. 《삼국유사》〈기이편紀異篇〉에는 가야에 관한 두 가지 기록이 있다. 하나는 '5가야' 대목이고, 다른 하나는 '가락국기'다. 먼저 5가야 부분을 보면 이렇다.

〈가락기찬駕洛記贊〉에 보면 자주색 끈 한 가닥이 하늘에서 내려와 둥근 알 여섯 개를 내렸는데, 다섯 개는 각기 읍으로 돌아가고 하나가 이 성에 있게 되었다. 그중 하나는 수로왕首露王이 되었고, 나머지 다섯 개는 각기 다섯 가야의 군주가 되었으니 금관을 다섯의 숫자에 넣지 않은 것은 당연하다. 그런데 고려의 '사략史略'에는 금관까지 그 숫자에 넣고 창녕을 더 기록했으니 잘못된 것이다.

일연은 이렇게 말한 뒤 이 글의 본문에 해당하는 부분에서 5가야를 아라가야阿羅伽倻(《삼국유사》 편찬 당시의 咸安), 고령가야古寧伽倻(咸寧), 대가야大伽倻(高靈), 성산가야星山伽倻(京山 또는 碧珍), 소가야小伽倻(固城) 등으로 소개했다. 이는 가야를 이루는 여러 소국의 이름이 처음으로 기록되었다는 점에서 의의가 있는데, 《삼국유사》에는 이 밖에 금관가야金官伽倻, 비화가야非火伽倻 등의 이름도 등장한다.

하지만 이 기록에 따라 오늘날 우리에게까지 익숙해진 '~가야'라는 국명은 실제로는 후삼국 시기의 혼란 속에 생겨난 것이라고 하며, 그 전까지는 금관국金官國, 아라국阿羅國, 고동람국古冬攬國, 성산국星山國, 비화국非火國 등으로 불렸다. 아울러 가야 연맹을 이루는 소국의 숫자도 5~7개 정도가 아니라 10개국이 넘었다.

이제 유명한 수로왕과 허황옥에 얽힌 건국 신화를 살펴보자. 이 건국 신화가 담긴 〈가락국기〉는 본래 고려 문종文宗(재위 1046~1083) 후기의 한 문인이 편찬한 것을 일연이 요약해서 《삼국유사》에 수록한 것이다. 요약을 했다지만 그 내용은 매우 긴 편이다.

그중 가야의 건국과 관련해서는 하늘에서 내려온 금합金盒을 열어 보니 황금 알 여섯 개가 있었고, 그 알들에서 사내아이들이 태어났으며, 그중 첫째를 수로首露라 불렀는데 그가 대가락大駕洛의 왕이 되었고, 나머지 다섯 아이도 각각 5가야의 왕이 되었다는 이야기가 기록되어 있다.

아울러 그 유명한 허황옥(수로왕비) 이야기도 수록되어 있는데, 뒤에 나오는 〈탑상편〉 '금관성 파사석탑'과 함께 정리하면 다음과 같다.

48년 7월 27일, 가락국의 여러 대신이 수로왕에게 왕비를 얻을 것을 청했다. 그러자 수로왕은 "나는 하늘의 명을 받아 이곳에 내려왔으며, 배필 또한 하늘이 점지해 줄 것이니 염려 마라"고 대답했다. 얼마 후 한 척의 배가 바다의 서남쪽으로부터 붉은 돛을 달고 붉은 기를 휘날리면서 다가왔다. 가락국의 신하들이 배에서 내린 공주를 궁궐로 이끌려 하자 공주가 말했다.

"나는 너희들을 모르기 때문에 경솔히 따라갈 수 없다."

그 말을 전해 들은 수로왕은 대궐 밖으로 나가 장막을 치고 공주를 기다렸다. 마침내 육지에 상륙한 공주는 입고 있던 비단 바지를 벗어서 산신에게 바쳤다. 그리고 수로왕에게 자신을 소개했다.

"저는 아유타국阿踰陁國에서 태어난 허황옥許黃玉이라고 합니다. 제 부모님이 꿈에서 상제님을 뵈었는데, 제가 가락국의 왕비로 정해졌으며 이 나라로 보내라 하셨답니다. 그 말씀을 듣고 배를 탔지만 수신水神이 노해 움직일 수가 없어서 다시 돌아가 석탑을 배에 싣고서야 무사히 이곳까지 오게 되었습니다."

왕과 왕비는 이틀 밤 하루 낮을 지낸 뒤 타고 왔던 배를 돌려보내고 대궐로 돌아왔다. 이후 수로왕비는 157세까지 살면서 왕에게 내조를 다하다가 189년 세상을 떠나 구지봉 동북쪽 언덕에 묻혔다.

수로왕비에 얽힌 이 같은 전설은 현재 그녀가 실존 인물이었는지, 그렇다면 아유타국은 어디를 가리키는지 등 여러 가지 수수께끼를 남겼다.

가야와 왜의 끈끈한 연합

보통 '가야'라고 하면 인도의 '부다가야Buddha Gaya'를 떠올린다. 부다가야는 불교의 4대 성지 중 하나로 꼽히는 인도 북동부 비하르 주에 있는 한 지역명이다. 싯다르타가 이곳의 보리수나무 밑에서 깨달음을 얻었다고 해서 유명해졌다. 그런가 하면 우리나라 삼보 사찰 중 하나인 해인사海印寺가 소재한 산을 가야산이라고 하는데, 이 산의 이름 역시 '옛날 가야국에 있던 중요한 산'이라는 데서 유래되었다. 아무래도 가야와 불교는 불가분의 관련이 있을 것만 같다.

하지만 앞에서 말했던 것처럼 가야라는 국명 내지 지명은 신라 말~고려 초에 생겨난데다 한국에 불교가 공식 전래된 것은 4세기 후반이므로 가야와 불교를 연결시키는 것은 무리가 있다.

현재 가야의 어원에 대해서는 '부다가야' 외에도 여러 학설이 있다. 그중 하나가 '가락'인데, 가락의 'ㄱ'받침이 탈락해 '가라'(고대 드라비다어로 물고기를 뜻함)가 되었고, 이것이 차츰 가야로 변음되었다는 것이다. 가라, 즉 물고기의 경우 수로왕비와 관련한 유적에 나타나는 쌍어문雙魚紋에 얽힌 이야기와 맞아떨어진다. 하지만 가락이 가라로 변했다가 다시 가야로 변했다는 주장은 다소 억지스럽다. 그럼에도 가야의 어원이 어디에 있든 그 나라가 건국 초부터 불교, 인도, 물고기 등과 관련이 있었다는 것은 분명해 보인다.

일찍이 가야는 철의 왕국으로 일컬어져 왔다. 근래에 발굴된 숱한 철제 투구와 갑옷, 무기, 여전사 등은 가야를 상징하는 아이콘이 되었다. 이는 본래의 가야 지역에서 철광석이 많이 생산되었을 뿐만 아니라, 가야인들이 그런 천혜의 자원을 활용하는 방법을 잘 알고 있었기 때문이다. 이를테면 가야국 지배자들의 무덤 속에서는 금이나 은으로 제작된 부장품 대신 철제품들이 대량 출토되었고, 그중에는 달구어진 쇠를 집을 수 있는 집게 같은 것도 나온다. 이는 가야인들이 쇠를 능수능란하게 다루었다는 반증이기도 하다.

고대 사회에서의 철은 오늘날의 반도체에 버금가는 최첨단 소재였다. 따라서 철제품으로 만든 각종 무기와 농기구는 곧 그 나라 국력의 척도라할 수 있으며, 철의 나라 가야는 주변 국가들의 부러움을 샀을 이른바 '강소국强小國'으로서의 위상을 차지했다.

가야에서 생산되었던 철기 제품 중 최고는 철갑옷이었다. 약 1밀리미터 두께의 비늘 모양 철판 수십 조각을 서로 연결해서 만든 가야 철갑옷은 몸통뿐만 아니라 목과 팔까지 완벽하게 보호할 수 있게 제작되었다. 이 철갑옷에 철로 만든 투구까지 쓰면, 가야 병사들은 최강의 기병이나 보병으로 중무장하는 셈이다.

특히 철갑옷을 제작할 때는 약 8센티미터 정도 간격으로 구멍을 80군데 뚫고 짧은 못으로 압착시키는, 이른바 못접riveting을 했다고 한다. 그런 방법을 통해 갑옷 조각들은 단단히 연결될 뿐만 아니라 신체의 움직임에 따라 유연하게 휘어져 기동력을 높일 수 있었다. 더구나 가야인들은 말들에게까지 철제 투구나 갑옷을 입힐 정도였으니, 철 생산량이 풍부하고 가공 기술 역시 뛰어났다는 것을 짐작할 만하다.

그들은 철제품의 중간 소재인 철정鐵鋌(덩이쇠)을 제작해 화폐처럼 사용한 것으로도 유명하다. 또한 가야의 지리적 여건을 활용해 철을 생산하고 제작하는 데 그치지 않고 주변 국가로 대량 수출함으로써 국가 재정을 축적해 나갔다. 일본에서 출토된 가야의 철정이 그런 사정을 잘 말해 준다.

반면 왜인들은 5세기 무렵까지 철을 생산하지 못했다. 따라서 5세기 전까지 왜의 지배층은 철을 수입해서 물량을 확보하고, 가공 기술을 습득하는 것을 최대의 과제로 삼았다. 왜뿐만 아니라 주변의 신라와 백제 등도 가야의 철을 확보하는 게 관건이었다. 이런 측면에서 가야는 당시 최첨단 산업 국가였으며, 철을 통해 동아시아를 주름잡던 나라였다. 가야 지역에서 출토된 수많은 철제 유물은 5세기 이전만 해도 가야의 군사력이 신라보다 우세했다는 것을 증명한다.

하지만 이 강소국이며 첨단 산업국이던 가야는 400년, 광개토 대왕의 고구려군에 의해 쑥대밭이 되고 말았다. 광개토 대왕 비문은 당시의 사정을 실감나게 기록해 놓았다. 비문에 따르면 4세기 말, 백제는 고구려에게 복종하겠다는 맹세를 어기고 왜와 내통했다. 이로 인해 고구려는 백제를 줄곧 백잔百殘으로 불렀다. 백잔은 '백제잔적百濟殘賊'을 줄인 말로, 당시 고구려가 백제를 매우 적대시했다는 것을 잘 보여 준다.

이때 광개토 대왕은 좀 더 자세한 사정을 살피기 위해 한반도 평양으로 내려왔다. 그러자 다급해진 신라 왕이 고구려로 사신을 보내 지원병을 요청하게 된다.

영락 10년(400) 경자년에 태왕은 보병과 기병 도합 5만 명을 보내 신라를 구하도록 했다. 고구려군이 남거성을 가로질러 신라성에 이르니 그 안에 왜군이 □(가득)했다. 관군이 도착하자마자 왜적은 물러났다. □□□□□□□(고구려군이) 왜군의 뒤를 급히 추격해 임나가라의 종발성에 이르니 성은 곧 항복했다.[*]

여기서 세 군데의 성이 등장하는 것을 확인할 수 있다. 먼저 남거성은 지금의 경기도 여주에 있는 고구려의 성을 가리킨다. 두 번째로 거론되는 신라성은 고유 명사인지 일반 명사인지 분명하지가 않다. 대체로는 신라 영

[*] 十年庚子 教遣步騎五萬往救新羅 從男居城至新羅城 倭 □ 其中 官軍方至 倭賊退 □□□□□□□ 自倭背急追至 任那加羅從拔城 城卽歸服.

토에 있는 어느 특정한 성을 가리키는 것으로 분석되고 있다. 세 번째 성으로 등장하는 종발성은 위치가 분명하지 않다. 따라서 400년 조의 기사에서는 신라성과 종발성이 논란의 핵심이라 하겠다.

고구려 5만 대군은 보병과 기병으로 편성되었으므로 내륙을 통해 신라에까지 이르렀을 것이다. 또 여주 남거성을 지나갔다고 했으니 여주에서 상주를 지나 신라의 국경 또는 신라 영역에 속했던 특정한 성에 도착했다. 이때 그 '신라성'에 가득한 왜군은 미처 싸울 엄두도 내지 못한 채 물러났다. 그러나 고구려군은 거기서 그치지 않고 왜군을 끝까지 추격해 임나가라의 종발성에 이르렀다. 여기서 임나가라도 국명인지 지명인지 확실치 않은데다 현재의 어느 곳을 가리키는지 논란이 많다. 다만 임나가라가 김해 또는 김해를 중심으로 하는 낙동강 유역을 가리킨다는 견해가 지배적이므로, 임나가라를 가야 연맹의 중심국이었던 금관가야로 보는 것이 타당하다.

광개토 대왕 비문의 기록에 따라 가야가 갑자기 멸망한 과정을 정리하면 이렇다.

백제가 왜와 연합한 것에 노한 광개토 대왕이 평양으로 내려왔고, 때마침 왜의 공격에 시달리던 신라가 고구려에 군사 지원을 요청했다. 광개토 대왕은 신라 왕에게 모종의 작전 계획을 전한 뒤, 400년에 신라로 5만 대군을 파견했다. 고구려군이 신라의 어떤 성〔왜군이 가득 찬 국경 지역의 성 또는 왜군이 성지(城池)를 파괴하려고 애쓰던 곳?〕에 도착했다. 이때 왜군은 감히 고구려군에게 대적하지 못한 채 임나가라의 종발성으로 쫓겨 달아났다. 고구려군은 왜군을 추격해 종발성에서 항복을 받아 냈다. "성은 곧 항복했다〔城卽歸服〕"는 대목으로 볼 때 종발성에서도 대접전大接戰은 없었던 게 분명하다.

광개토 대왕비의 399년 및 400년 기사에는 고구려와 신라, 백제, 임나가라, 왜 등 다섯 나라가 등장한다. 그런데 백제가 고구려와 맺은 맹세를 어겼다고 했을 뿐, 그 뒤의 내용은 실종된 상태다. 전체 흐름으로 볼 때는 백제가 왜와 내통했으며, 왜는 신라를 공격하다가 임나가라의 종발성으로 쫓겨 달아났다고 했으니 백제와 임나가라, 왜의 세 나라가 어떤 형식으로든 연합했다는 것을 짐작할 수 있다. 그런데 연합군은 막강한 고구려 대군에게 감히 맞서지도 못한 채 항복했고, 이것으로 금관가야의 역사는 사실상 끝나고 말았다.

앞에서 살펴본 것처럼 일본 학계에서는 이 경자년(400)의 기사를 임나일본부설을 뒷받침하는 중요한 근거의 하나로 삼고 있다. '임나가라'라는 용어뿐만 아니라 수많은 왜군이 신라를 공격하려다가 고구려 지원군에게 쫓겨 종발성에서 항복했다는 대목 때문이다. 하지만 그런 주장은 근거가 부족할 뿐만 아니라 사실이 아닌 것으로 판명되었다.

임나일본부란 말 그대로 임나(가야)에 설치된 왜의 통치 기관을 가리킨다. 만일 왜가 한반도 남부에 임나일본부를 설치해 수백 년 동안 그 지역을 지배한 게 사실이라면, 백제 및 임나가라와 연합한 왜군이 고구려군과 싸울 엄두도 내지 못하고 종발성으로 쫓겨나서는 안 된다. 또 종발성에서조차 이렇다 할 저항 없이 즉각 항복해서도 안 된다. 왜가 한반도의 작은 나라나 집단, 지역 등을 지배하려면 적어도 그것을 뒷받침하는 강력한 군사력이 전제되어야 하기 때문이다.

따라서 한반도 남부를 지배할 정도로 강력한 왜군이 고구려군에게 감히 항전할 엄두도 내지 못했다는 것은 모순이다. 아무리 고구려군이 막강한 힘을 가졌다 해도 왜군은 자신들의 조국과 임나일본부의 지속적인 발전을 위해 죽음을 각오하고 대항하는 게 옳지 않은가.

바로 이런 점 때문에 국내 학계에서는 왜군이 가야 지역에 주둔했다는 것을 인정하면서도, 그들이 임나일본부를 관할하는 병력이 아니라 가야의 용병이었을 것으로 추측하고 있다. 즉, 왜가 가야 지역에서 생산되는 철과 철제품 가공 기술을 수입하는 대가로 병력을 보내 가야 일대를 지키게 했다는 것이다.

당시 가야는 우수한 철제 무기와 철 가공 기술로 인해 신라에 비해 군사력이 앞섰다. 신라는 수백 년 뒤인 7세기 후반에는 삼국 통일을 이룩할 정도로 강력한 나라로 성장했지만, 400년 전후에는 가야의 공격에 속수무책이었다. 반면 가야는 무기는 우수했지만 병력 수에서는 절대적인 열세였다. 그것은 2001년, 가야 지역 대성동 고분에서 발견된 여전사女戰士들의 인골에서도 확인할 수 있다.

출산 경험이 있으며 보통의 여자들보다 다리 근육이 훨씬 발달한 20~30대 여성들로 추정되는 가야의 여전사들은 400년 전후의 가야가 매우 다급한 처지에 있었음을 잘 보여 준다. 말하자면 고구려 대군의 공격을 받게 될 절대적인 위기 앞에서 급히 여성들까지 징발해 전장으로 보낼 정도로 병력이 부족했다는 것이다. 따라서 왜에 철을 수출하고 그 대가로 용병을 받아들였다는 가설은 충분히 설득력이 있다. 광개토 대왕 비문 399년 기사에 나오는 백제의 배신도 마찬가지다. 백제 또한 가야로부터 철을 받아들이는 한편 고구려의 남진에 대항하기 위해 가야·왜와 연합했다고 보는 것이 타당할 것이다.

김해 대성동 고분군

허황옥, 그 출생의 비밀은?

가야의 역사를 이야기할 때 가장 알쏭달쏭한 부분은 이른바 수로왕비에 얽힌 전설이다. 〈가락국기〉에 실린 가야의 건국 설화는 다른 고대 국가가 그런 것처럼 신화적인 요소가 다분하다. 따라서 역사가 아닌 신화 또는 전설로 본다면, 가야에도 신비하고 아름다운 건국 설화가 있었구나 하는 정도로 이해할 수 있다.

그러면서도 수로왕비의 정체에 대해서는 간단히 넘어갈 수 없는 요소들이 있다. 이를테면 수로왕비가 먼 바다를 건너 가야에 도착했다는 사실과 그녀의 출신 지역으로 알려진 아유타국의 실체, 설화에 등장하는 파사석탑婆娑石塔이 지금까지 실물로서 보존되고 있다는 점 등이다.

파사석탑은 현재 경남문화재자료 제227호로 지정된 상태며, 김해 김씨와 동본同本으로 알려진 김해 허씨 문중 소유로 관리되고 있다. 가야 건국 설화에서 보듯 허황옥은 파신波神의 노여움을 달래기 위해 그 무거운 석탑을 배에 싣고 가야에 이르렀다. 더구나 설화의 내용을 증명하듯 지금까지 보존되고 있다.

이 탑은 사각 형태의 5층탑으로 조각 또한 기이한 모습이다. 그리고 붉은 빛이 감도는 옥문 무늬가 있어 신비함을 더해 준다. 더구나 탑의 재질이나 양식은 삼국 시대의 일반적인 석탑들과는 다른 것으로 분석되었다. 다만 마모가 심해 어떤 원형을 지녔는지는 분명하지 않다.

가야의 건국 설화에 따르면, 허황옥 공주는 주어진 운명에 따라 아유타국을 떠날 채비를 마쳤다. 이윽고 가야를 향해 배를 움직였지만, 거친 파도로 말미암아 일단 뭍으로 되돌아갔다. 이후 해신의 노여움을 달래 주려고 석탑을 배에 실었더니 바다가 잔잔해졌다.

본래 불탑佛塔은 부처가 열반한 뒤에 수습한 진신사리眞身舍利를 나누어 보존함으로써 신앙의 대상으로 삼기 위해 만들어지기 시작했다. 불탑은 부처의 영원한 육신 또는 불교 그 자체를 상징한다. 그렇기에 만약 허황옥 공주가 아유타국에서 파사석탑을 가져온 게 사실이라면, 그것은 한국 불교사를 새로 써야 할 만큼 획기적인 일이다.

공식적으로 가야에 불교가 전해진 것은 452년으로 기록되었다. 이해에 김수로왕의 8대손인 김질왕(질지왕)이 시조비始祖妃 허왕후許王后의 명복을 빌기 위해 절을 세웠으니, 그 이름은 왕후사王后寺였다. 절 이름부터가 수로왕비를 단박에 연상시킨다. 왕후사는 지금의 경남 김해시 불모산에 있었다고 하는데, 수로왕과 허왕후가 처음 만나 부부의 인연을 맺은 장소였다.

그런데 허황옥은 48년에 가야를 찾아온 것으로 되어 있다. 설화대로 이해하자면 허황옥이 가야로 올 때부터 불교가 함께 전래되었으므로, 가야의 불교 전래사는 자그마치 400년의 오차가 생기는 셈이다. 일연 스님도《삼국유사》를 통해 수로왕비가 가야를 찾은 이래 불교가 전해졌지만, 약 400여 년 동안 공인받지 못한 것으로 판단했다.

한편 〈가락국기〉에 따르면 왕후사를 창건한 후 500년 뒤(952년 무렵)에 장유사長遊寺가 창건되었다. 장유사라는 사찰 이름은 허황옥의 오라비인 허보옥許寶玉의 법명에서 비롯되었다. 그는 누이동생과 함께 가야를 찾아온 인물인데, 아마도 가야로 오기 전에 출가를 했거나 성불의 경지에 올랐던 것으로 추측되고 있다. 그래야 허황옥 공주가 파사석탑을 싣고 배에 올랐다는 것과 승려며 오라비인 허보옥이 동행하게 된 사연이 제법 맞아떨어진다.

더구나 파사석탑과 같은 물증이 남아 있어 허황옥 남매의 실체를 완전히 부정할 수도 없는 현실이다. 이런 이유로 허황옥 설화를 한국 고대사의 가장 큰 수수께끼로 손꼽는 것인지도 모른다.

그렇다면 현재 가장 논란이 되는 아유타국 또는 허황옥의 출신지는 어디인가? 현재까지는 일본, 태국, 인도 등이 그 후보지로 거론되었다. 이를테면 인도 갠지스 강 중류에 있는 '아요디아'설과 태국 메남 강가에 있는 고도古都 '아유티야'설 등이다.

그중에서 관심을 끄는 것은 허황옥이 인도의 왕가 출신으로 남중국으로 망명했다가 가야로 왔다는 주장이다. 이는 고고학자 김병모 박사의 결론이기도 하다. 그는 대학 시절부터 우연히 허황옥의 출신 지역에 관심을 갖게 된 이래 자그마치 46년 동안 끈질기게 허황옥의 행선지를 추적해 왔다. 그리고 그 내용을 보완하고 정리해《허황옥 루트, 인도에서 가야까지》라는 책을 펴냈다. 저자는 허황옥 가문이 인도 아유타 지역에서 남중국 보주普州로 망명했으며, 47년 무렵 남군南郡 만족蠻族이 반란을 일으켰을 때 허황옥 일가가 주도 세력이 된 까닭에 그 일행이 가야로 옮겨 정착하게 된 것으로 추정하고 있다.

김병모 박사는 아유타국을 기원전 7세기 무렵에 성립된 히말라야 남쪽의 코살라국 중심 도시로 보고 있다. 그 도시가 '아요디아'로 한자로 표기된 '아유타'와 같다는 게 그의 판단이다. 코살라국의 아유타에 살던 허황옥의 부모와 일가친척들은 어떤 이유에선지 그곳을 벗어나 지금의 남중국 보주 땅으로 망명했다.

지금 전해지는 수로왕비 비문에는 '보주태후 허씨지릉普州太后許氏之陵' 이라 새겨져 있는데, 이 글귀로 수로왕비가 보주 출신이라는 것을 짐작할 수 있다. 보주는 지금의 중국 사천성四川省 안악현安岳縣을 가리키는 옛 이름으로, 주나라부터 송나라 때까지 그 지명으로 불렸다고 한다. 결국 김병모 박사는 허황옥은 인도계 중국인으로 보주 지역에서 태어난 뒤 뱃길을 통해 가야로 건너가 김수로왕과 결혼한 것으로 추정했다.

우리 민족은 선사 시대부터 남방계 유전자형을 갖고 있을 정도로 육지와 바다를 통해 왜는 물론 동남아시아 및 중앙아시아의 여러 국가와 교류를 해왔다. 규모가 크거나 빈번하지는 않았겠지만 그런 활동을 통해 무역이 이루어졌고, 문화와 문물을 나누었던 것은 분명하다. 그리고 그런 흔적들은 한반도 곳곳에 남아 있다. 특히 남방계 유물로는 쌍어문이나 허황옥이 가져왔다는 파사석탑, 그리고 남방 문화에만 나타나는 파형 동기 등을 대표적인 예로 들 수 있겠다.

한편 김병모 박사의 견해와는 달리 허황옥이 왜倭 출신이라는 주장도 적잖은 설득력을 가지고 있다. 역사학자 이희근 박사가《한국사 그 끝나지 않는 의문》을 통해 왜 출신설을 주장한 것을 대표적인 예로 들 수 있다. 그는 《삼국유사》'금관성파사석탑金官城婆娑石塔' 기사를 인용하면서, 질지왕이 왕후사를 창건한 배경을 색다르게 해석하고 있다.

  (질지왕이) ……왕후사를 세워 지금까지 복을 빌고 있으며 아울러 남쪽의
  왜까지 진압시켰으니, 모두 이 나라 본기에 적혀 있다.*

파사석탑

수로왕릉 정문의 현판에 그려진 쌍어문(雙魚紋)

이희근 박사는 이 대목을 "질지왕이 왕후사를 세운 후 허왕후 신령의 도움을 받아 당시 적대 세력이었던 왜를 복속시킬 수 있었다"고 분석하고 있는 것이다.

　가야에 머물던 왜군들은 400년, 광개토 대왕의 5만 대군에게 항전조차 못한 채 항복했다. 이후 왜는 한반도 서남부 지역에서의 활동을 완전히 중단하고, 그 중심 세력은 일본 열도로 이동했다. 그럼에도 질지왕이 즉위할 때까지 잔존했던 왜의 집단이 있었는데, 이들을 질지왕이 가야인으로 통합시켰다는 것이다. 이때 사용한 방법은 무력이 아닌 문화·종교적인 것으로, 왕후사를 창건해 가야인과 왜인이 가야 건국 초기부터 하나였다는 이념을 공유시키려고 했다는 것이 이희근 박사의 주장이다. 이는 질지왕이 김수로왕보다 허황옥을 우선시할 수밖에 없었던 사정을 잘 설명하는 부분이기도 하다.

　그런데 이와 같은 가설은 허황옥이 1세기 초, 왜에서 건너온 세력의 대표적인 인물이라는 전제가 있어야 성립된다. 다시 말해 그 당시에 김수로왕으로 상징되는 가야의 토착 세력과 허황옥으로 상징되는 왜인 집단이 서로 연합해 가야국을 성립시킨 것이며, 452년 무렵에는 일본 열도로 건너가지 않고 남아 있던 왜인의 잔류 세력을 통합하기 위해 질지왕이 왜인의 정신적 지주였던 허왕후를 앞세웠다는 것이다.

＊ 置寺於其地 又創王后寺(在阿道訥祇王之世 法興王之前)至今奉福焉 兼以鎭南倭 具見本國本記.

왕후사를 세우자 왜가 복속되었다는 본기의 기록은 그녀의 출신지가 왜국이었다는 가정하에서만 제대로 이해될 수 있다. 허왕후가 왜 출신이 아니었다면 그를 위해 왕후사를 창건했다고 해서 왜가 복속될 이유가 없을 것이다. 따라서 왕후사 건립은 단순히 허왕후의 명복을 빌기 위해서가 아니라 그녀로 대표되는, 가야 지역의 '왜 집단'을 통합하기 위한 상징적인 조치로 보아야 할 것이다.

《한국사 그 끝나지 않는 의문》 30쪽 중에서

하지만 허황옥의 출신지와 관련해서는 어떤 주장이든 결정적인 증거로 그 주장이 뒷받침되지 않는다는 공통점이 있다. 인도계 남중국 출신설이나 왜 출신설 모두 나름대로 설득력이 있다. 또 지금까지 현장을 답사하거나 사료 등을 검색해 좀 더 역사적인 진실에 접근할 수 있는 계기를 마련하기도 했다. 그럼에도 가야의 건국과 멸망에 이르는 과정, 허황옥과 관련한 숱한 설화와 이야기는 아직도 그 베일을 벗지 못하고 있다. 더구나 400년 전후에 활약했을 것으로 추정되는 여전사女戰士 부분에 이르면, 왠지 서글픈 느낌까지 든다.

가야는 그 실체가 확연하게 밝혀지지 않아서, 그리하여 지금에 이르기까지 끊임없는 상상력을 불러일으키는 나라여서 더욱 신비하고 아름답게 기억되는 셈이다.

수와 당을 제압한 고구려의
비밀 전술

7

수 양제의 제1차 침략

역사학자들이나 교사, 한국사에 관심이 많은 네티즌들에게 한국사 10대 사건을 꼽으라고 하면 각자의 견해나 입장에 따라 여러 의견이 나온다. 그럼에도 고구려와 수·당 사이의 전쟁은 반드시 포함시킨다는 공통점이 있다. 이른바 '고수 전쟁', '고당 전쟁'으로 일컬어지는 이 동아시아의 국제 전쟁이 이후 한국사에 미치는 영향이 매우 컸기 때문이다.

유사 이래 동아시아에서는 중국 중심의 역학 관계가 지속적으로 이어져 왔다. 따라서 삼국 시대에도 고구려, 백제, 신라는 어떤 식으로든 중국의 통일 제국과 조공朝貢−책봉册封의 관계가 유지되었다. 《삼국사기》 등 한국 사서에는 역대 국왕들이 중국에 조공하고, 중국은 책봉이란 형식으로 그 정통성을 인정해 왔다는 기록이 무수하다.

하지만 7세기 초, 고구려는 고수 전쟁과 고당 전쟁에서 승리하기 전부터 중국 중심의 지배 질서를 무시했을 뿐 아니라 독자적인 천하관天下觀으로 중국과 더불어 동아시아를 양분했다.

결국 수나라가 남북조의 혼란기를 수습하고 여러 국가를 하나의 왕조로 통일했음에도 고구려는 그 지배 체제에 편입되기를 거부했고, 그게 원인이 되어 수와 당은 수차례나 대규모 병력을 동원해 고구려를 침공했다. 약 70년 동안 이어졌던 고수 전쟁 및 고당 전쟁에서 고구려는 궁극적으로 승리했으며, 더 나아가 수나라를 멸망시키기도 했다.

6세기 말, 중국 대륙은 오랜 분열과 혼란의 시대를 마감하고 하나의 왕조로 통일되었다. 통일의 주인공은 수隋였다. 589년, 남조의 진陳이 북조의 수나라에게 멸망했다는 소식이 전해지자 고구려는 긴장하지 않을 수 없었다. 고구려 입장에서는 수나라가 연전연승의 여세를 몰아 공격할 경우 장래를 보장할 수 없는 형편이었다. 그렇기에 성과 무기를 정비하는 등 내부 정비를 하는 한편, 같은 처지에 놓인 돌궐과 연합해 수나라의 위협에 대항하는 길을 택했다.

대륙을 통일한 수는 최후이자 최대의 걸림돌인 고구려를 공격할 기회를 노리고 있었다. 이때 그 사실을 잘 파악하고 있던 고구려가 긴박하게 대응하자, 문제文帝는 곧바로 경고성 서한을 보낸다. '수나라가 당장이라도 공격할 수 있으니 하루빨리 적대적인 생각을 버리라'는 내용이었다. 고구려는 형식적으로나마 그 뜻을 받아들여 수나라에 사신을 보내는 등 외교 관계를 수립했다.

590년, 고구려에서는 평원왕平原王이 죽고 그의 아들 영양왕嬰陽王이 제26대 국왕으로 즉위했다. 심약한 평원왕이 수나라가 중국을 통일한 것에 겁을 집어먹었던 반면, 젊은 영양왕은 담대하고 도전적이었다. 따라서 그가 즉위하면서부터 한때 평화를 유지했던 고구려와 수나라는 적대 관계가 되었다.

영양왕은 수의 침략 의지를 미리 꺾고 전략적으로 유리한 지역을 선점하기 위해 요하를 건너 요서遼西 지역을 공격했다. 598년, 영양왕이 말갈의 군사 1만 명을 동원해 요서를 선제 공격한 이 사건은 이후 16년 동안 이어진 고수 전쟁의 시작이었다.

당시 영양왕이 노렸던 곳은 전략적 요충지인 영주 지역이었다. 그는 요서의 영주에 배치된 수나라 군대를 무력화시켜 수의 북방 진출을 미리 막으려고 했다. 하지만 수나라 역시 영주를 전략적 거점으로 보았으므로 위충韋沖을 총관으로 하는 최정예 부대를 이미 배치해 놓고 있었다.

영양왕은 평양을 출발해 회원진, 흑산, 북진, 의현을 거쳐 영주까지 먼 길을 지나야만 했다. 요하를 비롯해 요동만으로 흘러드는 많은 하천과 넓은 저습 지대를 건넜다. 그 결과 고구려 침공군이 영주에 도착할 무렵에는 육체적으로나 정신적으로 크게 지쳐 있었다. 반면 정예 부대로 편성된 위충의 군사들은 장거리 행군에 지친 고구려 침공군을 손쉽게 막아냈다. 따라서 고구려군은 수나라에 큰 타격을 입히기는커녕 수 문제를 자극한 채 퇴각하는 수밖에 없었다.

수 문제는 더 이상 중원을 고구려와 양분해서 지배할 수가 없었다. '고구려 따위의 변방 국가'에게 선제 공격을 받은 것 자체가 그의 자존심을 심하게 건드렸던 것이다.

그는 곧 수군과 육군 30만 명을 동원해 반격에 나섰다. 당시 수나라는 육군 등 정예 군사가 약 50만 명이었고, 당장 동원할 수 있는 예비 병력도 수십만 명이나 되는 군사 강국이었다. 어쨌든 현역 군인 중 60퍼센트에 이르는 30만 명을 동원했다는 것은 당장이라도 고구려 전역을 수중에 넣겠다는 수 문제의 의지를 엿보게 한다.

《삼국사기》는 이 전쟁의 결과를 다음처럼 기록해 놓았다.

한왕漢王 양諒의 군대가 유관臨關(임유관을 말하며, 지금의 산해관)에 도착했을 때 장마로 인해 군량미가 계속 수송되지 못했다. 이에 따라 군중에 식량이 떨어지고 또한 전염병이 돌았다. 주라후周羅睺는 동래에서 바다를 건너 평양성으로 오다가 풍파를 만나 선박이 거의 모두 유실되거나 침몰되었다. 9월, 이들이 돌아갔으나 그들 중 대부분이 죽었다.

이 기록에서처럼 수군은 기상 악화와 전염병으로 30만 대군 중 80~90퍼센트를 잃고 패퇴하고 말았다. 전염병으로 젊은 군사들이 숨졌다는 것도 그렇지만, 양력 10월 무렵에 태풍이 일어났다는 기록도 미심쩍은 부분이다. 그런데 다음 대목은 더욱 이해할 수 없는 내용으로 이루어졌다.

왕(영양왕)은 이를 두려워해서 사신을 보내 사죄하고 표문을 올렸다. 표문에서 자신을 "요동의 분토糞土에 사는 신하 아무개"라고 자칭했다. 문제가 그 때서야 군대를 철수하고 처음과 같이 대우했다. 백제 왕 창昌이 수나라에 사신을 보내 표문을 올리고 고구려로 가는 수나라 군사의 향도가 되기를 자청했다. 문제가 백제 왕에게 조서를 내려 "고구려가 죄를 자복해 내가 이미 용서했으므로 그들을 칠 수가 없다"고 말하며, 그 사신을 후하게 대접해서 보냈다. 왕이 이 사실을 알고 백제의 국경을 침공했다.

수군이 태풍과 전염병을 만나 고구려 영토조차 밟아 보지 못하고 철군했는데, 영양왕은 왜 그 사실을 두려워했던 것일까? 기상 악화와 전염병은 영양왕의 책임이 아니라 당시로서는 하늘의 조화였다. 그리고 하필이면 그런 시기를 택해 고구려를 침략하려 했던 수 문제의 책임이었다. 그 뒤 문제는 "영양왕이 자신의 잘못을 고백했으므로 그를 용서했다"고 말했다.

이런 점에서 《삼국사기》가 원전으로 삼았던 《수서隋書》 등 중국 역사서가 이 사실을 심하게 왜곡했음을 짐작할 수 있다. 다시 말해 수 문제의 고구려 원정군이 천재지변이 아니라 고구려군의 완강한 반격을 받아 퇴각했을 가능성이 높다는 것이다. 단재 신채호申采浩는 《조선 상고사》에서 고구려의 강이식姜以式이라는 장군이 임유관 유역에서 수나라군을 크게 물리쳤는데, 《수서》가 이를 왜곡했다고 주장했다. 전후 맥락으로 볼 때 이 주장이 훨씬 설득력이 있다. 그렇지 않고서야 수나라를 선제 공격까지 했던 영양왕이 잘못을 빌어야 할 이유가 없기 때문이다.

이후 수 문제는 차남 양광楊廣(수 양제)의 심복에 의해 604년 비극적으로 숨졌다. 양광은 아버지의 후궁 선화부인을 범하려다가 결국 아버지까지 죽이는 패륜을 저지른 뒤, 수나라 제2대 황제로 즉위했다. 그 역시 즉위하기 전부터 고구려를 굴복시키는 것을 최대의 과제로 삼았다. 당시에는 고구려에게 지속적으로 시달리던 신라가 구원을 요청했으므로 공격할 명분도 충분했다.

당시 수나라는 양제의 명에 따라 신무기 개발에 착수해 큰 성과를 얻었으며, 북방 민족의 기병 전술에도 효과적으로 대응할 수 있는 무기와 체제를 개발한 때였다. 그 결과 서북 지역의 토욕혼吐谷渾을 공격해 609년에 완전히 굴복시켰다. 토욕혼 정복으로 큰 자신감을 얻은 수 양제는 고구려 침공 계획을 세부적으로 세우고, 610년에는 군사 총동원령을 내렸다.

이후 612년 1월이 되었을 때는 113만 3800명으로 고구려 원정군이 편성되었다. 《삼국사기》는 이 병력의 규모에 대해 "군사의 총수는 113만 3800명이었으나 외형적으로는 200만 명이라고 했다. 더구나 군량 수송을 맡은 자의 수는 배가 되었다"*고 기록했다.

군사의 수만 113만 명, 군량 수송자까지 합치면 200만 명이 훨씬 넘는 대군은 그야말로 상상을 초월하는 규모가 아닐 수 없다. 더구나 수 양제가 총동원령을 내린 이래 2년 동안 집중적인 군사 훈련을 받은 병력들이니, 고구려가 초토화되는 것은 시간 문제였다.

당시 수군은 보급선이 지나치게 길어진데다 우기까지 다가오고 있어서 서둘러 요동성을 점령해야 할 형편이었다. 따라서 속전속결로 요동성을 공

---

* 凡一百十三萬三千八百人 號二百萬 其餽輸者倍之.

격하기로 하고 운제雲梯를 비롯해 충차衝車와 화차火車, 발석차發石車 같은 여러 가지 신형 공성攻城 무기를 동원해 성문을 파괴하거나 성벽을 무너뜨리는 데 주력했다. 하지만 결과적으로는 요동성을 공략하는 데 실패하고 말았다.

이에 따라 수 양제는 고구려 원정에 앞서 세워 두었던 또 다른 계책을 현실화시켜야만 했다. 그 계책이란 기동력이 뛰어난 정예 병력을 평양으로 신속히 보내 영양왕의 항복을 받겠다는 것이었다.

이때 수나라 별동 부대가 압록강 서안西岸에 이르러 도하를 준비하고 있다는 정보를 입수한 영양왕은 을지문덕乙支文德을 수군 진영에 파견해 적정을 탐지하게 했다. 을지문덕은 수군 진영으로 출발하기 전에 항복 문서를 전하러 간다며 적을 안심시켰다. 이보다 앞서 수나라 별동 부대 진영의 대장군 우중문于仲文은 양제로부터 "만일 고구려 국왕이나 을지문덕을 만날 경우 즉시 생포하라"는 밀명을 받은 바 있었다. 수 양제는 고구려의 현란한 전략과 전술에 여러 차례 우롱당한 나머지 생포하거나 사살하지 않고는 마음을 놓을 수가 없었던 것이다.

하지만 우중문은 을지문덕을 생포하기는커녕 그 유명한 "만족한 줄 알고 그만 멈추는 게 어떠냐〔知足願云止〕?"는 5언시五言詩로 조롱만 당했다. 그러더니 나중엔 살수薩水에서 30만 대군이 전멸하는 참패를 했다. 이 일로 수 양제는 엄청난 충격을 받고 고구려 침략을 포기할 수밖에 없었다.

이처럼 수 양제는 세계 전쟁사에서도 보기 드문 대규모의 병력과 물자를 동원해 고구려로 진격했다. 하지만 수 양제가 직접 지휘했던 고구려 원정군 본대가 요동성에서 발목이 잡힌 것은 그렇다치고, 우문술과 우중문 등이 이끌었던 최정예 별동 부대가 을지문덕의 전술에 말려 살수에서 전멸하는 수모를 당하고 말았다. 단일 전투에서 30만 대군이 한꺼번에 몰살당한 것도 세계 전쟁사에서 유례를 찾아보기 힘든 기록이다.

당 태종의 제1차 침입

이후 고구려는 수나라의 세 차례에 걸친 대규모 침략을 막아내고 실질적으로 수를 멸망시켰다. 대규모 군사 동원에 따른 민란이 일어났기 때문이다. 수나라 멸망 이후 618년 당나라는 중국을 장악하게 된다. 초기 당과 고구려는 서로 우호적으로 대했고, 당 태종이 즉위할 무렵에는 거란을 완충 지대로 삼아 동북아시아를 당과 양분하는 형세였다.

야심만만했던 당 태종은 고구려를 굴복시키지 않고는 천하의 주인이 될 수 없다는 사실을 절감했다. 더구나 같은 한족漢族의 통일 국가인 수나라를 멸망에 이르게 한 고구려를 응징해 민족적 자긍심을 회복하려는 야망도 불타올랐다. 결론은 고구려를 무력으로 멸망시키는 것이었다.

당 태종은 이런 야망을 실현하기 위해 641년에 직방낭중職方郎中 진대덕을 고구려로 보내 내정과 군사 시설을 정탐하게 한 뒤 전쟁 준비에 골몰했다. 이후 645년, 647년 등 두 차례에 걸쳐 고구려를 침략했고, 그의 아들 고종도 661년에 고구려를 침략했으므로 고당 전쟁은 크게 세 차례 치러진 셈이었다.

당 태종의 제1차 침입 때 최대 격전지는 신성, 현도성, 개모성, 요동성,

안시성, 비사성, 박작성, 평양성 등이었다. 이 중에서도 안시성 전투가 가장 치열했다. 당의 침략 초기에 연전연패를 거듭하던 고구려는 안시성만큼은 필사적으로 지켜야만 했다. 요동만遼東灣 어귀에 위치한 안시성은 천산산맥天山山脈을 등지고 축조된 견고한 평지성이었다. 비록 성의 규모는 작지만 요동반도 서남단 평야 지대를 관할하는 전략적 요충지라 어느 곳보다 중요한 성이었다.

당 태종은 고구려의 완강한 저항에 부딪쳐 날이 갈수록 안시성을 공략하기가 힘들어지자 성곽 높이와 비슷하게 토산土山을 쌓게 했다. 60일 동안 연인원 50만 명이 동원된 대규모 공사였다. 하지만 9월 중순에 완성된 토산은 미처 써먹기도 전에 무너지면서 안시성 동남쪽 성벽을 함께 붕괴시켰다. 이때 고구려군 수백 명이 무너진 성벽 틈으로 나가 토산을 지키던 당군을 궤멸시키고 토산까지 점령했다. 뿐만 아니라 토산 정상에 참호와 목책 등을 설치해 고구려군의 방어 시설로 활용했다.

그런 어처구니없는 일에 분노한 당 태종은 모든 전력을 기울여 사흘 동안 총공격을 시도했지만, 고구려군의 완강한 방어에 막혀 막대한 인원과 장비만 잃고 말았다. 결국 그는 안시성뿐만 아니라 고구려 영토는 밟아 보지도 못한 채 군사를 돌리고 말았다.

고구려, 어떻게 승리했을까?

고구려는 중국의 통일 왕조였던 수·당에 맞서 장장 70년 동안의 전쟁에서 승리를 거두었다. 수 문제의 30만 대군, 수 양제의 100만 대군을 무찔렀으며, 당 태종에게도 치욕적인 패배를 안겨 주었다. 당 태종은 중국 역사상 성군聖君으로 손꼽히는 인물이지만, 고구려를 침략하는 데 실패하는 오점을 남기기도 했다.

고구려의 이와 같은 승리는 이후 중국의 역대 왕조가 한국의 역대 왕조를 함부로 대하지 못하게 하는 데 매우 큰 영향을 미쳤다. 이런 내용은 조선 시대의 역사서인《동사강목東史綱目》에도 기록되어 있다.

수나라는 문제 때 남과 북의 물자와 인력 수송을 위해 양자강과 황하를 잇는 대운하 공사를 시작했다. 이 공사는 30년에 걸쳐 연인원 4500만 명이 동원되었으며, 길이만 해도 1300킬로미터에 이르렀다. 이 대운하를 마침내 수 양제가 완성시켰다. 이 운하의 북쪽 끝이 오늘날 북경 남부에 해당하는 탁군이었다. 612년, 수 양제는 고구려 정벌에 나설 때 132만 명을 탁군에 집결시켰다. 중국 각지의 병사들은 바로 수 양제가 완성시킨 운하를 통해 탁군에 모일 수 있었다.

이후 수군이 순차적으로 고구려로 진격하는 데만 해도 선두에서 후미까지 9일이 걸렸으며, 그 행군의 길이는 432킬로미터에 이르렀다. 그야말로 세계사에서도 유례를 찾아볼 수 없는 규모의 원정이었다.

이처럼 수나라가 국력을 총동원해 고구려를 정벌하려 했던 데는 중국 중심의 천하관을 실현하려는 것과 고구려의 경제력을 붕괴시키려는 두 가지 목적이 있었다. 당시 고구려는 주변국들과의 중개 무역을 통해 막대한 이윤을 남겼고, 그것은 고구려의 탄탄한 군사력으로 연결되었다.

수나라 입장에서는 그 무역로를 차단해 궁극적으로는 고구려를 속국으로 전락시켜야 할 국가적인 과제가 있었던 것이다. 그리하여 고구려를 공격하기 위한 운제, 소차逍車, 전호피차 등 수많은 신무기를 개발하고 만리장성까지 대대적으로 보수해 정벌 준비를 끝냈다. 이 중 운제는 고구려의 높은 성벽을 오르기 위해 만들어진 일종의 사다리차였다. 그런데 결과적으로는 고구려 정벌에 실패함으로써 나라가 멸망하는 지경에 이르고 말았다.

당나라도 수나라의 실패를 거울 삼아 고구려 정벌 준비에 만전을 기울였다. 당 태종은 북쪽으로는 돌궐을 정복하고, 실크로드 중간에 있는 고창국高昌國을 멸망시켜 실크로드의 통로를 확보했다. 이제 고구려만 복종시키면 명실상부한 천하의 중심 국가가 될 터였다. 그런데 당에 맞선 고구려의 연개소문은 요동 지역의 성주들에게 지구전과 청야전을 펼치며, 필요에 따라서는 게릴라전을 쓰도록 했다. 이런 전술이 적중함으로써 끝내 당 태종의 야심은 실패로 끝났다.

그렇다면 고구려는 총규모 300만 명에 이르는 수나라와 당나라의 대군을 어떻게 무찌를 수 있었을까? 당시 고구려의 인구는 수·당의 10분의 1에 불과했다. 고구려가 제아무리 경제력이 있으며 막강한 전투력을 가졌다 해도 수와 당의 공격을 연거푸 막는 것은 무리였다.

그러나 살수대첩 외에는 이렇다 할 사료가 전하지 않아, 고구려가 어떤 전략과 전술로 적을 무찔렀는지는 미스터리로 남아 있다. 그럼에도 고구려가 수와 당을 제압한 배경으로 몇 가지 전략이 제시되고 있다.

첫째, 자연 지형을 최대한 살린 고구려 성의 위치와 독특한 축성법이다.

즉, 높은 성벽의 무게를 감당할 수 있도록 기초를 튼튼하게 다지고 계단처럼 안쪽으로 돌을 들여서 쌓는 방법이었다. 지금까지 알려진 고구려의 산성은 약 200여 개에 이른다. 그런데 성의 기초부터 매우 견고하게 쌓은 결과, 지금까지도 원형을 고스란히 유지하고 있는 산성이 많다. 이로 인해 고구려의 성은 그것 자체로 하나의 중요한 방어 무기이자 전술이었다고 한다. 수와 당은 고구려를 공격하기 위해 신무기를 개발했는데, 그중 공성攻城 무기에 가장 큰 비중을 두었던 것도 고구려의 성이 난공불락이었기 때문이다.

둘째, 고구려가 수나라와 당나라의 기나긴 병참 보급선을 차단하는 작전을 썼다는 점이다.

탁군에서 고구려 성들이 있던 요동 지역까지는 무려 2000여 리에 이르렀다. 수와 당의 입장에서는 군량미를 수송하는 게 가장 큰 난제였고, 고구려는 그 길을 차단하는 게 전쟁을 승리로 이끄는 지름길이었다. 《삼국사기》에도 고구려 장수들이 이 문제를 두고 논의하는 대목이 나온다.

이를테면 백전노장 고정의高正義가 경험이 적은 고연수高延壽에게 "나의 계책은 군사를 정비하되 싸우지 않고, 여러 날을 두고 지구전을 펴면서 기습병을 보내 그들의 군량 수송로를 차단하는 것이다. 저들은 군량이 떨어지면 싸우려 해도 싸울 수 없고, 돌아가려 해도 갈 길이 없어질 것이다. 이때 비로소 우리가 승리할 수 있을 것이다"라고 한 수 가르쳐 준 것을 들 수 있다.

이와 함께 그 유명한 청야전술淸野戰術도 이 병참 보급로를 차단하는 한 방법으로 볼 수 있을 것이다. 청야전술은 말 그대로 적군을 아군 진영 깊숙이 유인하는 동시에 성 밖의 모든 식량을 성안으로 옮기고, 심지어 우물까지 막아 적들을 고사枯死시키는 전술이었다. 을지문덕은 살수대첩에서 승리를 거두기 전 이 전술을 적절하게 활용한 것으로도 잘 알려져 있다. 그는 적군이 식량난과 추위에 시달리고 있다는 것을 간파하고 청야전술을 펼쳐 물심양면의 충격을 주었다.

셋째, 철제 투구와 무기로 중무장한 고구려 군사들의 왕성한 전투력을 들 수 있다.

고구려 고분 벽화는 문화적인 가치뿐만 아니라 당대의 사회상과 일상생활을 적나라하게 보여 주는, 완벽한 다큐멘터리다. 이 중 안악 3호분에는 고구려의 군사력을 짐작하게 하는 그림이 있다. 온몸을 갑옷으로 무장한 철갑기병, 창과 방패로 무장한 보병, 도끼를 든 부월수, 화살통을 허리에 찬 궁수 등은 고구려 군사들이 다양한 주특기를 가졌으며 전문화되었음을 보여 준다. 실제 전투에서는 철갑기병, 경마기병, 보병, 검수, 부월수, 궁수의 순서대로 대열이 편성되었던 것으로 추측된다. 이후 전투가 시작되면 궁수가 활을 쏘아 적을 공격하며, 철갑기병과 경마기병은 각각 측면과 후방을 맡고 보병들은 육박전을 벌였다.

이 밖에도 고구려가 수와 당을 격파한 데는 잘 훈련된 지휘 체계, 주변 국가들을 동원하거나 움직일 수 있는 외교력 등 다양한 요소들을 들 수 있다. 그러나 무엇보다 중국과 어깨를 나란히 하겠다는 독자적인 천하관을 가졌으며, 그런 자부심으로 똘똘 뭉쳐 결사 항전을 마다하지 않았던 고구려인들의 의지가 승리의 비결이라 하겠다.

고구려 백암성의 치(雉)

고구려 고분 벽화 '행렬도'

해동의 증자, 의자왕은 억울하다

8

준비된 군주에서 타락한 군주로 되기까지

고조선 이래 한반도에서는 수많은 왕조가 창건되고 멸망했다. 따라서 각 왕조가 멸망할 때의 임금 또한 그 왕조의 수만큼 많은 것은 당연한 일이다. 그런데 유독 어느 왕조의 멸망을 말할 때 백제의 의자왕義慈王을 가장 먼저 떠올리는 것은 왜일까? 무엇보다 그가 거느렸다는 삼천 궁녀 전설과 그것으로 상징되는 사치와 향락이라는 선입관 때문일 것이다.

처음 한강 유역에 도읍을 정했던 백제는 수도를 두 번이나 옮기는 비운을 겪는다. 같은 시기에 건국한 신라가 멸망하기까지 약 1000년 동안 경주를 도읍으로 고수한 것과는 매우 대조적인 일이다.

근초고왕近肖古王 대에 전성기를 맞았던 백제는 이후 고구려 광개토 대왕의 남진 정책에 따라 한강 유역의 58성을 점령당했다. 이후 개로왕蓋鹵王, 문주왕文周王, 무령왕武寧王, 성왕聖王, 무왕武王 등 백제의 역대 국왕들은 내부적으로는 왕권 강화를 바탕으로 하는 강력한 중앙 집권 체제를 지향했고, 외부적으로는 건국 터전이던 한강 유역을 회복하려는 집착이 매우 강했다. 더 나아가 오랜 동맹 관계를 배반하고 성왕을 비롯해 3만여 명의 군사를 몰살시킨 신라에 대한 적개심이 대단했다. 무왕에 이어 집권한 의자왕은 이같은 역대 왕들의 숙원을 잘 알고 있었으며, 백제를 중흥시킬 만한 준비된 군주였다.

의자왕이 즉위한 뒤로 신라는 고구려보다 백제를 훨씬 두려워했다. 당시 김유신金庾信이 백제에 반격을 하자고 건의하자, 진덕여왕眞德女王(?~654)은 "작은 나라가 큰 나라를 어떻게 공격할 수 있는가?"라며 걱정할 정도였다.

이처럼 강력했던 백제와 의자왕이 멸망하게 된 것은 무슨 까닭이었을까.

소정방이 20만 대군을 이끌고 한반도 서쪽의 덕물도(지금의 덕적도)에 이르자, 신라는 김유신에게 5만 명의 군사를 주어 백제를 공격하게 했다. 막강한 군사력이 있었지만 백제로서는 미처 대비하지 못한 채 나당 연합군의 대군을 맞아 당황할 수밖에 없었다. 결국 백강과 탄현이라는 천연 요새에 의지해 적의 공격을 막으려 했지만, 이미 나당 연합군이 백강과 탄현을 지났다는 급보를 받았다. 의자왕은 급히 계백 장군에게 결사대 5000명을 딸려 보내 황산벌에서 신라군을 막도록 했다.

죽음을 각오한 계백이 5000명의 군사와 함께 장렬히 전사하자, 의자왕은 남은 군사를 합해 웅진강 입구를 막고 최후의 저항에 들어갔다. 하지만 소정방의 대군을 당하지는 못했다. 당군이 도성 30리 앞에 이르렀을 때 다시 백제군이 기를 쓰고 막았지만, 1만여 명이 전사하는 참패를 당했을 뿐이다. 마침내 당군이 사비성 가까이 육박하자 의자왕은 "성충成忠의 말을 듣지 않아 이 지경에 이른 것을 후회한다"고 탄식하며 태자 효와 함께 웅진성으로 달아났다. 그러나 불과 얼마 되지도 않아서 의자왕은 항복하고 말았다. 그 결과 자신은 물론 왕자와 대신, 장사, 일반 백성 1만 2000여 명과 더불어 당으로 압송되었는데, 그곳에서 병을 얻어 서거했다.

《삼국사기》에는 이와 같이 백제가 멸망에 이른 장면이 자세히 기록되어 있는데, 문제는 이 기록 어디에도 삼천 궁녀는커녕 의자왕이 사치와 향락에 빠져 멸망했다는 대목이 없다는 점이다. 다만 의자왕이 나당 연합군의 공격에 임해 여러 대신의 의견을 묻고 대책을 세우는 긴박한 모습이 엿보일 뿐이다.

《삼국사기》〈백제본기〉 '의자왕조' 시작 부분은 다음과 같다.

의자왕은 무왕의 맏아들이다. 웅걸차고 용감했으며 담력과 결단력이 있었다. 632년(무왕 33)에 태자가 되었다. 어버이를 효성으로 섬기고 형제와는 우애가 있어서 당시에 해동 증자라고 불렀다. 무왕이 죽자 태자가 왕위를 이었다.*

이것은 의자왕이 즉위할 무렵, 그의 인품과 성격, 태자 책봉 시기를 간략

---

* 義慈王 武王之元子 雄勇有膽決 武王在位三十三年 立爲太子 事親以孝 與兄弟以友 時號海東曾子 武王薨 太子嗣位.

하게 기록한 내용이다. 오늘날 일반에게 각인된 의자왕의 모습과는 사뭇 다르다. 특히 그를 가리켜 해동 증자라 한 것은 최고의 찬사였다. 춘추전국시대의 유학자인 증자는 공자孔子의 제자며, 그 학문을 맹자孟子에게 전하게 한 유교사儒教史의 중요한 인물이었다. 또한 하루에 세 번 스스로를 돌아보며 부모에게 극진히 효도했던 것으로 유명하다. 그래서 동양 5성五聖의 한 사람으로 꼽히고 있다.

현재 의자왕의 출생 연도에 대해서는 정확한 기록이 없지만, 대략 595년 무렵에 태어난 것으로 추정된다. 의자왕의 어머니는 그 유명한 선화공주善花公主였다. 즉 의자왕의 외가는 신라 왕실인 셈인데, 이러한 출생 배경은 훗날 의자왕이 즉위하는 데 걸림돌이 되었다. 이를테면 아버지 무왕의 여러 왕비가 낳은 아들들, 그러니까 이복형제들의 견제를 받았을 것이고, 무왕이 신라와 수차례 전쟁을 벌이며 백제의 영역을 넓혔던 과정을 염두에 둔다면 자칫 왕위 계승의 정통성마저 상실할 수 있었다. 이런 이유에선지 그는 마흔 살이 가까웠던 632년(무왕 33) 무렵에야 겨우 태자로 책봉되었다. 그런 그가 당시의 지배층으로부터 해동 증자로 칭송받았다는 것은 오랜 시간 인내하면서 증자에 버금갈 정도로 부모에게 효도를 다했으며, 이복형제들과도 우애 있게 지냈음을 뜻한다.

그는 즉위 후 중국에 조공 사신을 보내는 등 당과의 외교 관계를 원활하게 유지했다. 《삼국사기》에는 의자왕이 즉위년부터 사신을 당에 파견했다는 내용이 6~7회 정도 등장한다. 당 태종도 의자왕 책봉 교서를 보내 그의 정통성을 인정했다.

한편 의자왕은 취약한 왕권을 강화시켰으며, 역대 국왕들이 그랬던 것처

해동의 증자, 의자왕은 억울하다

럼 몸소 신라를 정벌하는 데 앞장섰다. 그가 굳이 어머니의 모국인 신라를 공격해 백제의 세력을 확장한 것은 본디 타고난 '웅걸차고 용감한' 성격 때문이기도 하겠지만, 왕권을 더욱 확고하게 다지려던 '결단력'에서 비롯된 것일지 모른다.

《삼국사기》에는 의자왕 즉위 초기에 자주 보이던 당과의 외교 관계 기록이 653년(의자왕 13) 이후로는 보이지 않는다. 이 무렵부터 백제와 당의 관계가 냉각되었다는 것을 짐작할 수 있다.

655년(의자왕 15)은 백제에 여러 가지 변화가 있던 해였다. 이 무렵, 무왕의 왕비였으며 의자왕을 끝없이 견제하던 계모가 세상을 떠났다. 그 일을 계기로 의자왕은 대대적인 숙청 작업을 추진해 권력을 자신에게 완전히 집중시킬 수 있었다. 그래서였는지 《삼국사기》에는 655년의 기사에서부터 의자왕을 부정적인 시각으로 그리고 있다. 즉 의자왕이 태자궁을 사치스럽게 꾸미는가 하면, 왕궁 남쪽에는 정자인 망해정望海亭을 세웠다는 것이다. 같은 해 5월에는 붉은 말이 북악의 오합사烏合寺로 들어가 울면서 법당 주위를 돌다가 며칠 만에 죽었다는 불길한 기사가 수록되어 있다. 이후 석 달이 지난 8월에는 의자왕이 고구려, 말갈과 함께 신라 30여 성을 공략했다는 기록이 있어, 마치 그런 승리가 5월의 불길한 징조와 모종의 연관이 있는 것처럼 읽힌다.

이후 반년이 약간 지난 656년 기사에 소개된 의자왕은 과연 전날 해동 증자로 칭송받았던 인물인지 의심스러울 정도로 사람이 달라졌다.

656년 3월에 왕은 궁녀와 더불어 주색에 빠지고 마음껏 즐기며 술 마시기

를 그치지 않았다. 좌평 성충(또는 정충)이 극력 간언하자 왕은 분노해 그를 옥에
가두었다. 이로 말미암아 감히 간언하는 자가 없었다.[*]

신라의 30여 성을 취했던 의자왕이 불과 6~7개월 사이에 급변한 사연
은 무엇일까?

656년이면 백제가 멸망하기 4년 전으로, 의자왕도 61~63세쯤 되었다.
매우 결정적인 계기가 아닌 바에야 한 인간, 특히 예순이 넘은 노인의 성품
이 갑자기 변한다는 것은 쉽게 이해할 수 없는 일이다. 그러나 위의 기록이
사실이라면, 신라를 굴복시켜 역대 왕조의 숙원을 이루었다는 자부심과 내
정內政에서도 더 이상의 견제 세력이 없다는 안도감이 그를 안일하게 한 원
인이라 할 수 있겠다.

당시 백제를 둘러싼 주변 국가의 상황도 의자왕을 안심시켰을 것이다.
그 무렵, 당은 자국과 거의 대등한 위치에 있던 고구려를 멸망시키는 것이
시대적 소명이었다. 고구려를 무너뜨리지 않는 한 중국 중심의 국제 질서
를 유지하기가 어려웠기 때문이다. 그래서 당나라 단독으로 고구려를 여러
차례 공략했지만, 번번이 실패하고 말았다. 이에 나당 연합군으로 백제를
먼저 무너뜨린 뒤, 고구려를 남과 북 양쪽에서 협공해 항복시키자던 김춘추
의 제안을 받아들여 전략을 수정한다.

이때 의자왕은 신라 점령을 계속해 백제를 중흥시킬 것인지, 그 일을 포

---

* 十六年 春三月 王與宮人淫荒耽樂 飮酒不止 佐平成忠或云淨忠極諫 王怒囚之獄中 由是無敢言者.

기하고 중국 중심의 국제 질서에 편입될 것인지의 갈림길에 놓였다. 그는 백제의 옛 영토를 대부분 수복한데다, 특히 바로 서라벌로 진격할 수 있는 군사 요충지였던 대야성大耶城(경남 합천)을 점령해 신라의 목에 칼을 겨눈 셈이었다. 따라서 내정과 외교에 상당한 자신감을 가졌을 것이다. 그가 '웅걸차며 결단력이 강한 인물' 인 점을 감안하면 더욱 가능성이 있는 추측이다.

결국 신라를 계속 공격하기로 한 그는 당 중심의 국제 질서로부터 벗어나 고구려와 왜를 새로운 파트너로 설정했다. 그가 왜의 권력가들에게 선물한 바둑판과 바둑알 등은 그런 의도를 엿보게 하는 유물이다. 이에 따라 당시 동북아시아 다섯 국가는 당-신라를 횡으로 하고, 고구려-백제-왜를 종으로 하는 십자 형태의 외교 관계가 형성되었다. 하지만 의자왕이 당을 '등진' 결과는 700년 백제 왕조를 마감하는 것으로 끝이 났다. 이와 관련해 김부식은 백제가 망한 이유를 다음처럼 분석했다.

백제는 말기에 와서 행동이 도리에 어긋나는 것이 많았다. 또한 대대로 신라와 원수 사이가 되고 고구려와는 화친을 계속함으로써 신라를 침공했다. 유리한 조건과 적당한 기회만 있으면 신라의 중요한 성과 큰 진들을 점령하기를 그치지 않았으니, 이른바 '어진 사람과 친하고 이웃을 잘 사귀는 것이 나라의 보배' 라는 말과 어긋난다. 이에 대해 당나라 천자가 두 번이나 조서를 내려 원한을 풀라고 했지만 (의자왕이) 겉으로는 순종하는 체하면서 속으로는 명을 어겨 대국에 죄를 졌으니 패망한 것은 당연하다.

《삼국사기》〈백제본기〉의자왕 20년조

한마디로 요약하면, 의자왕이 자만에 빠진 나머지 당을 받들지 않아 멸망했다는 뜻으로 볼 수 있다. 즉, 의자왕 자신의 도덕적인 해이보다는 사대事大를 거부한 외교 정책을 멸망의 원인으로 지적한 것이다. 실제로 의자왕의 외교 정책은 같은 시기의 신라가 비굴할 정도로 당에 사대한 것과 큰 대조를 이룬다.

7세기 중반, 신라는 당의 지원에 국운을 걸 수밖에 없는 상황이었다. 이에 따라 제도와 복식, 연호 등을 고스란히 당의 것을 따르는가 하면, 진덕여왕은 당 고종을 찬양하는 시까지 지어 바칠 정도였다. 경주 출신의 유학자 김부식은 당연히 삼국 통일의 위업을 이룬 신라의 입장에서 의자왕을 평가할 수밖에 없었을 것이다.

《삼국사기》에서 '한국을 빛낸 100명의 위인들'까지

오늘날 의자왕이 3000여 명의 궁녀를 거느린 타락 군주로 인식된 데는 오랜 세월에 걸친 내력이 있다. 어떤 경우에는 의도적인 목적에 따라, 어떤 경우에는 자연스럽게 세인世人들의 뇌리에 인식된 그 과정은 대략 다음과 같다.

앞의 기록처럼 김부식은 《삼국사기》를 통해 의자왕이 중국을 제대로 섬기지 못한 나머지 갑자기 멸망한 것으로 기록하고 있다. 의자왕과 삼천 궁녀를 결부시킨 대목은 전혀 보이지 않지만, 그가 말년으로 갈수록 향락에 깊이 빠져들었으며 판단력이 흐려져 멸망을 재촉했음을 강조했다.

《삼국사기》보다 약 140년 후에 편찬된 《삼국유사》에는 의자왕과 후궁들을 함께 언급한 대목이 보인다. 과연 유사遺事답게 정사가 다루지 못한 이야기를 덧보태고 있다.

> 《백제고기百濟古記》에서는 이렇게 말했다. 부여성 북쪽 모퉁이에 큰 바위가 그 아래 강물을 굽어보고 있다. 이 바위에는 다음과 같은 내력이 전해진다. "의자왕이 후궁들과 함께 죽음을 피하지 못할 것을 알고 차라리 자결할지언정 남의 손에 죽지는 않겠다고 말했다. 서로 이끌어 이곳까지 와서 강물에 몸을 던져 죽었기 때문에 세속에서는 이곳을 타사암墮死巖이라 한다." 그러나 이것은 항간의 말이 와전된 것이다. 궁인들만 떨어져 죽었으며, 의자왕은 당나라에서 죽었다는 것이 당사唐史에 분명히 기록되어 있다.
>
> 《삼국유사》권1 '태종춘추공조' 중에서

여기서 타사암은 지금의 낙화암落花巖을 가리킨다. 오늘날 상식처럼 되어 버린 낙화암과 궁녀 이야기가 비로소 등장한다. 위 인용문에서는 일연이 《백제고기》와 《당사》의 기록을 대조해 의자왕의 최후를 정확히 서술했음을 확인할 수 있다.

일연이 결론을 내린 것처럼, 백제 멸망에 즈음해 여러 궁녀가 낙화암에서 떨어져 죽은 것은 있을 법한 일이다. 강성하던 조국이 갑자기 풍전등화의 위기에 처한데다 국왕이 당으로 끌려가는 현실 앞에서 슬픔을 이기지 못한 후궁들이 선택할 길은 그리 많지 않았을 것이기 때문이다. 다만 《삼국유사》에도 그런 후궁의 숫자가 3000명에 이른다는 내용은 없다.

사비성 천도 후 무왕, 의자왕 대에 중흥을 맞은 백제인들은 어느 시기보다 자부심이 강했다. 계백이 5000명의 결사대원과 함께 장렬한 최후를 마쳤던 것도 그런 자부심을 극명하게 드러낸다. 많은 백제인, 그중에서도 수도 사비성 주민들은 나당 연합군에게 잡혀 죽느니 차라리 자결하고야 말겠다는 결연한 의지가 있었다.

낙화암이 '떨어져 죽는 바위'가 될 수밖에 없었던 지형적인 특성도 있다.

당시 백마강과 부소산은 사비성을 감싸는 천연 요새였다. 낙화암은 부소산 북쪽의 막다른 절벽이다. 그런데 적군이 부소산을 눈앞에 두고 사비성을 공격할 경우 그곳 주민들은 해발 100미터도 안 되는 부소산으로 도망칠 수밖에 없으며, 거기서도 밀리면 그 끝이 바로 낙화암이다. 그야말로 백척간두百尺竿頭인 셈이다. 그 백척간두에서 많은 백제인들이 몸을 던졌다. 경우에 따라서는 뒷사람에게 떠밀리거나 실족사한 사람도 있었을 것이다. 슬픔을 이기지 못한 궁녀들도 백마강 푸른 강물에 몸을 던졌을 것이다. 그렇게 많은 사람들이 40미터 아래 강물로, 마치 꽃잎처럼 죽음의 세계에 뛰어들었다. 그래서 훗날 낙화암이라는 시적인 이름을 얻었을 터다.

기록에서 낙화암이라는 명칭이 처음 등장하는 것은 고려 후기, 목은牧隱 이색李穡의 부친인 이곡李穀(1298~1351)이 부여를 돌아보고 남긴 시에서였다. 그 시 중에 "하루아침에 도성이 기왓장처럼 부서지니 1000척의 푸른 바위가 이름하여 낙화암이더라"* 라는 대목이 보인다.

---

* 一日金城如解瓦 千尺翠巖名落花.

낙화암과 백마강

　따라서 타사암이 낙화암이라고 불리게 된 것은 일연이 세상을 떠난 후인 13세기 말에서 14세기 말 사이임을 짐작할 수 있다. 이후 조선 시대에는 《동국여지승람》에 낙화암이라는 이름이 공식적으로 기록되었다.

　타사암이 낙화암으로 교체되었음은 백제가 멸망할 당시의 비장하고 절박했던 사실들이 왕조가 몇 차례 교체되면서 문학적인 상징과 비유로 변했다는 걸 반증한다. 그 예로 조선 전기의 문신이던 민제인閔齊仁(1493~1549)이 지었다는 〈백마강부白馬江賦〉라는 시를 들 수 있다. 아쉽게도 오늘날에는 이 시의 전문이 전해지지 않지만, 그중 한 대목은 '구름처럼 많은 삼천 궁녀 바라보니〔望三千其如雲〕'라고 되어 있다는 것이다.

　민제인은 청년 시절에 이 시를 지었는데, 하루는 과거에 낙방해 실망한 나머지 자신이 쓴 〈백마강부〉를 읊었다. 마침 근처를 지나가던 기생 성산월星山月이 감탄하며 시를 자기 치마폭에 적어 달라 했고, 그게 인연이 되어 그는 훗날 장원급제의 영광을 누렸다는 일화가 있다.

민제인이 낙화암에서 떨어져 죽은 궁녀를 3000명이라고 표현한 데는 특별한 근거는 없었을 것이며, 다만 3000이라는 숫자의 상징성에 무게를 두었을 게 분명하다. 하지만 그 시로 인해 오늘날 의자왕이 3000명의 궁녀를 거느렸던 타락한 군주로 인식될 줄은 민제인 자신도 예상하지 못했을 것이다. 유교 정신을 실천하는 것을 궁극으로 삼았던 조선 사회에서 의자왕은 그 이전 시대의 인식보다 부정적인 인물일 수밖에 없었다.

이후 의자왕에 대한 잘못된 인식은 근현대로 접어들면서 더욱 대중화되었다. 전문가들은 백제 시대를 가사의 소재로 삼은 대중가요의 영향이 큰 것으로 보고 있다. 그중 〈꿈꾸는 백마강〉(김용호 작사, 임근식 작곡)과 〈백마강〉(손로원 작사, 한복남 작곡)이 대표적이다. 특히 손로원이 작사한 〈백마강〉에는 삼천 궁녀 대목이 바로 나온다.

백마강에 고요한 달밤아
고란사에 종소리가 들리어 오면
구곡간장 찢어지는 백제 꿈이 그립구나
아~ 달빛 어린 낙화암의 그늘 속에서
불러 보자 삼천 궁녀를

백제 멸망 또는 백마강을 소재로 한 이들 대중가요는 일제 강점기 후반에 발표되어 선풍적인 인기를 누렸다. 백제의 멸망과 당의 지배, 조선의 멸망과 일제의 식민 통치는 묘한 대조를 이룬다. 나라 잃은 국민의 비감한 정서가 오랜 간격을 둔 두 시대를 관통하면서 대중들의 정서를 파고든 것은 자연스럽기까지 하다.

역사적인 사실을 정확히 인식하지 못했던 대중들은 당연히 의자왕이 3000명의 궁녀를 거느렸고, 그녀들이 슬픔을 억누르지 못해 백마강에 몸을 던졌으리라고 추측했을 것이다. 조선 전기의 〈백마강부〉와 일제 강점기의 대중가요 가사가 아예 역사의 정설로 굳어진 셈이다.

그 결과 가장 최근인 1989년에는 〈한국을 빛낸 100명의 위인들〉(박인호 작사·작곡)이라는 동요에까지 "······백결 선생 떡방아 삼천 궁녀 의자왕 황산벌의 계백 맞서 싸운 관창······"과 같은 가사가 등장하게 되었다.

서울 인구 6퍼센트가 궁녀?

지금까지 살펴본 것처럼 백제는 갑작스럽게 멸망했을 뿐이다. 얼마 전에는 의자왕을 비롯한 백제 지배층이 갑작스럽게 대피했다는 것을 보여 주는 유물이 발굴되어 세간의 이목을 집중시키기도 했다. 1993년에 발굴된 '백제대향로'는 그런 유물 중 대표작으로 손꼽는다.

백제대향로가 발견되자 학계에서는 해방 이후 최대의 발굴이라며 떠들썩했다. 그도 그럴 것이, 화려하고 정교한 외형뿐만 아니라 미처 풀리지 않았던 백제 시대의 수수께끼를 푸는 데 결정적인 구실을 했기 때문이다. 그래서 이 향로는 '백제 시대의 타임캡슐'이라는 별명까지 얻었다.

백제대향로가 발견된 웅덩이 안쪽 바닥에는 나무판자가 깔려 있었고, 그

위로 잘게 부순 토기 조각들이 있었다. 향로는 그 기왓장 위에 얹혀 있었는데, 주변에서 섬유질로 추정되는 물체도 발견되었다. 이런 정황을 바탕으로 전문가들은 이 향로를 몸체와 뚜껑으로 나누어 여러 겹의 천으로 감쌌고, 그것을 토기 조각을 깔아 놓은 나무 상자에 넣어 급히 매장한 것으로 추정했다.

백제의 영화를 상징했던 최고의 보물을 급히 매장한 까닭은 무엇일까?

당시 나당 연합군의 공격으로 사비성 주민과 왕실은 급히 피난을 떠날 처지였다. 궁중에는 귀중한 문화재들이 한두 가지가 아니었다. 하지만 그런 걸 모두 챙길 만큼 한가한 때가 아니어서 급한 대로 대향로를 나무 상자에 넣어 땅속에 매장했는데, 그 뒤 1300여 년이 지나서야 우연히 발견되었던 것이다. 즉, 백제대향로는 강성한 조국에 대한 자신감으로 가득 찼던 의자왕이 미처 예상하지도 못한 사이에 멸망을 맞았음을 증명하는 유물이다.

여기서 의자왕義慈王이라는 묘호와 그가 재위할 당시 일반 백성들이 임금을 어떻게 인식했는지를 살펴볼 필요가 있겠다. 그는 약 700년에 이르는 백제 왕조에 종지부를 찍게 한 죄가 있었지만, '의義롭고 자혜慈惠롭다'는 뜻의 묘호를 받았다. 물론 그렇게 한 것은 나라 잃은 백제의 대신과 유민遺民들이었다.

나당 연합군은 백제를 공격한 지 사흘 만에 사비성을 무너뜨렸다. 이에 따라 의자왕은 급히 웅진으로 피신했다가, 660년 7월 18일 비로소 당에 항복했다. 항복 조건으로 당군의 철수를 내걸었다. 하지만 당군은 철수 약속을 어긴데다 8월 2일에는 전승 축하연을 열어 의자왕과 부여융扶餘隆에게 더욱 뼈아픈 치욕을 맛보게 했다. 김춘추와 소정방이 의자왕 부자를 당하堂

下에 앉히고 술잔을 치게 했던 것이다. 이에 백제의 좌평 등 여러 신하가 목이 메어 울지 않는 자가 없었다.[*]

의자왕의 급작스런 항복 과정에 대해 다른 견해도 있다. 단재 신채호는 일찍이 "웅진성의 수성 대장이 의자왕을 잡아 항복하라 하매 왕이 자결을 시도했지만 동맥이 끊이지 않아 당에 포로가 되어 묶여 갔다"라고 주장했다. 이 주장을 뒷받침하듯 최근 발견된 '대당 좌위위대장군 예식진 묘지명'이나《구당서》'소정방전'을 근거로 백제의 웅진성을 지키던 좌평 예식(또는 예식진)이 의자왕을 사로잡아 당나라에 항복했다는 것이다. 이 주장에 따르면 예식은 그 공으로 좌위위대장군에 오를 수 있었다고 한다. 이런 주장은 비록 사비성이 함락되었다고 해도 웅진성을 비롯, 임존성 등 백제군의 주력 부대나 근거지는 보존되어 있었고, 그런 상황에서 불과 며칠 만에 돌연 항복한다는 것은 상식에 어긋난다는 사실에 근거하고 있다.

한 달이 지난 9월 3일, 소정방은 회군하면서 의자왕을 비롯한 백제의 유력 인사 1만 2000여 명을 압송해 갔다. 의자왕이 당나라 수도 장안長安에 도착한 지 며칠 만에 숨진 것은 나당 연합군에게 치욕적인 패배를 당하고, 결국 나라를 멸망하게 한 천추의 한을 달랠 수 없었기 때문일 것이다.

결론적으로 백제의 삼천궁녀설이 터무니없다는 근거는 다음과 같다.

첫째, 3000이라는 숫자의 상징성이다. 옛사람들에게 3000은 많다는 것을 상징하는 숫자였다. 의자왕 대의 왕자가 41명이었다고 하니, 그가 여러

---

[*] 百濟佐平等群臣莫不嗚咽流涕.

후궁을 거느렸다는 건 분명하다. 그렇다고 3000명이나 된다는 뜻은 결코 아니다.

둘째, 백제의 인구 규모와 재정 등에 비추어 삼천 궁녀를 거느릴 만한 여건이 안 되었다는 점이다. 백제가 멸망할 무렵의 인구는 620만 명이었다는 기록이 있으며, 《삼국사기》에는 가구 수가 모두 76만 호였다고 한다. 이를 종합하면 백제에는 멸망 당시 최소 400만 명에서 최대 600만 명의 인구가 있었으며, 이는 백제의 영역과 생산력에 비하면 상당히 많은 숫자라고 할 수 있다. 이 중 수도 사비성에서는 약 5만 명이 살았다고 한다. 5만 명 중에 3000명이 궁녀라면 사비성 인구 중 6퍼센트에 해당하니, 비유하면 오늘날 서울의 인구가 1000만 명이라고 할 때 60만 명이 궁녀였다는 것과 같다.

셋째, 백제가 멸망할 당시 사비성과 왕궁의 규모로 보아도 궁녀 3000명이 집단으로 거주할 만한 공간이 전혀 없었다는 점이다.

이 밖에도 의류와 식량 소비 등 여러 측면에서 삼천궁녀설은 터무니없는 허구임을 짐작할 수 있다.

요컨대 오늘날 의자왕에 대한 부정적인 인식은 《삼국사기》의 기록에 그 뿌리가 있으며, 이런 논리는 유교 지상주의를 지향하면서 사대교린의 외교 정책을 폈던 조선 왕조 때 확대 재생산되었다. 그리고 근현대에는 대중가요의 엄청난 영향력에 의해 역사의 정설처럼 굳어진 것이라 하겠다.

물론 의자왕은 궁극적으로 백제를 멸망에 이르게 한 군주며, 그런 허물은 어떤 변명으로도 덮어지지 않는다. 그렇다 해도 백제의 멸망이 삼천 궁녀로 상징되는 의자왕의 향락과 폭정에서 비롯되었다는 인식은 이제 낙화암으로 던질 때가 된 것 같다.

다시 보는 나당 전쟁

9

신라의 선제공격

660년과 668년에 각각 멸망한 백제와 고구려 유민들은 격렬하게 국권을 회복하려는 부흥 운동을 펼쳐 나갔다. 4년 동안 진행된 백제의 부흥 운동은 계속 확대되어 나당 연합군을 궁지로 몰아넣었지만, 끝내 내분이 일어나 실패하고 말았다.

연개소문이 세상을 떠난 이후 심각한 내분에 휩싸인 고구려 역시 668년에 멸망한 뒤 검모잠劍牟岑, 왕자 안승安勝 등을 중심으로 부흥 운동을 일으켰다. 약 1년 동안 투쟁하던 안승은 당군을 꺾지 못한 채 4000여 호를 거느리고 신라에 투항했다. 안승의 투항은 신라와 고구려 유민의 결속 내지 연합의 성격으로 발전했다. 신라 정부는 안승을 금마저金馬渚(지금의 익산군)에 정착시키고, 고구려 왕으로 책봉해 유민을 이끌도록 했다. 그런 뒤에도 고구려 유민들은 사방에서 봉기해 줄곧 당군에 맞서 항전했다. 하지만 고구려 부흥군도 고구려 왕조를 다시 세우겠다는 목적을 이룰 수는 없었다.

한편 당은 백제와 고구려가 멸망하자 대동강 이남의 영토를 신라에게 넘긴다는 처음의 약속을 어기고 한반도 전체를 직접 지배하려는 야심을 드러냈다. 그 결과 백제 영토에는 웅진도독부熊津都督府, 고구려 영토에는 안동도호부安東都護府를 각각 설치해 당의 지방 행정 기구로 편입시켰으며, 신라에까지 계림대도독부鷄林大都督府를 설치했다. 그 후 신라는 670년부터 676년까지 7년 동안 당과 맞서 전쟁을 벌였다. 오늘날 흔히 '나당 전쟁'으로 불리는 이 전쟁에서 신라는 당을 크게 무찌르고, 비로소 삼국을 하나의 왕조로 통일시킬 수 있었다.

당의 대대적인 지원을 받아서야 세력을 키울 수 있었던 신라는 어떤 방법으로 당나라 30만 대군을 격파했을까?

670년 3월, 한반도 전체를 지배하려는 당의 야심을 더 이상 견디지 못한 신라는 설오유薛烏儒 장군과 고구려 부흥군을 이끈 고연무高延武 장군에게 각각 1만 명의 군사를 주어 압록강(대동강이라는 설도 있음) 건너의 당군을 공격하게 했다. 이것으로 본격적인 나당 전쟁이 시작되었다.

신라는 같은 해 7월 대규모 병력을 당의 지배하에 있던 백제 지역으로 파견해 거의 모두 정복했으며, 671년 6월에는 죽지竹旨 장군이 가림성加林城(지금의 임천)을 거쳐 석성石城(지금의 충남 부여 일대)에서 당병 5300여 명을 참살해 현재의 충청남도 일대를 장악함으로써 백제 전 지역을 점령할 수 있었다.

그러자 당은 설인귀薛仁貴가 지휘하는 수군을 파견했는데, 이때 설인귀는 신라 왕을 위협하는 장문의 편지를 문무왕에게 보냈다. 편지는 신라로 하여금 군신의 예를 지키라는 것을 강조하는 내용인데, 실제로는 협박 문서였다. 그러자 문무왕도 당의 위협에 결코 굴복할 수 없다는 내용의 이른바 '답설인귀서答薛仁貴書'를 보냈다. 이 글의 요지는 신라의 처지가 토사구팽兎死狗烹이란 고사성어를 떠올리게 하듯 억울하다고 강조한 뒤, 당이 한반도 전체를 차지하려는 저의는 옳지 않음을 지적하는 것이었다. 또 문무왕이 당에 항쟁하겠다는 의사를 노골적으로 드러내지는 않았지만, 실제로는 신라가 당군을 선제공격한 이유를 밝히고 아울러 본격적인 전쟁을 시작하겠다는 의도를 드러냈다.

671년 10월, 신라 수군은 서해에서 당의 조선漕船 70여 척을 격파한 뒤 수많은 당군을 전사시키거나 생포했다. 이듬해 9월에는 포로가 된 당군 170명을 돌려주면서 사신을 파견하는 등 외교전을 병행하기도 했다.

신라와 당의 전쟁은 날이 갈수록 치열하게 전개되었다. 일진일퇴가 반복되었지만 전체적으로는 신라와 고구려 부흥군의 전력이 우세했다. 신라에게 밀릴 수 없었던 당은 674년 문무왕의 관작을 삭탈하고, 그의 아우인 김인문金仁問을 신라 왕으로 봉하는 등 저열한 방법까지 동원했다. 당 왕조의 역사를 다룬 《신당서新唐書》에는 나당 전쟁과 관련한 기사가 두 차례(674년과 675년)밖에 등장하지 않는다. 그중 《신당서》〈동이열전東夷列傳〉674년 기사는 다음과 같다.

674년, 신라에서 고구려의 항거하는 무리들을 받아들여 옛 백제 땅을 점령해 지키게 했다. 고종(황제)이 노해 조서를 내려 법민(문무왕)의 관작官爵을 삭탈하고, 그의 아우 우효위원외대장군 임해군공 김인문金仁問을 신라 왕으로 삼아 경사에서 본국으로 돌려보냈다. 조서를 내려 유인궤劉仁軌를 계림도대총관으로 삼고, 위위경 이필李弼과 우령군대장군 이근행李謹行을 부총관으로 삼아 군사를 이끌고 가서 힘을 다해 치라고 했다.

이는 674년 1월의 기록이지만, 그 뒤 유인궤가 지휘하는 당군이 신라를 어떻게 공격했는지에 대해서는 아무런 언급이 없다. 《삼국사기》에도 "대궐에 못을 파고 산을 만들어 화초를 심었으며, 진기한 새와 짐승들을 길렀다"(2월), "큰 바람이 불어서 황룡사 불전이 훼손되었다"(7월), "서형산 아래에서 군대를 크게 사열했다"(8월) 등 나당 전쟁과는 관련이 없는 기사들만 나열되어 있다. 아마 당이 유인궤 부대로 하여금 신라를 압박했으며, 이에 대해 신라는 군대를 사열하는 정도로 당의 압박을 회피해 나갔던 것으로 추측된다. 그러나 이듬해인 675년이 되면 사정이 크게 달라진다.

675년, 신라는 백제 및 고구려 국경 지역에 주군州郡을 설치해 당으로 하여금 영토 분할 약속을 상기하도록 했다. 그러나 같은 해 9월, 당의 설인귀가 수군과 육군을 거느리고 천성泉城(지금의 파주 오두산성 일대)으로 쳐들어왔다. 이때 신라의 문훈文訓이 이끄는 부대가 당군에 맞서 1400여 명을 전사시키고, 적선 40척과 군마 1000필을 노획했다.

크게 패배한 설인귀가 물러나자, 이번에는 이근행이 20만 대군을 이끌고 남하해 매소성買肖城(지금의 경기도 연천군 청산면의 대전리산성. '매초성'이라고도 함)에 주둔했다. 이에 신라군이 대대적인 공격을 퍼부어 당군을 다시 대패시킨 뒤, 군마 3만 380필을 비롯해 수많은 전리품을 노획했다. 이처럼 매소성 전투는 신라가 나당 전쟁에서 승리를 거두는 결정적 계기가 되었다.

이후 신라는 당군과 18차례에 걸쳐 맞섰는데, 거의 모두 신라의 승리로 끝났다. 이와 같이 신라는 나당 전쟁에서 승리함으로써 한민족의 자존심과 자신감을 보여 주었다. 또한 현실적으로는 우리 역사상 최초로 민족·문화적 통일을 이룩하는 계기를 마련할 수 있었다.

삼국 통일의 결정적 계기가 된 매소성 전투

동서고금을 막론하고 소수의 군대가 10~20배가 넘는 적의 대군을 격파한 사례는 많다. 대군이 소군을 물리치는 것은 당연하지만, 반대의 경우는 흥미진진한 반전反轉 효과로 인해 그 의의가 더욱 돋보이기 마련이다. 고구려가 수나라 백만 대군을 무찌른 경우를 대표적인 예로 들 수 있다.

신라 역시 7년 동안 이어졌던 나당 전쟁 과정에서 수십 차례의 승리를 거두었고, 그중 매소성 전투에서는 신라군 3만 명이 당의 20만 대군을 무찔러 삼국 통일의 결정적인 계기를 마련할 수 있었다.

《삼국사기》는 매소성 전투를 다음처럼 간략하게 기록하고 있다.

29일 이근행이 군사 20만을 거느리고 매소성에 주둔하자 우리 군사가 그들을 격퇴시켰으며, 이 과정에서 3만 380필의 전마와 그 밖에 이에 상당하는 병기도 얻었다.

《삼국사기》〈신라본기〉문무왕 15년 9월 기사 중에서

이 기사에서 보듯 신라는 당의 20만 대군을 무찌르고 노획한 전마戰馬만 해도 3만 필이 넘었다. 3만 380필이라면 당시 신라군 전체가 보병이었다고 해도 그들 모두를 기병으로 무장시키고도 380필이 남는 대단한 승리였다. 그런데도 위의 기록처럼 간략하게 처리된 것은 중국의 역사서들을 사료로 삼았던 한계거나 김부식으로 상징되는 고려 중기 지배층의 사대주의적인 성향 때문일 것이다. 대체 신라는 어떤 방법으로 20만 대군을 물리치고 군마와 병기를 노획할 수 있었을까?

매소성은 한탄강을 비롯해 전곡 일대를 한눈에 내려다볼 수 있는 삼국 시대의 군사 요충지였다. 그렇다 보니 시기에 따라 매소성의 주인은 번번이 바뀌곤 했다. 675년 이근행의 당군은 매소성에 사령부를 두었고, 나머지 군사들은 그 주변 지역에 주둔했던 것으로 전해진다. 당은 건국 이래 돌궐의 기병들에게 끝없이 시달린 결과, 이에 대응하기 위해 수십만 명의 기병을 양성해 왔다. 당 태종 때만 해도 군마의 수가 70만 필에 이르렀다고 하니, 그 규모를 쉽사리 짐작할 수 있다. 따라서 당군 20만 명의 주력은 모두 기병이었을 것으로 추측된다. 이는 나중에 신라군이 3만 필이 넘는 군마를 노획한 점에서도 증명된다.

보통 기병의 전투력은 보병에 비해 8배나 높은 것으로 알려져 있다. 더구나 신라군의 병력은 최대로 잡아 3만 명이지만, 당시 신라의 최고 지휘관이나 병력 규모 등은 자세한 기록이 없고 다만 아홉 명의 장수가 출전했다

다시 보는 나당 전쟁

고 한다. 따라서 매소성 전투는 당의 20만 기병과 신라 3만 보병의 전투로 요약된다. 만일 당군의 절반인 10만 명만 기병이었다 해도 80만 명의 보병과 같은 전투력이니, 다윗과 골리앗의 아시아 버전인 셈이다. 모든 면에서 신라군의 절대적인 열세였지만, 신라 입장에서는 한 치도 물러설 수 없는 전쟁이었다.

675년 9월 29일, 매소성 주변 벌판에 양국 군사들이 수백 미터 거리를 두고 대치했다. 역사적인 대회전을 눈앞에 둔, 긴박한 순간이 찾아온 것이다. 신라군은 약 7배나 많은 적군 기병들을 결연한 눈빛으로 쏘아 보고 있었다.

일반적으로 당시의 신라군은 육화진법六花陣法을 쓴 것으로 알려지고 있다. 이 진법은 눈송이의 결정처럼 여섯 모가 지는 진을 만들어 적진을 꿰뚫고 들어가서 백병전을 치를 때 이용되는 전술이었다. 그러나 당의 기동성 있는 공격에 맞서 처음부터 육화진법으로 대응하지는 않았다.

서로 대치한 상태에서 막 전투가 시작될 즈음의 신라군은 밀집 형태의 횡렬로 3중 또는 4중의 방어막을 쳤다. 첫 줄에는 궁수, 둘째 줄에는 2인 1조의 장창병長槍兵, 셋째 줄에는 창검이나 도기 등을 갖춘 도끼병이 밀집해 포진하는 것이다.

이윽고 이근행의 공격 명령이 떨어지자 당 기병들은 신라군을 향해 쏜살같이 질주를 시작했다. 이에 맞서 신라의 궁수들이 일제히 쇠뇌[弩]와 활시위를 당겼다. 약 1만여 개의 화살이 소나기처럼 날아가 적진으로 쏟아졌다. 화살에 제대로 맞은 당군들이 여기저기서 푹푹 쓰러졌다. 그 와중에도 화를 당하지 않은 당군은 질풍노도의 속도로 신라군 진영으로 다가온다. 신라군의 궁수들이 재빨리 두 번째 화살을 날린 다음 도끼병들 뒤로 빠진다.

매소성 터(경기도 연천군 청산면 대전리산성)

이제 신라 진영의 1차 방어선은 장창병이 지킬 차례다. 장창이란 말 그대로 창 자루가 매우 긴 창을 가리킨다. 창 자루의 길이가 자그마치 4.5미터나 되며, 창날은 짧고 두텁다.

일부의 당군은 신라 궁수들의 화살 장대비를 뚫고 마침내 신라군 진영에 이르렀다. 하지만 관성의 힘을 감당하지 못한 군마들이 신라군의 장창에 목 또는 가슴을 꿰뚫려 나뒹굴고 말았다. 뒤를 이어 신라 진영으로 들이닥친 당 기병들은 서로 부딪치고 얽혀 혼란에 빠진다. 이때 신라군은 재빨리 육화진법을 형성해, 각각의 모서리를 맡은 도끼병들이 당군들을 추풍낙엽처럼 쓰러뜨린다. 이것이 일반적으로 추측되는 매소성 전투의 장면이다.

사실 신라군의 주력 방어 무기였다는 장창은 지나치게 길고 무겁기 때문에 병사들이 능수능란하게 휘두를 수가 없게 되어 있다. 다만 기병들의 공격을 막는 데는 안성맞춤의 무기였다. 장창병은 2인 1조를 이루어 뒷사람이 창 자루의 끝부분을 땅에 박고 발로 밟아 단단히 고정시켰으며, 앞사람은 창날이 군마의 가슴에 꽂히도록 각도를 유지해 적에게 결정적인 타격을 주었다. 그런 장창이 일렬로 빼곡히 들어섰다면 제아무리 막강한 당나라 기병들이라 해도 큰 피해를 입었을 것이다.

당시 신라군은 장창과 함께 또 다른 비밀 병기인 쇠뇌를 갖추었다고 한다. '천보노千步弩'라고 불렸다는 그 쇠뇌는 이름처럼 한번 발사하면 화살이 1000보를 날아갈 정도로 위력이 대단한 공격 무기였다. 그래서 당 고종조차 천보노를 탐냈다는 기록도 있다.

이 밖에 신라에는 여러 개의 화살을 연속 발사할 수 있는 수노, 발을 이용해 발사하는 궐장노, 물레를 이용해 시위를 당기는 녹노 등 적을 공격하는 데 사용된 쇠뇌의 종류가 많았다. 쇠뇌를 제작하거나 다루는 부대 등을 별도로 운영할 정도였다.

그 결과 신라군은 군마 3만 380필과 헤아릴 수 없는 무기들을 노획하는 '매소성 대첩'을 거두게 되었다.

이듬해인 676년(문무왕 16), 신라는 기벌포 앞바다에서 설인귀가 지휘하는 당 수군과 해전을 벌였다. 이때 양측은 22차례가 넘게 맞섰는데, 마침내 신라군이 당군 4000여 명을 전사시킨 끝에 승리를 거두고 7년에 걸친 나당 전쟁의 대미를 장식할 수 있었다.

신라가 나당 전쟁에서 당의 대군을 물리치고 삼국 통일이라는 위업을 이룩한 데는 여러 요인이 있었다. 무엇보다 신라는 당과의 전쟁에 대비해 수많은 성을 새로 쌓거나 보수해서 방어력을 높였다. 한편으로는 군사력을 강화시켰으며, 백제 및 고구려 부흥군의 능력을 적절하게 활용하는 정책도 유효했다. 그러나 고구려가 여러 차례에 걸쳐 수·당의 대군을 무찌른 요인의 하나가 적의 병참선이 지나치게 긴 것을 이용한 데 있듯이, 신라도 근본적으로는 그런 전략을 잘 활용해서 승리했다고 볼 수 있다.

반대로 기병이 주력이었던 당군 입장에서 매소성에 장기 주둔하는 일은 서서히 굶어 죽거나 얼어 죽는 것과 마찬가지였다. 중국으로부터 20만 명의 군량, 한 마리당 하루 4~5킬로그램에 이르는 말의 먹이를 줄기차게 보급하는 문제는 보통 심각한 게 아니었다. 신라 입장에서는 그 길고 긴 보급선을 어느 한 곳에서 차단하기만 해도 승리가 보장되는 상황이었다. 비록 병력의 수가 절대적인 열세였더라도 한번 해볼 만한 전쟁이었을 것이다.

신라는 나당 전쟁에서 승리한 끝에 삼국을 통일하고, 이후 한민족의 역사에 큰 영향을 끼친 왕조였다. 또 삼국 통일이 지닌 역사적인 의의 또한 여러 부분에서 찾을 수 있다. 그러나 지금까지 줄기차게 제기되는 영토 문제로 한정하면 안타깝고 궁금한 부분이 적지 않다.

신라는 삼국을 통일할 의지가 있었나?

신라는 삼국 통일을 이룩한 뒤 전국을 9주 5소경九州五小京으로 하는 지방 제도를 마련했다. 이에 따라 통일신라 전역은 크게 아홉 개의 주로 구분되었으며, 주 밑으로는 군郡 또는 현縣 단위의 행정 기구가 설치되었다. 9주란 통일 이전 신라 지역의 사벌주沙伐州, 삽량주揷良州, 청주淸州 및 고구려 지역의 한산주漢山州, 수약주首若州, 하서주河西州, 백제 지역의 웅천주熊川州,

완산주完山州, 무진주武珍州를 가리킨다. 의도적으로 삼국의 옛 영토를 3주씩 배정했음을 짐작할 수 있다.

한편 5소경은 수도 경주가 한반도 동남쪽으로 치우친 것을 보완하기 위해 설치한 것이다. 고구려 지역의 북원경北原京과 중원경中原京, 백제 지역의 서원경西原京과 남원경南原京, 가야 지역의 김해경金海京을 가리킨다.

그런데 이런 지방 행정 기구에서 알 수 있듯이 통일신라의 북쪽 경계를 이루는 중심 지역은 한산주(지금의 경기도 광주), 수약주(춘천), 하서주(강릉)였다. 그리고 각 주의 관할권 최북방을 선으로 연결하면 대동강에서 원산만 이남이 된다. 일반적으로 알려진 것처럼 고구려 영토 대부분이 누락되어 삼국통일이라는 말이 무색할 지경이다.

이 통일신라의 영토에 대해서는 문무왕이 설인귀의 편지를 반박하는 내용인 '답설인귀서'의 앞부분에 실마리가 있다. 648년(진덕여왕 2), 신라는 군사 지원을 요청하기 위해 김춘추(태종 무열왕)를 당으로 보냈다. 이때 김춘추는 당 태종과 모종의 밀약을 했다. 당은 백제와 고구려 두 나라가 평정될 경우 백제 영토를 신라에 넘긴다는 내용이었다. 따라서 그 밀약은 명시적인 언급은 없었지만, 당이 고구려를 차지하겠다는 뜻이기도 했다. 그로부터 23년쯤 지난 때의 기록인 다음 인용문은 그 밀약을 뒷받침한다.

'……내(당 태종)가 두 나라를 평정하면 평양 이남 백제의 토지는 전부 너희 신라에게 주어 길이 편안토록 하려 한다'고 하면서 계획을 지시하고 군사의 동원 기일을 정해 주었다.

《삼국사기》〈신라본기〉 문무왕 11년 기사 중에서

이후 백제와 고구려가 각각 멸망하자 당은 이 밀약을 저버린 채 한반도 전체를 자국의 지방 행정 기구로 편입시키려는 야욕을 드러냈고, 그 결과 나당 전쟁이 일어났다는 것은 앞에서 말한 바 있다. 만일 위의 인용문처럼 당이 최초의 약속을 지켰더라면 신라도 당의 고구려 지배를 묵인하지 않을 수 없었을 것이다. 하지만 어차피 당이 밀약을 깨고 신라가 이에 격분해 전쟁을 일으켜 승리했으니, 만주 일대의 넓은 지역을 통치하던 고구려의 모든 영역까지 흡수하는 게 마땅하지 않은가. 더구나 당시에는 당이 신라에게 참패한데다 내부적으로도 혼란에 휩싸였다. 나당 전쟁 이후 15년이 지난 690년 무렵 측천무후가 국호를 바꿔 가면서까지 국정을 농단한 것이 그 혼란했던 사정을 말해 준다.

결과적으로 신라 지배층은 순진하게도 당의 영향권에서 벗어나지 못한 채 삼국 시기의 국토를 절반 이상이나 상실하고 내부 지배 체제를 정비해 나갔던 셈이다.

이 부분에 대해 일부 사학자들은 신라가 처음부터 삼국을 통일하겠다는 의지도, 능력도 없었던 것으로 분석하기도 했다. 신라가 당으로부터 패강浿江(대동강) 이남 지역의 영유권을 공인받은 것조차 나당 전쟁 후 60여 년이나 지난 735년(성덕왕 3)이었으니, 근거가 전혀 없는 주장은 아니다.

이런 점에서 신라의 삼국 통일은 역사적인 의미가 매우 큰 것과 반비례하는 아쉬움을 남기고 있다.

역사와 현실의 모순, 발해사

IO

유득공의 자주적인 역사의식

……김씨가 망하고 대씨가 망한 뒤에 왕씨가 이를 통합해 고려라고 했는데, 그 남쪽으로 김씨의 땅을 온전히 소유하게 되었지만 그 북쪽으로는 대씨의 땅을 대부분 소유하지 못하게 되어 그 나머지는 여진족에게 들어가기도 하고 거란족에게 들어가기도 했다. 이때 고려를 위해 계책을 세우는 사람들이 급히 발해사를 써서 이를 가지고 "왜 우리 발해 땅을 돌려주지 않는가? 발해 땅은 바로 고구려 땅이다"라고 여진족을 꾸짖은 뒤에 장군 한 명을 보내서 그 땅을 거두어 오게 했다면 토문강 북쪽의 땅을 소유할 수 있었을 것이다…….

조선 후기의 실학자 유득공柳得恭(1749~1807)의《발해고渤海考》서문에 해당하는 글이다. 이 글에서 보듯 그는 발해와 통일신라가 공존했던 시기를 '남북국'으로 부를 것을 제안한 인물로 잘 알려져 있다. 더구나《발해고》는 비록 상세하게 서술되지는 않았지만 발해의 역사를 체계적으로 다루었을 뿐만 아니라, 이후의 학자들에게 발해사를 공론화하는 계기를 마련해 준 책이라는 점에서 큰 의의가 있다.

1749년(영조 25)에 태어난 유득공은 그 출생부터가 불운했다. 증조부와 외조부가 서자였다는 이유로 서얼 신분으로 자라야만 했던 것이다. 그는 젊은 시절 지방관 임무를 수행하는 틈틈이 개성이나 평양, 공주 등의 옛 도읍지와 두 차례에 걸친 연행燕行을 통해 나름대로의 역사의식을 키워 나갔던 것으로 전해지고 있다. 조선 후기의 대표적인 문인답게 자신의 시문을 정리한《영재집泠齋集》, 조선의 역대 시문을 엮은《동시맹東詩萌》등 여러 권의 문집을 비롯해 한국의 세시풍속을 최초로 기록한《경도잡지京都雜志》등의 저서를 남겼다. 무엇보다 그는 문인이면서도《이십일도회고시二十一都懷古詩》,《사군지四郡志》등의 역사서를 편찬한 것으로 유명하며, 그중《발해고》는 오늘날까지 큰 영향을 끼치고 있다.

《발해고》는 그가 포천 현감을 지낼 때인 1784년(정조 8)에 펴냈다. 그는 이 책을 편찬하기 위해 한중일 삼국의 역사서를 고루 섭렵했다. 뛰어난 문인이었던 그가 발해사에 관심을 갖게 된 것은 문학뿐만 아니라 역사와 지리에 대한 왕성한 열정과 관심이 가장 큰 밑거름이 되었을 것이다. 더구나 북학파의 한 사람으로 중국 중심의 사고 체계에서 벗어나려는 의식이 잠재했기 때문으로 볼 수 있다.《발해고》에는 같은 북학파이며 친구였던 박제가

가 쓴 서문이 함께 수록되어 있다. 그 글을 보면 "조선의 선비들이 신라의 9주 안에서 태어나 그 바깥일에 대해서는 눈과 귀를 틀어막아 버리고, 또한 한나라와 당나라, 송나라, 명나라의 흥망과 전쟁에 관한 일도 잘 알지 못하니 발해의 경우는 어떠하겠는가?" 라고 하면서, 유득공은 이런 점을 안타깝게 여겨 "《발해고》 1권을 지어서 인물과 군현, 왕의 계보, 연혁을 아주 미세한 것까지 세세히 엮어 놓았으니 가히 기쁜 일이다" 라는 대목이 있다. 《발해고》의 집필 동기를 짐작하게 하는 글이다.

아울러 유득공이 《발해고》를 쓸 무렵에는 중국과 조선 사이의 영토 문제가 실학자들의 큰 관심사였다. 그때만 해도 역대의 사가들이 발해에 대해 별다른 관심이 없었다는 것은 《발해고》 서문에서 말한 것과 같다. 《삼국유사》와 《제왕운기》에 약간의 기록이 있는 게 다행일 정도다. 일연은 중국의 사서 《통전通典》의 기록을 고스란히 인용하면서 "속말말갈粟末靺鞨 출신인 대조영이 나라를 세우고 진단震旦이라 불렀으며, 나중에는 말갈이란 이름을 버리고 발해라 했다" 는 기록을 남겼다. 또 "발해가 마침내 해동성국海東盛國이 되었다. 그 땅에는 5경 15부 62주가 있었는데, 그 후 당나라 천성天成 초에 거란의 공격을 받아 격파된 이후로 거란의 통제를 받았다"고 적기도 했다. 이런 점으로 볼 때 일연도 발해가 고구려를 계승한 나라였다는 사실을 제대로 인식하지 못한 게 분명하다.

고구려의 후예를 자처한 발해는 역사적으로 고구려보다 훨씬 넓은 영역을 지배했다. 그래서 유득공의 표현처럼 한국은 남쪽의 신라와 북쪽의 발해로 양분되긴 했지만, 남북국을 합칠 경우 상당한 영토를 확보했던 것이다. 그러나 발해가 멸망한 뒤로는 영토가 크게 축소되었다가, 1674년(현종

15)에야 백두산을 중심으로 두만강과 압록강이 국경의 기준으로 확정되었다. 그럼에도 백두산 근처의 경계가 분명치 않았으며, 두 강 상류의 북쪽 지역은 일종의 완충 지대로 남아 조선과 청나라 사이의 갈등의 씨앗이 되었다. 이후 1712년 청나라 조정의 일방적인 국경 지역 답사 및 조처로 백두산 정상 부근에 정계비定界碑가 세워진 것은 잘 알려진 사실이다. 그런데 이 정계비가 세워지기 훨씬 전인 1667년, 청 정부는 만주 일대를 '조상의 성지'기 때문에 함부로 드나들 수 없다며 봉금封禁 지역으로 선포하고, 이민족은 물론 한족漢族들의 출입까지 봉쇄한 상태였다. 이로 인해 만주 지역은 명목상 청의 영토인 것처럼 되었지만, 실제로는 주인 없는 땅이기도 했다.

유득공 등 북학파들은 바로 이 부분에 깊은 관심을 갖고, 고려 이후의 왕조에서 발해사를 문헌으로 편찬하지 않은 사실을 크게 아쉬워했던 것이다. "발해사만 있었던들 발해의 옛 영토를 조선으로 귀속시킬 수 있었지 않았겠느냐?"는《발해고》서문이 단적인 예다.

유득공은 이런 동기에서《발해고》를 저술하게 된 것인데, 자신의 저술이 '발해사'가 아닌 '발해고'일 수밖에 없는 내력도 겸손하게 밝히고 있다.

……문헌이 흩어지고 사라진 지 수백 년이 지나니 그것(발해의 역사)을 닦으려 해도 할 수가 없다. 나는 규장각의 관리로 있을 때 비서秘書들을 조금 읽어 발해의 역사를 짓게 되어 임금과 신하, 지리, 관직, 의장, 물산, 언어, 국서, 후예국에 관한 9편의 고考를 만들었다. 이를 세가世家, 전傳, 지志로 삼지 않고 고考라고 부른 것은 '사史'를 이루지 못해서며, 또한 스스로 사관의 자리에 있지 않기 때문이다.

이 말처럼 《발해고》는 발해의 역사를 다루긴 했으나 그 내용이 간략한 게 흠이다. 그것은 발해 왕조가 어떤 이유에선지 사서史書를 남기지 못한데다, 이후 중국과 일본이 자국 중심으로 발해에 대해 간단히 서술한 역사 문헌을 참고할 수밖에 없었기 때문이지 결코 유득공의 잘못은 아니다. 그럼에도 《발해고》는 최초로 발해의 존속 시기를 '남북국' 시대로 규정했다든지, 옛 영토를 수복할 필요성을 강조한 자주의식을 드러냈다는 점에서 의의가 큰 문헌이다.

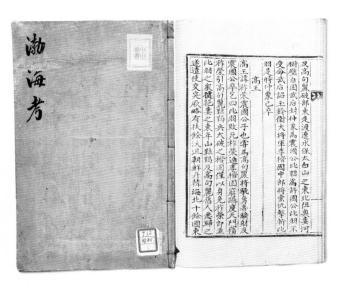

《발해고》

말갈족의 정체성

발해가 대조영을 비롯한 고구려 유민을 중심으로 말갈족 등 여러 부족에 의해 698년에 건국된 나라라는 것은 널리 알려진 사실이다. 《구당서舊唐書》의 '발해말갈조' 기사는 중국 측 사관史官의 입장에서 발해 건국을 다음처럼 기록해 놓았다.

발해말갈의 대조영大祚榮은 본래 고(구)려의 별종이다. 고구려가 멸망하자 조영은 가속을 이끌고 영주營州로 옮겨 와 살았다. 만세통천 연간(696년, 신라 효소왕 5)에 거란의 이진충李盡忠이 반란을 일으키니 조영은 말갈의 걸사비우乞四比羽와 함께 각각 그들의 무리를 거느리고 동쪽으로 망명해 요해지要害地를 차지해 수비를 굳혔다. 진충이 죽자 측천무후가 우옥검위대장군 이해고李楷固에게 명해 군대를 거느리고 가서 그 여당餘黨을 토벌케 하니 해고는 먼저 걸사비우를 무찔러 베고, 또 천문령天門嶺을 넘어 조영을 바짝 뒤쫓았다. 조영이 고구려·말갈의 무리를 연합해 해고에게 항거하자 왕사는 크게 패하고 해고만 탈출해서 돌아왔다. (이때) 마침 거란과 해奚가 모두 돌궐에게 항복하므로 길이 막혀서 측천무후는 (그들을) 토벌할 수 없게 되었다. 조영은 마침내 그 무리를 거느리고 동으로 가서 계루(부)의 옛 땅을 차지하고 동모산東牟山에 웅거해 성을 쌓고 살았다.

대조영이 본래 고구려 별종 출신인데 발해말갈을 세웠다는 표현을 주목할 필요가 있다. 이는 대조영 또는 발해 지배층이 고구려 출신이라는 사실을 명확히 밝히는 대목이다. 그런데《구당서》의 내용 중 중복된 부분은 빼고 부족한 것을 보충해서 편찬했다는《신당서新唐書》에는 대조영이 고구려에 부속되었던 속말말갈 출신이라 밝히고 있다.

> 발해는 본래 속말말갈로서 고구려에 부속되어 있었으며 성은 대씨다. 고구려가 멸망하자 무리를 이끌고 읍루挹婁의 동모산을 차지했다. 그곳은 영주에서 동으로 2000리 밖에 위치하며, 남쪽은 신라와 맞닿아 니하泥河로 경계를 삼았다. 동쪽은 바다에 닿고 서쪽은 거란과 접하고 있다. 성곽을 쌓고 사니 고구려의 망명자들이 점점 모여들었다.
>
> 《신당서》 '북적열전조' 기사 중에서

《구당서》에서는 대조영을 고구려 별종이라 해서 고구려의 유민임을 직접적으로 드러내고 있다. 반면《신당서》에서는 고구려에 부속되었던 속말말갈 출신이라고 표현해 차이점이 보인다. 또《구당서》에서는 발해의 건국 과정을 '발해말갈조'에 삽입했으나《신당서》에서는 '북적열전조'에 삽입한 점도 중요한 변화라 하겠다. 발해의 정체성에 관한 이 같은 인식의 변화에도 불구하고 당시의 중국 사관들은 고구려 별종이나 말갈, 북적을 다 자국과는 별개의 '오랑캐'로 인식했다는 공통점이 있다.

그런데 이런 건국 과정과 민족 구성을 둘러싸고 근래의 중국 학자들은 동북공정의 일환으로 "발해가 중국의 지방 정권"이었으며, "따라서 발해사는 중국사의 일부"라는 주장을 펼치고 있다. 구체적인 예로 중국 흑룡강성 사회과학원 웨이궈중魏國忠 연구원은《발해국사》를 통해 "발해 건국의 주도 세력은 고구려인이 아니라 말갈족이며, 고구려인은 발해 건국에서 기껏해야 부차적이고 보조적인 지위에 지나지 않았다. 뿐만 아니라 발해국은 완전한 주권을 지닌 독립 국가가 아니라 당나라의 통치 범위 안에 든 소수 민족 지방 정권이며, 발해에서 말갈족의 인구는 56만 명으로 중국 문화에 동화돼 상당히 강대한 잠재적 정치 세력을 형성했다"고 주장했다. 웨이궈중뿐만 아니라 동북공정에 참여하는 중국 학자들 대부분이 이 같은 주장을 펼치고 있다.

무엇보다 중국이 발해를 자국의 역사로 편입시키면서 가장 중요한 근거로 든 것은 발해를 이루는 민족 구성에 대한 부분, 즉 말갈족에 있다. 발해가 예맥족이 주류를 이루던 고구려를 계승한 왕조가 아니라, 예맥족과는 판이하게 다른 말갈족이 세운 나라였다는 것이다. 이런 주장을 반박하기 위해서는 무엇보다 먼저 말갈족의 정체성을 파악할 필요가 있겠다.

사전적인 의미로 주周나라 때의 숙신肅愼, 한漢나라 때의 읍루挹婁, 위진남북조魏晉南北朝 시대의 물길勿吉은 모두 말갈과 같은 계통의 종족에 대한 이칭으로 추정된다고 한다. 이 중 숙신에 대해서는 고대 중국 동북 지방에 살았던 퉁구스계 민족을 통틀어 가리키는 것으로, 신채호와 정인보鄭寅普는 일찍이 숙신을 '주신珠申이 전음轉音된 것'으로 보았으며 숙신족과 한민족을 동의어로 여겼다. 읍루 역시 연해주 지방에서 흑룡강黑龍江 하류 또는 송화강松花江 유역에 걸쳐 살았던 고대 부족을 가리키는 것으로 알려지고 있다.

이후 말갈이라는 종족명이 처음 등장한 것은 수당隋唐 시대의 문헌이라고 하는데, 말갈족은 여러 부족으로 분류되었다. 즉 밭농사를 주업으로 삼던 예맥濊貊 계통의 속말粟末, 백산白山, 수렵에 의존하던 백돌伯咄, 불열拂涅,

호실號室, 흑수黑水, 안거골安車骨 등 7개 부족을 대표적으로 들 수 있다. 이들은 역사적으로 고조선, 부여, 고구려 등의 지배나 영향을 받았으며, 활쏘기를 잘하고 몸놀림이 날렵해 고구려의 대중국 전쟁 때 중요한 구실을 했던 것으로 알려진다.

《구당서》의 '발해말갈조'에는 말갈에 대해 다음처럼 기록해 놓았다.

> 말갈은 곧 숙신肅愼의 땅이니 후위後魏 때는 이를 물길勿吉이라 했다. 경사京師에서 동북으로 6000여 리 밖에 있다. 동쪽은 바다에 이르고 서쪽은 돌궐과 접하며, 남쪽은 고구려와 경계하고 북쪽은 실위室韋와 인접해 있다. 그 나라는 모두 수십 부나 되는데, 각각 추수酋帥가 있어 더러는 고구려에 부용되어 있고 더러는 돌궐에 신속臣屬되어 있다. 그런데 흑수말갈黑水靺鞨이 가장 북방에 있으면서 제일 강성해 늘 그 용맹을 과시하므로 항상 이웃 부족의 걱정거리가 되었다.

이 기록에서는 말갈이 고구려 동북쪽에 위치하며, 넓은 영토와 수많은 종족을 거느린 나라 또는 세력으로 묘사되고 있다. 한편 말갈 종족 가운데 흑수말갈은 독자적인 세력을 가진 것으로 보이며, 나머지 종족 중 일부는 고구려에, 일부는 돌궐에 복속된 것으로 나타나고 있다.

이후 대조영이 발해를 건국하던 시기에 이들이 적극 협조해 발해의 지배 세력 중 하나가 되었으며, 발해가 멸망한 후에는 거란의 지배를 받았다. 훗날 금金을 건국해 만주와 북중국을 지배하다가 중국 최후의 왕조인 청淸을 세운 여진족女眞族의 원류가 되는 종족이 바로 말갈족이었다는 설도 있다.

이것이 말갈족에 대한 역사적이며 사전적인 정의다.

요컨대 고대의 말갈족은 한민족을 구성하는 중요 세력 중 하나였으며, 특히 그들 가운데 일부는 고구려에 부용附庸(작은 나라가 큰 나라에 의탁해서 지내는 일)되어 대중국 전쟁의 선봉 구실을 했던 종족이다.

고구려는 본래 주몽 등 부여계 계루부 세력을 중심으로 차츰 동예, 옥저 등 예맥족과 부여족, 말갈족, 거란족 등을 포함하는 다민족 국가로 형성되었다. 이들 부족은 세월이 지날수록 단일 혈통으로 습합하는 과정을 거쳤으며, 이로 인해 말갈족과 고구려인을 엄밀하게 구별하는 것은 그다지 의미가 없어졌다.

더구나 5~6세기부터 중국의 지배층에서 사용했던 말갈이란 용어는 단순히 고구려의 변방 주민을 낮추어 부르던 비칭卑稱이거나 북방 지역의 종족을 통틀어 일컫는 말이었다. 즉 중국인들은 수도 평양에 거주하던 사람들에 대해서만 고구려인이라고 불렀을 뿐, 고구려의 각 지방에 거주하던 사람들은 말갈족으로 통칭通稱했다는 것이다. 이는 앞의 《구당서》를 인용한 대목에서 보이는 것처럼 발해를 '발해말갈'로 지칭하는가 하면, 고구려 별종인 대조영이 '속말말갈' 출신이었다고 기록한 부분에서도 확인된다. 즉 대조영 세력을 본래 평양 지역에 거주하던 '고구려인'이 아닌 '고구려 별종'으로 보았으며, 그런 고구려 별종이 넓은 의미로는 말갈족인 까닭에 발해말갈로 지칭한 것으로 여겨진다.

다시 《구당서》의 기록을 보면 발해는 고구려와 풍속이 같았다는 내용도 있다.

조영이 굳세고 용맹스러우며 용병을 잘하자 말갈의 무리 및 고구려의 여당餘黨이 점점 모여들었다. 성력 연간(698~699년)에 스스로 진국왕振國王에 올라 돌궐에 사신을 보내 통교했다. 그 땅은 영주 동쪽 2000리 밖에 있으며, 남쪽은 신라와 서로 접하고 있다. 월희말갈越喜靺鞨에서 동북으로는 흑수말갈에 이르는데, 사방이 2000리며 편호編戶는 10여 만이고 승병勝兵은 수만 명이다. 풍속은 고구려 및 거란과 같고 문자 및 전적도 상당히 있다.

《구당서》 '발해말갈조' 기사 중에서

여기서 확인할 수 있듯 발해에 문자와 전적이 상당한데다 풍속이 고구려와 같다는 기록은 발해가 고구려를 계승한 국가임을 시인한 것이다.

발해라는 국가는 자국 중심의 천하관을 형성하고 있던 당의 입장에서 틀림없이 눈엣가시와 같았다. 그런 마당에 발해사를 간략하게나마 기록한 것이니 그 내용이 부정적이었을 것이며, 그럼에도 발해가 고구려와 거란의 풍속을 유지했다고 기록한 것은 적어도 발해가 중국과는 전혀 별개의 국가였음을 스스로 밝힌 셈이다.

고토古土를 회복하자?

오늘날 중국이 동북공정을 통해 고구려와 발해에 대한 역사적 사실을 일방적으로 왜곡하거나 날조하는 이유는 무엇일까? 그것은 중국 공산당 정부가 정치적인 목적에 따라 "중국 내 각 민족이 단결해야 사회주의가 승리할 수 있다"는 인식을 강조한 데서 비롯되고 있다. 중국의 주류를 이루는 한족漢族뿐만 아니라 중국 전체를 구성하고 있는 수많은 소수민족들마저 중국 체제에 편입시키려는 의도인 것이다. 사회주의적 이념을 실현하려는, 단순한 배경을 가지고 있다.

이런 정치적인 목적에 따라 중국사는 '중화인민공화국을 구성하고 있는 모든 민족이 그 영토 안에서 이루어 온 모든 역사'로 정의된다. 즉, 오늘날 중국 영토에 존재했던 모든 민족의 역사는 다 중국사로 본다는 뜻이다.

따지고 보면 이런 논리가 크게 잘못되었다고 볼 수는 없다. 하지만 우리나라의 경우 고조선 시기부터 중국 동북 지역에 근거를 두었다가 지금처럼 한반도 일대로 영토가 축소된 것이니, 중국의 논리를 그대로 따를 수는 없는 일이다. 고구려뿐만 아니라 발해의 지배 민족, 역사와 문화, 풍속 등이 오늘날까지 계승되고 있다는 점에서도 동북공정과 역사 왜곡은 동의어로 인식된다.

중국은 수천 년 동안 한족의 우월성을 앞세워 주변 민족을 '오랑캐'로 폄하하며 선을 그어 왔다. 그러다가 오늘날 새삼스럽게 소수민족의 통합과 단결을 앞세우며 역사를 왜곡하는 것은 비록 정치·이념적인 목적에 따른 일이지만 대국답지 않은 태도가 분명하다.

이에 대해 국내 학계에서는 여러 사례를 들어 발해사가 한국사의 일부임을 강력히 주장하고 있다. 이를테면 발해가 말갈 등 다양한 족속으로 구성되었으며, 당과 신라를 비롯해 일본, 돌궐, 중앙아시아 등 주변 국가들과 활발하게 교류를 했는데, 이는 고구려가 본래 지녔던 문화적 개방성과 국제성이 전승된 것이라고 본다. 또한 도성과 궁전, 공공건물, 정원, 사찰 및 일반

살림집 등 건축 분야에서 고구려의 전통을 계승한 독특한 문화적 특성이 발견되고 있으며, 그중에서도 고래구들과 굴뚝으로 이루어진 온돌은 한국 학계뿐만 아니라 중국, 일본, 러시아 등에서도 인정하는 발해 건축이 가진 한민족적인 특징이다.

최근에는 발해의 수도였던 상경성(중국 흑룡강성 영안시 발해진)에서 1930년대에 출토된 발해 금화가 공개되어 큰 관심을 끌었다. 2006년 10월 3일 자 《세계일보》 보도에 따르면, 이 '발해통보渤海通寶'는 금으로 만들었는데, 1점당 30그램 안팎이며 가로 3센티미터, 세로 5센티미터 사각형 크기에 삽모양의 발이 달린 자귀 형태를 갖추고 있다. '발해통보', '천통팔년天統捌年'이라는 글자가 선명하게 새겨져 있으며, 705년(대조영 즉위 8년)에 발행된 것으로 추정된다고 한다. 여기서 팔捌 자는 여덟 팔八 자와 음과 뜻이 같은 것으로, 국가 문서나 증서에만 쓰이는 글자라고 한다. 따라서 이 발해통보가 실제 발해 때의 진품으로 확인된다면, 중국의 역사 왜곡을 단번에 잠재울 수 있는 결정적인 물증이다.

이와 같이 역사적인 의미에서나 풍속과 문화의 계승 차원에서 발해사는 틀림없이 한국사의 한 부분에 속한다. 하지만 현재 고구려 및 발해의 영토 대부분을 중국이 '실효적으로' 지배하고 있는데다 한국 학자들에게는 해당 지역에 대한 출입조차 금하고 있어, 한국의 발해사 연구는 극히 제한적이다. 그야말로 "현재를 지배하는 자가 과거도 지배한다"는 역사의 격언을 발해사가 잘 보여 주고 있다.

발해에 대해서는 현재뿐만 아니라 미래에도 연구할 분야가 부지기수다. 그러나 일부에서는 학문적인 연구 성과에 근거하지 않는 감정적인 대응이 궁극적으로 한국 측에 불리하게 작용할 것이라고 지적한다.

역사로서의 발해는 한국사에 속하는 게 분명하지만, 현재 그 지역을 지배하는 나라는 중국이다. 이는 남북한의 어느 누구도 어떻게 해볼 수 없는 현실이다. 중국이 자국 중심의 정치 체제를 실현할 목적으로 우리의 고토古土에 봉금령을 내렸지만, 이에 대해 어떤 수단으로도 저지할 수 없는 형편인 것이다. 이런 마당에 발해는 우리 영토였고, 발해사는 한국사의 중요한 줄기니 '고토를 회복하자'고 목소리를 높이는 것은 공허한 울림에 지나지 않는다.

이런 점에서 유득공 이전이나 이후의 역대 지배층에서 그 옛 땅을 수복하려는 어떤 노력이나 의지를 보이지 않았던 것이 새삼 아쉽다. 아니면 유득공의 뛰어난 안목이 존경스럽다고 해야 할까?

발해 녹유수막새

발해 치미

발해 토기

훈요십조 조작설 전말

II

훈요십조는 지역 차별의 원조?

오늘날 우리 사회는 차마 드러내 놓고 말하지 못하지만 하루빨리 그 원인을 찾아 환부를 도려내야 할 깊은 상처를 가지고 있다. 바로 지역감정의 상처다. 그중에서도 영남과 호남 사이의 갈등은 그 자체가 한국의 지역감정을 상징할 정도다. 두 지역의 갈등은 1961년 군사 정변을 일으킨 박정희 정권이 영남을 중심으로 대규모 산업 시설을 건설하면서부터 본격화되었다는 것이 일반적인 인식이다.

그러나 박정희 집권 초기에 호남 사람들이 보여 준 지지율은 당시만 해도 지역감정이나 차별이 별로 없었다는 사실을 반증한다. 1971년 박정희가 기어코 3선 개헌을 밀어붙여 다시 대선에 나섰을 때, 민주 세력은 신민당의 김대중 후보로 결집했다. 매우 버거운 상대를 만난 박정희는 선거를 사흘 앞두고 지역감정을 자극하는 전단을 살포한 뒤 여러 언론에 압력을 넣어 선거를 영호남 대결 구도로 몰아갔다. 그 결과 김대중 후보는 호남에서 58.7퍼센트, 박정희 후보는 영남에서 71.9퍼센트의 득표율을 올린 것으로 최종 집계되었다. 영남 사람들이 이 시기부터 박정희 군사 정부에 전폭적인 지지를 보냈다는 걸 알 수 있다. 그럼에도 박정희가 18년 동안 집권하던 시기에는 선거와 산업 인프라 건설 외에 이렇다 할 지역 차별 이슈는 없었던 것 같다.

이후 오늘날과 같이 지역감정의 골이 깊어진 것은 1980년 광주에서 일어난 5·18 민주화 운동이 결정적인 계기가 되었다. 이때부터 시작된 본격적인 영호남의 지역감정은 한국의 민주화와 성장 동력을 막는 거대한 슬러지sludge 구실을 했다.

그런데 많은 이들은 이 악성 부산물이 풍수적으로나 역사적으로 뿌리가 깊은 것이라고 여기며, 그 시초를 왕건이 남겼다는 '훈요십조訓要十條'에서 찾고 있다. 또한 훈요십조의 논리를 따르는 조선 후기의 학자 이익李瀷(1681~1763)이나 이중환李重煥(1690~?) 등이 남긴 저술에서 직접적인 근거를 찾기도 한다.

이익은 《성호사설星湖僿說》에서 "공주강이란 금강을 뜻하는데, 이 강은 호남 덕유산으로부터 흘러나와 역류해서 공주와 북쪽을 휘감아 금강으로 들어가고, 계룡산 역시 덕유산의 일맥으로 임실 마이산을 거쳐 내룡來龍이

머리를 돌려 조산을 바라보는 공公 자 모양을 이룬다고 한다. 그래서 감여 가堪輿家(묘지나 집터의 길흉을 가리는 사람)는 금강을 소위 반궁수反弓水라 일컫는 다'고 했다. 이중환도 《택리지擇里志》에서 "전라도는 동쪽으로 경상도, 북쪽 으로는 충청도와 경계를 접했는데, 본래 백제 지역이다. 후백제의 견훤이 신라 말에 이 지역을 점거해서 고려 태조를 여러 차례 공격해 수차례 위태 롭게 했다. 그 후 고려가 평정한 다음 백제 사람을 미워해 차령 이남의 물은 모두 배류한다고 해서 차령 이남의 사람은 쓰지 말라는 명을 남겼다. 중엽 에 이르러서는 간혹 재상에 등용되기도 했으나 드물었으며, 조선 시대에 들 어와 마침내 이 금함이 풀어졌다'고 기록하고 있다.

여기서 이익과 이중환이 호남에 대한 편견을 담은 기록을 남긴 근거 역 시 훈요십조임을 쉽게 알 수 있다.

943년(태조 26) 왕건이 승하하기 한 달 전, 심복이었던 박술희에게 전해 주 었다는 훈요십조는 신서십조信書十條 또는 십훈十訓이라고도 불렸다. 오늘날 까지 고려 초기나 왕건의 생애를 말할 때 훈요십조가 약방의 감초처럼 거론 되는 것은 당시 성행했던 여러 사상과 종교 및 사회상을 함께 알 수 있기 때 문이다. 이를테면 후삼국 시대와 고려 초기의 불교 신앙을 비롯해 토속 신 앙, 풍수지리, 도참사상이 왕건의 유훈 속에 반영되었다는 것이다.

훈요십조는 서문에 해당하는 왕건의 당부와 본문에 해당하는 열 가지 지 침으로 구성되어 있다. 전체 내용을 살펴보면, 태조 왕건의 통치 철학과 개 인적인 인품 및 교양, 당대 사회를 풍미했던 불교 및 여러 민간 신앙, 사상 과 제도 등이 잘 반영되었음을 알 수 있다. 다만 현재 논란의 중심에 있는 8 조를 두고 오늘날과 같은 지역 차별의 뿌리가 되는 내용인지, 아니면 후대

要以傳諸後庶幾朝掖久覽求爲龜鑑六一
曰我國家大業必資諸佛護衞之力故創禪
敎寺院差遣住持焚修使各治其業後世姦
臣執政徇僧請謁各業寺社爭相換奪切宜
禁之其二曰諸寺院皆道詵推占山水順逆
而開創道詵云吾所占定外妄加創造則損
薄地德各稱願堂或增創造則大可憂也新羅
朝臣各稱願堂不求朕念後世國王公候后妃
之末競造浮屠衰損地德以底於亡可不戒

【高麗史卷二】　十五

哉其三曰傳國以嫡雖曰常禮然丹朱不肖
堯禪於舜實爲公心若元子不肖與其次子
又不肖惟我東方舊慕唐風文物禮樂悉遵
其制殊方異土人性各異不必苟同契丹是
禽獸之國風俗不同言語亦異衣冠制度愼
勿效焉其五曰朕賴三韓山川陰佑以成大
業西京水德調順爲我國地脉之根本大業
萬代之地宜當四仲巡駐留過百日以致安

世家卷二　太祖二

癸　死

珍滅此甚無道不足遠結爲隣遂絕交聘流
其使三十人于海島繫橐駞萬夫橋下皆餓
死
二十六年夏四月御內殿召大匡朴述希親
授訓要曰朕聞大舜耕歷山終受堯禪高帝
起沛澤遂興漢業朕亦起自單平謬膺推戴
夏不畏熱冬不避寒焦身勞思十有九載統
一三韓叨居大寶二十五年身已老矣第恐
後嗣縱情肆欲敗亂綱紀大可憂也爰述訓

훈요십조

의 지배층이 조작한 것인지, 그것도 아니라면 해석의 잘못인지, 의견들이 분분하다.

8조: 차현 이남과 공주강 밖〔車峴以南 公州江外〕은 산형과 지세가 모두 배역背逆하니 인심 또한 그러하다. 그 아래의 주와 군 사람이 조정에 참여해 왕후, 국척國戚과 혼인해서 나라의 정권을 잡으면 국가를 변란하게 하거나 백제가 통합당한 원망을 품고 임금의 거둥하는 길을 범해 난리를 일으킬 것이다. 또한 일찍이 관청의 노비와 진과 역의 잡척雜尺에 속했던 무리들이 권세 있는 사람에게 의탁해 신역을 면하거나 왕후나 궁원에 붙어 간사하고 교묘한 방법으로 권세를 부리고 정치를 어지럽혀 재변을 일으키는 자가 반드시 있을 것이니 비록 그 선량한 백성일지라도 벼슬자리에 두어 권세를 부리지 못하게 해야 한다.

훈요십조 조작설과 해석 문제

잘 알려진 것처럼 왕건은 자신의 주군이었던 궁예를 몰아낸 인물이다. 궁예가 비록 나이를 먹을수록 성격이 난폭해져 수없이 많은 신민臣民들을 가차 없이 죽여 없앤 인물로 알려졌지만, 실제로 '인간 말종'은 아니었다. 궁예야말로 '역사는 승자의 기록'이라는 일반적인 인식을 잘 보여 주는 인물일 뿐이다. 왕건이 정변에 성공한 뒤로도 끝없는 반란과 살해 위협에 시달렸고, 그런 일을 주도한 사람들 대부분이 궁예의 추종 세력이었다는 점을 하나의 예로 들 수 있다.

궁예는 말년으로 갈수록 오늘날 말하는 정신분열증이나 과대망상증에 걸렸을지는 몰라도 왕건 세력에게 배반당하고 비참하게 죽어야 할 정도의 악인은 아니었을지 모른다. 그럼에도 역사는 역시 승자의 기록이다.

궁예를 단숨에 몰아내고 고려 최고의 권력자가 된 왕건에게는 수많은 난제들이 있었다. 그중에서도 후백제와 신라를 항복시켜 후삼국 전체를 통일시키는 일이 시급했다. 덕치를 앞세웠던 왕건으로서는 피를 흘리지 않고 후삼국을 통일하기를 원했는데, 그러기 위해서는 자신에게 도전하려는 각 지역의 호족들을 끌어안을 필요가 있었다. 그런 나머지 역사는 왕건이 29명이나 되는 부인을 거느리게 되었노라 기록하고 있다.

따라서 훈요십조의 8조처럼 어느 한 지역 사람들을 거부하거나 차별하는 것은 왕건의 통치 철학과 모순되는 일이었다. 이를테면 왕건은 훈요십조 중 7조에서 "백성을 부리되 때를 가려서 하고 용역과 부세를 가벼이 하며, 농사의 어려움을 안다면 자연히 민심을 얻고 나라가 부강하고 백성이 편안할 것이다"라고 말했다. 이는 고려를 창업하기 전부터 훈요십조를 남기던 시점까지, 왕건이 가지고 있던 기본적인 심성과 통치 철학을 잘 보여준다.

그런데 민심을 얻고 백성을 편안히 하는 것이 왕건이 가진 제왕의 덕목이라면, 왜 바로 뒤에 지역 차별을 조장하는 항목을 삽입한 것일까? 바로 이런 의문 때문에 일부에서는 훈요십조가 조작되었을 것이라는 가설을 제기했으며, 상당한 지지를 받고 있다.

훈요십조 조작설은 일본인 학자 이마니시 류今西龍가 최초로 제기했다고 한다. 일제 강점기, 조선총독부 산하 단체인 조선사편수회에서 편수관을 역임한 이마니시는 한국 고대사를 철저하게 말살하거나 왜곡해 이른바 '식민 사관植民史觀'을 수립한 장본인이었다. 그는 '조선사' 35권을 왜곡 편찬한 공으로 일왕에게 거액의 포상금과 금시계를 받았다고 한다. 나중에는 경성제국대학에서 사학을 가르쳤다.

그는 훈요십조의 8조 중 '차현이남 공주강외車峴以南 公州江外'를 호남 전 지역을 가리키는 것으로 해석하고, 그것에 근거해 훈요십조는 후백제 지역 출신들에게 반감을 품은 신라 계열의 최항, 최제안 등이 조작했을 것이라는 가설을 세웠다. 일찍이 광개토 대왕 비문을 조사하고 왜곡된 해석으로 논란을 일으켰던 그가 훈요십조 조작설을 제기했다면, 일단 그 저의부터 의심스럽다.

그의 주장대로라면 태조 왕건은 결코 지역 차별을 조장할 인물이 아닌데, 훗날 신라 출신들이 지배권을 장악하려는 목적에서 후백제 사람들을 탄압하기 위한 근거로 훈요십조를 조작했다는 것이다. 언뜻 그럴듯한 논리인 것처럼 보인다. 하지만 교묘하게 영호남의 지역 갈등을 일으키려는 의도를 가지고 훈요십조 조작설을 제기했다는 의심이 든다.

문제는 앞서 인용한 것처럼, 이미 이익과 이중환 등이 풍수지리적인 해석을 근거로 호남 출신들에 대한 차별 논리를 공론화한 점이다. 즉 이마니시가 비록 '차현이남 공주강외'를 의도적으로 해석했더라도, 그것은 이익이나 이중환 이전부터의 일이지 이마니시가 처음 제기한 것은 아니었다.

이런 이유에선지 근래에는 이마니시의 식민 사관과 관계없이 여러 근거를 들어 훈요십조 조작설을 주장하는 학자들도 많다. 그 내용을 크게 세 가지로 정리하면 이렇다.

첫째, 훈요십조의 '차현이남 공주강외'는 후백제 또는 호남 전 지역을 가리킨다. 또 공주강은 금강錦江을 말한다. 훈요십조에서는 금강을 배류수背流水로 보았지만, 똑같은 강이라도 어느 지역에서 보느냐에 따라 배류수일 수도 있고 아닐 수도 있으니 옳은 주장이 아니다. 또한 금강은 한강처럼 서해로 흘러드는 강이므로 금강이 배류수라면 임진강과 한강도 더욱 큰 배류수로 보아야 한다. 그런데 경주에서 볼 때는 금강이 어쨌든 경주에 등을 돌린 형태므로, 금강을 배류수로 본 것은 신라 출신 지배층의 논리라고 할 수 있다. 따라서 훈요십조는 그들 경주 출신 지배층에 의해 조작되었을 가능성이 짙다.

둘째, 훈요십조의 내용대로 하자면 왕건 자신부터 후백제 출신을 철저히 탄압하고 인재 등용에서 배격하는 게 옳지만, 실제 고려 초기의 권력은 후백제와 그 출신들을 배경으로 삼고 있다. 나주 지역 호족의 딸 장화왕후 오씨, 충청도 면암 출신인 박술희와 복지겸, 전라도 곡성 출신인 신숭겸, 영암 출신인 최지몽과 도선 국사 등 왕건 주변의 핵심 인물들 중 호남 출신은 의외로 많다. 이는 태조가 특정 지역을 가리지 않고 인물을 골고루 등용했다는 사실을 입증한다. 따라서 호남 출신을 배제하라는 훈요십조는 뭔가 왕건의 본의와 어긋나 있거나 후세에 조작되었을 것이라는 혐의가 더욱 짙어지는 셈이다.

셋째, 도선 국사가 지정한 곳 외에는 사찰을 함부로 창건하지 말라는 당부 또한 물거품처럼 되었다. 이를테면 왕건의 아들 광종은 대봉운사, 불일사, 순창사 등 대찰을 지었고, 현종은 국력을 기울여 현화사를 창건했다. 문종도 2800여 칸에 이르는 거대한 사찰 흥왕사를 지었으며, 그 밖에 고려 왕

나주 완사천(왕건이 나주 오씨인 장화왕후와 만났다는 전설이 전해지는 우물)

조의 중신들조차 개인 사찰을 경쟁적으로 지을 정도였다. 도대체 그들이 태조 왕건의 유훈을 한 번이라도 보았는지 의심스러울 지경이다.

이처럼 훈요십조에 대해서는 왕건을 이은 후대의 왕들이 지키지 않았다. 따라서 훈요십조는 조작된 게 분명하다는 것이며, 그 조작 과정에 대해서는 다음처럼 추정하고 있다.

왕건 사후 67년 무렵인 1010년(현종 1), 거란의 침입에 따라 왕실의 거의 모든 자료는 소실되었다. 국난을 겨우 수습한 고려의 제8대 국왕 현종顯宗은 사라진 고려왕조실록을 다시 편찬하게 했는데, 이때 소실된 것으로만 알

1993년 개성 현릉에서 출토된 왕건 불상

왕건왕릉

았던 훈요십조도 새로 발견되어 실록에 수록되었다. 이 과정에서 훈요십조를 발견했다는 최제안崔齊顏(?~1046)이라는 인물이 주목된다. 최승로崔承老의 손자이자 훗날 태사문하시중太師門下侍中까지 지냈던 그는 이미 20여 년 전에 세상을 떠난 최항崔沆(?~1024)의 집에 갔다가 우연히 훈요십조를 발견하고, 그것을 왕에게 바쳐 역사의 기록에 올린 주인공이다. 최항과 최제안은 둘 다 신라 출신의 후예들로, 현종의 최측근이었다.

훈요십조는 태조 왕건이 후세의 왕들에게만 전하려고 만든 비밀 문서였다. 따라서 대신들조차 함부로 볼 수 없었으며, 더구나 사사로이 보관해서는 결코 안 되는 문서였다. 그러나 일부에서는 거란의 침입으로 궁궐과 왕실에 심각한 위험이 닥치자 최항이 귀중한 문서의 소실을 막기 위해 급히 집으로 옮겼을 것으로 추측했다.

1010년, 고려왕조실록 중 현종 이전까지의 7대 실록은 소실된 상태였다. 실록이 고려 왕조의 공식적인 문서인 데 비해 훈요십조는 왕들 사이에서만 극비리에 전달되어야 할 비밀 문서였다. 그럼에도 최항이 실록은 내버려 둔 채 훈요십조만 챙겼다면, 뭔가 수상한 일이 아닐 수 없다. 더구나 훈요십조가 발견된 시점도 새로 실록을 편찬할 무렵이라 단순히 오비이락烏飛梨落 정도로 여길 일이 아니다.

《삼국사기》〈신라본기〉에는 다음과 같은 대목이 있다.

옛날 전씨錢氏〔오월왕 전숙(錢叔)을 말함〕가 오와 월의 국토를 송나라에 바친 것을 두고 소자첨蘇子瞻(소동파로 알려진 소식)은 그를 충신이라고 했으니 지금 신라의 공덕은 그보다도 훨씬 더 훌륭한 것이다. 우리 태조는 비빈妃嬪이 많았고 그의 자손들 역시 번창했는데도 현종顯宗은 신라의 외손으로서 왕위에 오르게 되었고 그를 계승한 자들이 모두 그의 자손이었으니 어찌 위와 같은 음덕의 보답이 아니겠는가.

김부식은 신라가 고려 태조에게 나라를 들어 바친 것을 매우 큰 공덕으로 해석하고 있다. 이와 함께 고려 역대 왕의 혈통이 현종 대부터 경주(신라) 출신으로 바뀐 것을 그 공덕의 정당한 대가로 보았다.

신라 경순왕은 왕건에게 투항할 때 큰아버지 김억겸의 딸을 함께 바쳤는데, 그 딸과 왕건 사이에 태어난 직계 손자가 현종이었다. 따라서 현종은 모계로 따졌을 때 신라 출신인 것이고, 이후 현종의 직계 후손이 줄곧 왕위를 이어받았으니 신라가 쌓은 음덕이 매우 크다는 게 김부식의 생각이다.

사실 현종의 즉위 과정은 '강조康兆의 정변'으로 상징되는 것처럼, 당시 고려 왕실과 지배층의 추잡한 이면을 잘 보여 준다. 제7대 목종穆宗이 열여덟 살에 즉위하자 모후인 천추태후千秋太后는 멀리 귀양 가 있던 정부情夫 김치양金致陽을 불러들여 국정을 농단하기 시작했다. 1003년(목종 6), 후사를 두지 못한 목종이 갑자기 병석에 눕자 천추태후와 김치양은 자신들 사이에서 태어난 자식으로 목종의 뒤를 잇게 하려는 음모를 꾸몄다. 이를 알아차린 목종이 서북면도순검사西北面都巡檢使 강조를 불러 왕궁을 호위하게 했는데, 강조는 군사 5000명을 끌고 개경으로 진격해 궁궐을 장악하고, 도리어 목종을 폐위시킨 다음 대량원군大良院君으로 불리던 현종을 옹립했다. 이 사건이 이른바 '강조의 정변'이다. 거란이 1010년 40만 대군으로 고려를 침략한 것도 실제로는 강동 6주를 회복할 목적이었지만, 표면적으로는 강조의 정변이 빌미가 되었다.

　아무튼 강조의 정변 당시 신라 출신 대신들의 결정적인 활약으로 현종은 무난하게 즉위할 수 있었다. 이후 현종이 최항, 최제안 등을 전폭적으로 신임한 것은 당연한 결과였다. 따라서 이런 과정을 거치면서 고려의 지배층은 후백제계로부터 신라계로 권력 이동이 이루어졌다. 그리고 이런 일련의 사건이 훈요십조가 조작되는 결정적인 배경이 되었다는 것이 '훈요십조 조작설'의 근거였다.

'차현이남 공주강외'에 대한 다른 해석들

　훈요십조 가운데 가장 문제가 되는 8조의 지역 범위를 다시 검토하면 이렇다. 지금까지는 '차현이남 공주강외車峴以南 公州江外'라는 대목을 후백제 지역이나 호남 전 지역으로 보았던 것이 일반적이었다. 그러나 이 부분을 엄밀하게 따질 경우, 호남 전체가 아니라 궁예의 세력 기반이었던 청주 지역 일부를 가리킨다는 주장도 힘을 얻고 있다.

　그 내용은 이러하다. 한자로 현峴과 영嶺은 똑같이 '고개'를 뜻하는 말이지만, 그 차원이 다르다. 즉 '현'은 그리 높지 않은 고개를 가리키며, 서울의 아현 등 전국 각 지역에 '현' 자가 들어가는 수많은 지명을 예로 들 수 있다. 이에 비해 '영'은 높고 큰 산들을 거느리는 지역이나 봉우리를 뜻하는 것으로, 대관령이나 추풍령 등이 이에 해당한다. 그런데 종래의 학자들은 차현을 원문대로 보지 않고 차령산맥으로 잘못 해석했다는 것이다.

고려 이래의 차현은 경기도 안성시 일죽면과 충북 음성군 삼성면 사이의 고개를 가리켰다. 지금도 이 지역 사람들은 차현을 '수레티'나 '수레티고개'로 부르고 있으며, '차현고개'라는 표지판도 있다. 이 지역은 삼국 시대부터 군사 요충지로 유명하며, 귀에 익은 산성과 사찰 등 문화 유적도 남아 있다. 더구나 차령산맥車嶺山脈이란 명칭은 1903년 일본의 지질학자 고토 분지로小藤文次郎가 처음 명명해 지금까지 사용되는 것이니, 차현과 차령은 완전히 다른 개념이다.

공주강도 금강 전체를 가리키는 게 아니라, 금강이 흐르는 지역 중 공주 일대를 지나가는 일부를 가리킨다. 이 또한 한강이나 낙동강을 지역에 따라 여러 다른 이름으로 부르는 것과 마찬가지니, 공주강은 공주 지역을 한정하는 말이다.

이를 종합하면 '차현이남 공주강외'라는 대목은 차현의 남쪽에서부터 공주의 바깥 지역을 가리키며, 결국 지금의 청주 일대를 뜻한다는 것이다.

한편 '차현이남 공주강외'를 지금의 홍성·보령·부여·공주·연기·청주 일대로 보는 견해도 폭넓은 지지를 받고 있다. 이는 공주강외를 단순히 공주강 바깥이 아니라 '공주강의 북쪽'으로 보는 데 근거를 둔 해석이다. 한화사전漢和辭典에서는 외外는 상上과 같은 뜻으로 통용한다고 풀이한다. 따라서 공주강외란 공주강의 북쪽을 가리키므로 차현이남 공주강외를 차령의 남쪽에서부터 공주강 북쪽 사이로 해석할 수 있다. 이남과 이북이 대구對句를 이루어 문법상 제법 어울리는 풀이로 볼 수 있겠다.

이에 따르면 차현이남 공주강외는 오늘날의 호남 전체가 아니라 충청도 일부 지역인 것이다. 아울러 역사적으로 이 지역 출신들이 왕건을 끝없이 괴롭혔다는 점에서 덕치를 앞세운 왕건조차 악감정을 가질 수 있었다는 견해다. 이를테면 공주 출신의 환선길과 이흔암은 왕건이 즉위한 후 각각 5일째, 14일째에 반란을 일으켰으며, 그들이 처형되자 2개월 뒤에는 공주·홍성 등 10여 개 주와 현이 일제히 후백제로 투항해 왕건에게 찬물을 끼얹었다. 900년(신라 효공왕 4), 자발적으로 궁예에게 귀부歸附했던 청주 지역의 호족 세력들도 청주 인근 지역이 잇따라 후백제로 투항하자 918년 임춘길, 진선 등을 중심으로 반란을 일으켰다.

왕건이 궁예의 근거지 철원에서 자신의 본래 세력 기반이던 개성으로 천도한 가장 직접적인 이유도 청주 호족들의 반역 때문이었다. 고려 지배층에서는 초기에 이들 지역 출신들을 철저히 배격했지만, 얼마 후 왕건이 탕평책을 펼쳐 평등하게 대우했다는 기록이 전해지고 있다.

그러나 왕건은 이 지역에 대한 악감정을 끝내 떨쳐 내지 못한 채 후세의 귀감으로 삼기 위해 8조와 같은 내용을 삽입했고, 그럼에도 해당 지역을 '차현이남 공주강외' 라고 에둘러 표현한 게 아닌가 추측된다는 것이다. 그래야만 태조 왕건이 호남 출신이며 한때 궁예의 부하였던 박술희에게 아무 거리낌 없이 훈요십조를 전달한 과정이 설득력을 얻는다.

이처럼 '차현이남 공주강의' 에 대한 색다른 해석은 훈요십조가 조작되지 않았다는 사람들의 논거로 이용되고 있다.

이른바 세계화, 국제화 시대로 접어든 오늘날 지역감정이나 지역 차별의 악몽에서 벗어나지 못하는 것은 불행한 일이다. 더구나 이 지역 차별이 훈요십조에 근거를 두었다면, 하루아침에 걷어 내지 못할 만큼 뿌리가 깊은 것이라 하겠다. 그럼에도 그 깊은 상처의 환부를 도려내기 위해서는 차분하게 진실이 규명되어야 할 것이다.

훈요십조가 조작되었다는 게 사실이라면, 결국 신라계 출신이 지배권을 차지하려고 지역 차별을 주도했다는 뜻이 된다. 이는 그 조작설을 밝히기 위해 또 다른 지역감정을 불러일으키는 악순환의 원인이다. 거꾸로 훈요십조가 조작되지 않았다면 왕건 자신을 포함해 후대의 왕들이 훈요십조의 가르침을 제대로 지키지 않았다는 뜻이니, 이 또한 미스터리로 남는다. 그런가 하면 '차현이남 공주강외'를 지금의 충청도 일부 지역을 가리키는 것으로 해석해도 새로운 지역감정을 조장하는 일에 다름 아니다.

이래저래 훈요십조는 아리송한 역사의 수수께끼가 아닐 수 없다.

김부식, 사대주의자로 독박 쓰다

12

화려한 출세, 억울한 선입관

　　김부식金富軾은 현존하는 한국 최고最古의 정사인 《삼국사기》를 편찬한 인물로 유명하다. 그와 동시에 고려의 대표적인 사대주의자였다는 비판적인 평가가 그의 이름에 따라붙는 것도 사실이다. 말 그대로 역사에 길이 남을 업적을 이루고도 철저한 사대주의와 권력 지향적인 지식인으로 알려져 있다.

　　그는 생전에는 정지상鄭知常, 묘청妙淸 등의 맞수들에게 시달렸고, 사후 140여 년 무렵 《삼국유사》가 편찬된 이후로는 일연 스님과 비교당하는 처지가 되었다. 이를테면 국가 편찬 정사인 《삼국사기》는 보물(제525호)로, 신화와 역사가 어울린 《삼국유사》는 국보(제306호)로 각각 지정되어, 김부식에 대한 선입관은 더욱 악화되어 가고 있다.

일반적으로 《삼국사기》는 당시까지 존재했던 한국의 여러 사서는 물론 중국의 역사 자료를 다양하게 참조해 편찬된 것으로 알려지고 있다. 《삼국유사》도 같은 사료들을 참조했으며 기본적인 편찬 취지가 《삼국사기》에서 다루지 못한 이야기를 담는 것이니, 《삼국사기》가 가장 직접적인 사료였다는 것을 짐작할 수 있다. 즉 《삼국사기》가 사대주의적인 관점으로 편찬되었다면, 《삼국유사》도 그 영향에서 벗어나지 않았을 게 분명하다.

예를 들어 《삼국유사》 김부대왕金傅大王, 즉 경순왕 기사에는 지금은 그 출처가 분명하지 않은, 사론史論을 인용한 대목이 있다. 그중 역대 신라 왕들이 "지성으로 중국을 섬겨 배를 타고 조공하는 사신이 끊임없이 이어졌다. 항상 자제들을 보내 중국 조정에 숙위宿衛하게 하고 공부하게 했다. 성현의 풍토를 답습하고 거친 풍속을 고침으로써 예의의 나라가 되게 했다……"라는 내용이 보인다.

만약 일연이 오늘날 평가되는 것처럼 자주적인 역사관을 가진 것이 옳다면, 비록 사론을 인용했더라도 신라 등 삼국이 중국을 섬기고 모방해 '예의의 나라'가 되었다는 식으로 표현하지는 않았을 것이다.

그럼에도 《삼국유사》는 정사는 아니지만 한민족의 시조인 단군의 건국 신화가 수록된 가장 오래된 역사책이라는 점에서 상대적으로 긍정적인 평가를 받고 있다. 물론 《삼국유사》가 가진 장점은 이것뿐만이 아니다. 그중에서도 수많은 글에 등장하는 선남선녀들의 감칠맛 나는 이야기를 통해 한민족의 정서적 뿌리와 문화의 원형을 찾을 수 있게 하는 기능을 가장 큰 장점으로 꼽을 수 있겠다. 하지만 《삼국유사》는 정사가 아니라는 한계를 지닌 역사책이다. 이런 측면에서 《삼국사기》의 중요성이 새삼스레 부각되고 있다.

김부식은 1075년(문종 29), 김근金覲의 차남으로 태어났다. 본래 그의 가문은 증조부 김위영이 왕건에게 귀부歸附한 뒤 경주의 행정을 담당하는 주장州長에 임명되면서부터 경주에 기반을 둔 지방 세력으로 자리 잡았다. 이후 김근이 과거에 급제해 중앙 정부로 나가면서 경주 출신 개경의 문벌 귀족으로 성장했다. 김근은 나중에 국자좨주國子祭酒(지금의 국립대학 총장) 등을 지내기도 했다. 하지만 고려 최고의 지식 계층이던 그가 한창 나이에 타계함으로써 김부식 등 다섯 형제는 편모슬하에서 자라게 되었다.

가문의 영향을 받아선지 김부식의 다섯 형제는 맏아들이 출가해 승려가 된 것을 제외하고는 부식을 비롯해 부필富弼, 부일富逸, 부철富哲 등이 모두 과거에 급제하면서 가문이 성장할 기회를 마련했다.

김부식은 스물한 살 때인 1096년 과거에 급제한 뒤 안서대도호부의 사록참군사司錄參軍事를 거쳐 직한림원直翰林院에 올랐고, 곧 우사간右司諫으로 승진했다. 중년의 그가 당대의 최고 권력자였던 이자겸李資謙의 잘잘못을 따진 일은 유학자로서의 면모를 잘 보여 준다. 국왕을 지키기 위해 이자겸과 맞섰던 김부식의 패기와 용기는 대단한 것이었다. 이런 면모 때문이었는지 이자겸이 제거되자 김부식은 어사대부, 호부상서 한림학사승지 등으로 승승장구했고, 1130년 이후로는 정당문학 겸 수국사, 검교사공 참지정사 등 고려 최고의 대신에 올랐다. 아울러 그의 형제들도 개경 중앙 권력의 중심으로 자리 잡았다.

그런데 한번 얻은 권력은 쉽게 놓칠 수 없는 모양인지 김부식은 차츰 기득권의 늪으로 빠져들었다. 이는 무신의 난이 일어나기 훨씬 전, 김부식의 아들 김돈중金敦中과 정중부鄭仲夫 사이의 일화가 잘 말해 준다.

훗날 무신정변의 주역으로 알려지는 정중부가 군인이 되어 처음 개경으로 올라왔을 때였다. 어느 날 궁궐에서 연회가 열렸는데, 내시內侍(국왕을 가까이 보좌하는 숙위 또는 근시)로 있던 김돈중이 촛불로 정중부의 수염을 태웠다. 김돈중과 정중부는 연배가 비슷한데다, 키가 컸고 기운도 셌다. 하지만 황해도 해주의 평범한 집안 출신인 무신 정중부와 당대 최고 가문 출신인 김돈중의 위상은 하늘과 땅만큼 차이가 있었다. 당시 문신들에게 있어 무신은 발톱 밑의 때였다. 죽으라면 죽는 시늉까지 해야 할 정도였으니, 김돈중이 수염을 태운다 한들 정중부는 꾹 참는 수밖에 없었다. 하지만 혈기 왕성했던 정중부는 벌컥 화를 내며 김돈중을 구타했다.

아들이 맞았다는 소식에 분노한 김부식이 국왕을 찾아가 따졌다. 최근 어떤 대기업 회장이 아들이 구타당한 일에 격분한 나머지 직접 보복 폭행을 주도한 것과는 차원이 다른 응징이었다.

"폐하! 한낱 하급 군인이 내시를 구타하는 법은 없습니다. 소신이 그 자를 잡아 처벌하는 것을 허락해 주십시오."

이때 왕은 김부식의 청을 받아들였지만, 막상 김부식이 정중부를 잡으려고 하자 슬며시 정중부의 탈출을 도와주었다는 이야기가 전하고 있다.

아무튼 그때의 수치스러운 사건으로 정중부의 가슴에는 대못이 박혔다. 나중에 정중부가 무신정변을 통해 집권한 뒤 김돈중에게 가장 먼저 보복한 것은 당연한 결과였다. 물론 그가 하급 군인들의 추대를 받아 무신정변의 전면에 나선 것도 젊은 시절 문신 김돈중에게 당한 수치를 끝내 삭이지 못한 게 하나의 원인이었다.

김돈중과 정중부 사이의 이 일화는 당시 무신들에 대한 문신들의 차별 대우와 함께 김부식이 기득권을 철저히 지키려 했던 대표적인 사례로 유명하다.

정지상과 묘청

동서고금을 막론하고 기득권층의 이기적이며 수구적인 자세가 민중의 원한을 사, 많은 적들을 만들어 내는 일은 흔히 볼 수 있다. 특히 개경 세력을 대표하던 김부식은 거의 모든 서경 세력을 적으로 만든 인물이었다. 그런 나머지 고려 후기의 문인 이규보李奎報는 《백운소설》이란 작품 속에서 김부식을 적나라하게 비웃는 글을 남기기도 했다. 물론 이규보의 글에는 귀신까지 등장하는 등 사실적인 근거가 빈약하긴 하지만, 김부식이란 인물을 당대의 시각으로 조명했다는 점에서 의미가 있다.

고려 12시인의 한 사람으로 꼽히는 정지상鄭知常(?~1135)은 나중에 묘청, 백수한白壽翰 등과 함께 삼성三聖이라는 칭호를 받던 서경파의 중심 인물이었다. 그는 1114년(예종 9) 문과에 급제한 이래 여러 벼슬을 거치면서 틈틈이 시를 써 문인으로 이름이 높았다.

문장이라면 김부식도 대단했겠지만 후배인 정지상에게는 못 미쳤던 모양이다. 어느 날 두 사람이 한 절에 바람을 쐬러 갔는데, 이때 정지상이 흥에 겨워 즉흥시를 낭송했다. 타고난 시적 재능이 없다면 즉흥시를 짓는 것이 녹록한 일이 아니다.

"절에 염불 소리 끝나니〔琳宮梵語罷〕 하늘빛이 유리처럼 맑구나〔天色淨琉璃〕."

이렇게 정지상이 하늘을 우러러 노래하자 김부식은 그게 탐이 났다. 친필로 남긴 것도 아니니 그 몇 자를 외웠다가 써먹을 수도 있었겠지만, 체면상 그러지 못했다.

"그 시 참 좋네. 나중에 내가 쓴 것으로 해도 괜찮겠나?"

"그게 무슨 염치없는 말씀입니까? 부끄러운 줄 아십시오."

두 사람의 친분은 이것으로 종쳤다. 김부식이 품은 정지상에 대한 앙심은 하늘을 찌르고도 남을 정도였다. 이후 1135년 무렵, 묘청이 서경 천도 운동을 일으키자 김부식은 자신에게 열등감을 안겨 주었던 정지상을 단칼에 제거했다. 정지상이 서경 천도 운동을 주도했다는 표면적인 이유가 있었지만, 사실은 개인적인 앙심을 그렇게 풀었던 것이다.

시인으로서의 명성뿐만 아니라 역학과 불교, 노장老莊 철학에도 조예가 깊었던 정지상은 김부식에게 그렇게 참살당했다. 그 뒤 죽은 정지상이 살아 있던 김부식을 괴롭힌 이야기가 《백운소설》을 통해 전해진다.

하루는 김부식이 "버들잎 천 가지마다 푸르고〔柳色千絲綠〕 복숭아꽃 만 개의 잎들 붉구나〔桃花萬點紅〕"라는 시를 지었다. 그러자 귀신 정지상이 나타나 조롱했다.

"이놈아! 버들잎이 천 가지고 복숭아꽃잎이 만 개인지 네가 세어 보았느냐? 시는 그렇게 짓는 게 아니다. 내가 한 수 가르쳐 주마. 버드나무 가지가지 푸르고〔柳色絲絲綠〕 복숭아꽃 잎새마다 붉어라〔桃花點點紅〕."

김부식은 정지상 생전에 느꼈던 열등감을 다시 맛보아야 했다. 그런데 죽은 정지상의 복수는 그 정도로 끝나지 않았다.

어느 날 김부식이 뒷간에서 일을 보고 있을 때, 정지상 귀신이 다시 나타나 김부식의 음낭을 움켜쥐었다. 김부식이 이 무슨 해괴하고 더러운 짓이냐며 소리치자, 정지상은 당신의 지난날에 비하면 비할 바가 아니라며 음낭을 더욱 세게 움켜쥔 나머지 김부식은 그만 목숨을 잃고 말았다.

이 설화처럼 고려 최고의 지식인이며 세력가였던 김부식이 뒷간에서 비참하게 죽지는 않았을 것이다. 하지만 선배 문인에 대한 이규보 등 고려 지식인들의 인식이 부정적이었음을 짐작하게 하는 일화가 분명하다.

김부식이 정지상을 제거한 것이 기득권을 지키려 했던 대표적인 사례였다면, 묘청 등의 서경 천도 운동을 진압한 것은 고려의 자주성을 부정하고 결국 그가 사대주의자로 비판받는 씨앗이 되었다.

구한말의 역사가 단재 신채호는 묘청의 서경 천도 운동에 대해, "서경의 싸움을 역대 사가들이 다만 김부식이 반적을 친 싸움으로 알았을 뿐이나 이는 근시안적인 관찰이다. 실상 이 싸움은 낭불郎佛 양가와 유가儒家의 싸움이며, 국풍國風과 한학파의 싸움이다. 또 독립당과 사대당의 싸움이고, 진보 대 보수의 대결이다. 묘청은 곧 전자의 대표요, 김부식은 후자의 대표였다. 이 싸움에서 묘청 등이 패하고 김부식이 승리했으므로 조선의 역사가 사대·보수·속박적인 사상인 유교에 정복되었던 것이다. 그러니 어찌 이 싸움을 '한국 천년사의 가장 큰 사건'이라 하지 않겠는가"라고 평가했다. 이는 묘청의 난을 긍정적으로 해석한 반면, 김부식을 사대주의자로 못 박은 결정적인 발언이었다.

당시 인종은 외조부며 장인이었던 이자겸의 난을 겪은데다 문벌 귀족들의 횡포로 상당한 혼란에 휩싸인 상태였다. 땅의 기운에 따라 국가의 운명도 바뀔 수 있다는 풍수지리의 논리에 쉽게 넘어갈 만한 때였다. 더구나 이자겸의 난 등으로 궁궐마저 불타 없어지자, 새로운 수도에 새 궁궐을 지어야 한다는 주장이 힘을 얻기 시작했다. 바로 이런 때에 풍수지리에 밝은 묘청이 나타난 것이다.

묘청은 해박한 지식과 현란한 말솜씨로 국왕을 설득해 나갔다. 서경으로 천도해 고려의 국운을 다시 일으켜 세우자는 주장이었다. 묘청 일파는 국내외의 정세 변화와 고려의 자주성 고양을 천도의 당위성으로 내세웠지만, 그 이면에는 개경파를 누르겠다는 저의가 있었다. 인종 또한 개경 중심의 문신 귀족들에게 염증을 느끼던 터라 묘청의 주장에 솔깃해졌다. 그 결과 몇 차례 서경으로 행차해 지세를 살피기도 했다.

국왕이 한동안 서경에 머물 때, 정지상을 중심으로 한 서경파는 국왕을 수행했던 척준경拓俊京을 처벌할 것을 요구했다. 척준경은 처음 이자겸 편에서 난을 일으켰다가 인종의 설득으로 이자겸을 처단하는 데 앞장선 인물이었다. 이후 큰 권력을 얻어 차츰 기고만장해지자, 서경파는 그를 처벌하는 것으로 개경파에게 1차 경고장을 보낼 작정이었다. 결국 서경파에게 에워싸인 척준경은 아무런 저항도 못한 채 파직되어 멀리 유배를 떠났다.

1128년(인종 6), 묘청 등은 마침내 서경 천도를 노골적으로 건의했다. 그들은 서경 임원역(지금의 평남 대동군 부산면)의 지세가 대화세大華勢를 이루고 있으니 그곳에 궁궐을 세우고 천도하면 금나라가 스스로 항복할 것이며 주변 36개국이 고려에 조공을 받칠 것이라는 예언으로 국왕의 마음을 흔들었다. 더구나 천도한 이후로는 칭제건원稱帝建元을 하고 중국과 동등한 지위로 동맹을 맺어 금을 멸망시키자는 주장도 곁들였다.

금나라는 사실상 한민족의 갈래인 여진족이 세운 왕조였다. 발해가 멸망한 후 한반도 동북부와 만주 지역이 주인 없는 땅으로 남자, 고려와 거란을 섬기던 여진족이 빠른 속도로 성장해 차츰 거대한 세력을 이룩했다. 이후 1115년에는 아골타阿骨打가 여진족을 통합해 마침내 금을 건국했는데, 이때부터 고려 등 주변국과 외교적인 마찰을 빚기 시작했다. 처음 여진족이 뿔뿔이 흩어져 살 때만 해도 고려를 부모의 나라로 대접하며 옷과 식량, 농기구 등을 지원받아 성장의 기틀을 마련했는데, 이제는 고려를 눈 밑으로 내려다보게 된 것이다. 그런 금나라의 배반에 고려 조정은 들끓었다.

하지만 불행하게도 고려에는 금을 정벌할 여력이 없었다. 당시 금나라는 중국 대륙의 북송北宋 점령을 눈앞에 둔 때였다. 마침 김부식은 북송 황제의 축하 사절로 중국을 찾아갔다가 황제가 금나라로 압송되었다는 소식을 듣고 임무 수행을 중단했다. 북송이 멸망하고 있음을 직접 목격한 셈이었다. 바야흐로 중국 전체가 금으로 통일될 시기였다. 여러 가지 내분으로 흔들리던 고려가 신흥 세력인 금을 정벌하는 것은 그야말로 계란으로 바위 치기였다.

국제 정세가 그러함에도 묘청 일파가 서경으로 천도만 하면 36개국이 조공을 바칠 것이며 금나라도 쉽게 멸망시킬 수 있다고 주장하니, 김부식은 크게 답답했을 것이다. 그렇다고 군신 관계를 정립하자는 금의 요구를 들어줄 수도 없는 노릇이었다. 이런 진퇴양난의 시기에 국왕은 마침내 서경에 대화궁을 건설하는 것을 허락했다. 김부식 등 개경의 중심 세력을 빼고는 대체로 이런 결정을 받아들이는 추세였다.

서경은 이미 오래전부터 북방 진출을 위한 최고의 전진 기지였다. 고려 초기에도 여진족이 서경까지 들어와 활개를 치자, 왕건은 서경에 많은 백성을 이주시키고 국경을 튼튼히 하라는 지시를 내린 바 있었다. 따라서 풍수지리와 관계없이 서경으로 천도해 고려의 국력을 일신시키는 것도 큰 의미가 있는 일이었다.

이후 여러 우여곡절을 거치며 대화궁이 완성되었지만, 인종은 끝내 묘청의 손을 들어줄 수 없었다. 여기에는 개경파 김부식의 상소가 결정적인 역할을 했다. 그리고 이에 격분한 서경파가 1135년(인종 13)에 정변을 일으켰는데, 당시 묘청 일파가 겨냥한 것은 국왕 인종이 아니라 기득권을 사수하려는 개경파들이었다.

정변을 일으킨 묘청은 국호와 연호를 제정했으면서도 스스로 황제를 자처하거나 인종 외의 인물을 황제로 옹립할 생각은 꿈에도 없었다. 이런 움직임으로 보자면 묘청 일파의 서경 천도 운동은 친위 쿠데타라 할 수도 없고 국가에 대한 반란이라고 할 수도 없는 어정쩡한 사건이었다. 단순하게 보면 자신들이 줄기차게 추진해 왔던 서경 천도 및 칭제건원을 무력으로 실현하려던 시도라고 할 수 있었다.

정부로서는 제아무리 훌륭한 명분이라 해도 무력 정변을 용납할 수는 없었다. 인종은 김부식을 원수로 삼아 정부군을 서경으로 파견해 반란군을 토멸시키도록 했다. 정부군이 출동하자 반란군 지도부에서는 내부 분열이

김부식, 사대주의자로 독부 쓰다

일어나, 조광趙匡이 묘청과 유참 등의 목을 베어 김부식에게 바쳤다. 이미 김부식의 최대 라이벌이던 정지상 등은 참살당한 뒤였다. 그런데도 묘청을 따르던 반란군 대부분은 1년 가까이 정부군에게 항전하다가 1136년(인종 14) 2월에야 진압되었다.

묘청의 서경 천도 운동이 성공했다면 오늘날 묘청이나 김부식에 대한 일반의 인식은 완연히 달라졌을지 모른다. 하지만 김부식은 역사의 승자면서도 사대주의자라는 선입관이 따라붙고 있으니 아이러니가 아닐 수 없다.

김부식을 위한 변명

김부식을 사대주의자로 평가하는 가장 큰 이유로는 그가 중심이 되어 편찬된 《삼국사기》의 논조를 들 수 있다. 이를테면 의자왕이 당唐을 섬기지 않아 멸망했다는 사론史論을 붙이는 등 곳곳에서 사대적인 견해를 드러내고 있다.

오늘날의 기준으로 볼 때 김부식의 민족의식에는 자주성이 결여된 게 분명하다. 하지만 조선 시대의 지배층과 지식인들은 오히려 《삼국사기》가 중국의 입장을 충분히 반영하지 않았다며 맹렬히 비난했다. 이는 김부식 당시나 이후 지식인들의 사대주의가 개인의 문제가 아니라 보편적인 현상이었음을 뜻한다. 《삼국유사》를 지은 일연도 예외는 아니었다.

김부식이 《삼국사기》를 편찬한 배경을 서술한 대목을 보면, 그가 나름대로 고려의 자주성을 지키려 했다는 시각을 엿볼 수도 있다.

……지금의 학자와 관리들 가운데 오경제자五經諸子의 서적과 진·한의 역사에 대해서는 정통해 이를 자세하게 설명하는 사람도 있지만, 정작 우리나라의 사적(吾 邦之事)에 대해서는 그 전말을 알지 못하니 이는 심히 개탄할 일이라고 생각하시게 되었습니다. …… 그러므로 마땅히 재능과 학문과 견식을 겸비한 인재를 찾아 권 위 있는 역사서를 완성해 자손만대에 전함으로써 우리의 역사가 해와 별같이 빛나 게 해야 할 것입니다. (이하 생략)

이는 《삼국사기》의 뒷부분에 실린 '《삼국사기》를 올리는 글[進三國史表]' 의 일부다. 인용한 대목 외에 생략하지 않은 전문을 보더라도 김부식이 사 대적인 생각을 드러낸 부분은 거의 없다. 요컨대 그는 인종의 명을 받아 《삼국사기》를 편찬함에 있어 당시까지 전하던 우리 역사서의 미흡한 부분 을 충분히 보완하고, 역사적인 사실에 맞추어 객관적으로 기술해서 이를 자 손만대까지 전하고자 했다.

아울러 이런 편찬 방침은 중국사는 줄줄 꿰지만 자국의 역사는 모르는 사람들에 대한 안타까움에서 비롯되었음을 말하고 있다. 비록 "~심히 개 탄할 일이라고 생각하시게 되었습니다"라고 해서 《삼국사기》를 편찬하게 한 인종의 발언을 인용하는 형식이지만, 실상은 김부식의 생각이 고스란히 드러난 글이다.

이런 기본 지침에 따라 《삼국사기》는 신화적이거나 비현실적인 요소를 될 수 있는 대로 배제한, 사실로서의 역사를 기록하고 있다. 그야말로 술이 부작述而不作의 태도로 일관했는데, 다만 사론이라 할 수 있는 '편찬자의 평 [論日]' 일부가 오늘날 사대주의적인 시각으로 비판받고 있는 셈이다.

김부식은 10여 명의 학자와 더불어 이 역사서를 편찬해 나갔는데, 당시까지 전하던 우리나라 사료인 《고기古記》, 《신라고사新羅古史》, 《구삼국사舊三國史》, 《삼한고기三韓古記》와 최치원이 정리한 《제왕연대력帝王年代曆》 및 김대문의 《화랑세기》·《고승전》·《계림잡전》, 그리고 중국 사료인 《삼국지》, 《후한서》, 《위서魏書》, 《진서晉書》, 《송서宋書》, 《남북사南北史》, 《구당서》, 《신당서》, 《자치통감》 등을 참조했다.

잘 알려진 것처럼 《삼국사기》는 중국 역대 왕조의 정사正史를 서술하는 기본 체제인 기전체紀傳體로 구성되어 있다. 기전체는 크게 기紀·전傳·지志·표表 등으로 구성되며, 중국 전한前漢의 역사가 사마천司馬遷이 편찬한 《사기史記》이래 이 편찬 방식이 자리 잡은 것으로 전해지고 있다. 여기서 '기'는 역대 황제(국왕)의 정치와 행적을 중심으로 왕조의 변천을 연대순으로 서술한 것이며, '전'은 황제 이외의 주요 인물에 대한 기록이다. '지'는 제례祭禮나 천문天文, 경제經濟, 법률法律 등의 문물과 제도에 관해 항목별로 연혁과 변천을 기록한 것이며, '표'는 각 시대의 역사 흐름을 연표年表로 간략히 나타낸 것을 말한다. 이 가운데 '기'는 다시 황제의 역사를 다룰 때는 본기本紀, 왕이나 제후의 역사를 서술할 때는 세가世家로 나누어진다.

이런 형식에 따라 《삼국사기》도 크게 본기 28권, 지 9권, 연표 3권, 열전 10권으로 구성되어 있다. 또 김부식 개인의 주관적인 견해인 논찬論贊, 즉 사론은 신라본기 10개, 고구려본기 7개, 백제본기 6개, 열전 8개 등 모두 31개가 수록되어 있다.

가장 중요한 본기의 경우 신라 12권, 고구려 10권, 백제 6권으로 구성되어 있다. 얼핏 보면 신라에 관한 내용이 가장 많은 것처럼 보이지만 삼국 시

《삼국사기》

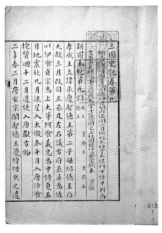

《삼국사기》〈신라본기〉

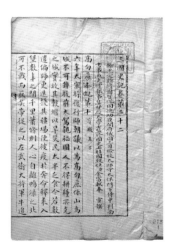

《삼국사기》〈고구려본기〉

대의 경우 5권에 불과하며 통일신라 7권을 합쳐 12권이므로 오히려 고구려에 더 큰 비중을 두었으며, 적어도 어느 한 나라에 편중하지 않으려 했음을 짐작할 수 있다.

여기서 주목할 것은 《삼국사기》가 기전체의 편찬 형식을 따르면서도 삼국의 왕조를 각각 신라본기, 고구려본기, 백제본기로 명명하고 있다는 점이다. 만일 김부식이 이 부분을 신라세가, 고구려세가, 백제세가로 표현했다면, 사대주의자라는 비판을 받아도 반박할 여지가 없었을 것이다. 조선 초기에 편찬한 《고려사》도 황제의 역사인 본기는 없고, 왕의 역사인 세가로 구성된 것을 볼 수 있다. 이런 점에서도 김부식을 사대주의자로 매도하는 것은 지나치다는 논리가 성립한다.

따지고 보면 신채호가 묘청의 서경 천도 운동을 높이 평가하는 대신 김부식의 태도를 비난하고 나선 것은 국권 상실기에 처했던 당시의 민족주의 사학자로서 당연한 일이었다. 또한 비록 정치적인 저의를 담고는 있지만 묘청이 서경 천도와 함께 칭제건원을 당당하게 내세운 일은 단재의 지적처럼 우리나라 역사상 보기 드물게 자주 사상을 표현한 것임도 사실이다. 그러나 묘청 일파는 이상은 높았지만 실천력이 부족한 안고수비眼高手卑의 인물들이었다. 즉, 이상만 가지고는 내정이나 국제 관계를 실현할 수 없다는 점을 간과했다. 거기에 비해 금의 세력이 중원 전체로 뻗치는 것을 직접 확인한 김부식은 철저히 현실적인 안목에서 고려의 위상을 파악하고 있었다.

만약 묘청의 주장처럼 고려가 금을 정벌하려고 했다면, 매우 어처구니없는 결과를 초래할 수도 있었다. 더구나 북송이 멸망한 것도 황제 이하 대신들이 현실을 외면한 채 신선술이나 도술에 의지하려 했던 것이 가장 큰 원인이었다. 묘청 일파가 풍수지리 또는 음양술 등으로 국왕을 움직이려던 과정은 북송의 과오를 고스란히 답습하는 일이기도 했다. 현실주의자 김부식으로서는 고려 왕조를 멸망시키는 황당한 주장을 방치할 수 없었는지 모른다.

이것은 마치 명청明淸 교체기에 조선의 친명 사대주의자들이 강력하게 부상하던 청을 정벌하자며 현실과 맞지 않는 주장을 펼친 사실을 떠올리게 한다. 그런데 김부식으로 상징되는 고려의 사대주의자들은 현실론을 내세운 것에 비해 조선의 사대주의자들은 이상론에 치우쳤다는 점에서 정반대의 입장이었다. 그렇다면 어떤 세력이 진정한 사대주의자였는가는 자명해진다.

따라서 김부식이라는 이름 뒤에 당연한 것처럼 따라붙는 사대주의자라는 낙인은 지나치다 할 수 있다. 어떻게 보면 김부식 혼자 억울하게 '독박'을 쓴 것이라고나 할까?

고려대장경, 미스터리로 남은 이운 경로

13

대장경판의 수난

우리에게 익숙한 고려대장경高麗大藏經은 몽골 침략기라는 위기 속에서 온 민족의 문화적 역량을 결집한 문화유산이다. 무엇보다 경판 숫자의 방대함과 정교한 내용, 오탈자가 거의 없는 미려하고 일정한 글씨체, 800여 년 가까운 세월 동안 원형대로 유지된 보존 과학성 등은 세계적으로도 손꼽히는 기록유산의 백미라 할 수 있다.

이런 점에서 유네스코가 1995년 12월 해인사 장경판전藏經板殿을 세계문화유산으로 등록한 데 이어 2007년에는 장경판전의 소프트웨어라 할 수 있는 '고려대장경판과 제경판'을 세계기록유산으로 등재한 것은 때늦었지만 다행스런 일이다.

이른바 대장경大藏經이란 부처님 재세 시의 설법과 계율, 논리 조항 및 그 해석 등을 망라하는 경經, 율律, 논論의 삼장三藏으로 구성되어 있다. 그래서 대장경을 일체경一切經, 삼장경, 삼장 등으로 부르기도 한다. 이러한 대장경 이 중국을 통해 한반도로 전해질 무렵만 해도 종이를 발명하기 전이었으므 로, 그 기록 수단은 대나무로 만든 죽간竹簡, 나무로 만든 목간木簡 등에 불과 했다. 따라서 보존이 쉽지 않고 글자가 닳거나 훼손되는 경우가 많았으며, 더구나 오랫동안 여러 사람의 손을 거쳐 필사하는 과정에서 본래의 뜻이 왜 곡되는 일도 많았다. 따라서 이런 오류를 바로잡고 널리 포교하려는 목적 으로 나무판을 다듬어 경을 새겨 넣는 목판 작업이 972년(송 태조 4)부터 중국 에서 시작되었다.

이후 983년(송 태종 8)에 최초의 한문 대장경판인 '북송칙판대장경北宋勅板 大藏經'이 완성되었다. 고려에서는 991년(성종 10) 사신으로 파견된 한언공韓 彦恭이 귀국할 때 북송의 대장경 인쇄본을 들여온 이후, 1087년(선종 4)에 역 사적인 첫 번째 목판 대장경인 초조 고려대장경初雕高麗大藏經을 완성했다. 오랜 세월에 걸쳐 완성된 초조대장경은 약 6000여 권에 이르며, 이는 당시 제작된 한역漢譯 대장경으로는 동양에서 가장 방대한 분량이었다. 더구나 정교하게 새겨진 판화가 풍부해 미술사적 가치도 높았다.

팔공산 부인사符仁寺에 보관되었던 초조대장경판은 1232년(고종 19) 몽골 군의 제2차 침입으로 대각국사 의천의 속고려대장경(속장경)과 함께 소실되 고 말았다.

그러나 이것을 전화위복이라고 해야 할까? 일반 백성의 안위는 염두에도 없던 무신 정권은 그야말로 최대의 민족 위기 속에서 다시금 새로운 대장경 간행에 몰두하게 된다. 그 결과물이 바로 재조 고려대장경再雕高麗大藏經으로, 오늘날 고려대장경 또는 팔만대장경으로 일컬어지는 세계적인 기록유산이다.

몽골군이 처음 고려를 짓밟은 것은 1231년(고종 18) 8월이었다. 그들은 파죽지세로 청천강 이북의 여러 성을 무너뜨린 뒤, 같은 해 12월에는 개경까지 에워쌌다. 이제 그들이 개경을 점령하는 것은 시간 문제였다. 더 이상 어찌해 볼 도리가 없었던 고려 조정은 왕족인 회안공淮安公 왕정王挺을 몽골의 장수 살리타에게 보내 평화 조약을 체결하게 했다. 이로써 고려와 몽골은 우여곡절 끝에 강화를 맺긴 했지만, 몽골은 자신들이 점령한 북계北界의 성들을 영구 지배할 목적으로 72명의 민정民政 담당자인 '다루가치'를 배치했다. 이는 몽골이 언제든 다시 침략하겠다는 뜻이기도 해서 고려 조정은 긴장을 늦출 수 없었다.

이런 상황에서 최우崔瑀가 이끌던 고려 무신 정권은 천도라는 카드를 꺼내 들었다. 비상시국에 천도를 하자는 것은 소수 지배 계층만 안위를 보장받기 위한 일종의 피난인 셈이었다. 무신 정권에게는 국토가 유린되고 백성이 목숨을 잃는 것은 안중에도 없는 듯했다. 당연히 대부분의 중신들은 이 천도 계획을 반대하고 나섰다.

그럼에도 최우는 천도 반대파를 참수시키는 등의 방법으로 제압하고 강화江華 천도 작업을 일사천리로 진행시켜 1232년 6월에는 새 궁궐 건설이 시작되었고, 7월에는 고종이 이어移御함으로써 강화도는 39년 동안 고려의 임시 수도가 되었다.

최우가 강화 천도 후 작정한 듯 몽골에 적대적인 태도를 보이자, 몽골 태종은 고려 조정의 발칙한 도전 의지를 짓밟기 위해 살리타를 다시 파견했다. 이렇게 제2차 고려 정벌에 나선 살리타는 처인성(지금의 용인시 남사면)에서 사망했다. 그 뒤 몽골군은 부장副將 테케鐵哥가 지휘권을 넘겨받아 부인사 대장경판을 불태워 없앴다.

당시 고려 지배층에서는 몽골군의 이 같은 만행을 고려의 정신적 기둥을 무너뜨리기 위한 의도적인 행위로 여겼다. 이런 인식은 이규보李奎報가 쓴 '대장각판 군신기고문大藏刻板君臣祈告文'에 잘 드러나 있다. 그 일부를 살펴보면 이렇다.

……하물며 나라를 지니고 있고 집을 가지며 불법을 지극히 숭상하고 있는 우리들로서는 없어진 대장경을 다시 만드는 일에 주저하고만 있을 수는 없습니다. 이 귀중한 보배를 잃어버렸는데 어찌 공사가 거창할 것을 두려워해 다시 만드는 작업을 꺼리고 망설이겠습니까? 이제 여러 재상 및 문무백관들과 더불어 큰 소원을 세우고 주관하는 관청(대장도감)을 두고 이를 중심으로 공사를 시작하고자 합니다…….

기록에 따르면 대장경 판각 작업은 1237년(고종 24)부터 1248년까지 12년 동안 이루어졌다. 그리고 판각하기 전 준비 작업을 4년 동안 진행해 모두 16년에 걸쳐 고려대장경이 완성된 것이다.

앞의 '군신기고문'에 있는 것처럼 고려 정부는 이 거대한 불사佛事를 원

만하게 성취할 목적으로 대장도감大藏都監을 설치했다. 그리고 대장경 목록 작성, 판본 비교와 함께 그 내용을 일일이 검토하고 교정하는 임무를 수행하는 실질적인 총책임자였던 수기守其 대사를 비롯해 당시의 학승과 재가 불자, 문인, 지식인 및 수백여 명의 필생筆生과 각수刻手, 보조원 들이 동원되어 16년에 걸쳐 모두 8만 1258매의 경판을 완성시켰다.

언제, 어떻게 해인사로 옮겼을까?

현재 고려대장경은 그 제작 동기 및 시기, 기간, 작업 과정, 가치 등에 대해 전반적인 사항들이 거의 밝혀진 상태다. 단 한 가지 예외가 있다면, 바로 해인사海印寺로 이운移運한 시기와 경로에 관한 것이다. 즉 강화도에 설치된 대장도감大藏都監 및 경남 진주에 설치된 분사分司 대장도감에서 제작했을 대장경판을 언제, 어떤 방법으로, 어느 경로를 통해 해인사 장경각으로 옮겼는가 하는 점은 아직 수수께끼로 남았다.

1995년에 세계문화유산으로 등재된 해인사 장경판전의 처음 건축된 시기는 밝혀지지 않았지만 1457년(세조 3) 어명으로 판전 40여 칸을 중창했으며, 1481년(성종 12)부터 8년 동안 학조學祖 대사가 중건했다는 기록이 남아 있다. 따라서 그 이전 시기에 지어진 것만은 틀림없다.

일반적으로 대형 사찰에 소재하는 장경각이나 장경판전은 이름 그대로 불경이나 경판이 보존된 전각을 가리킨다. 해인사가 한국의 대표적인 법보法寶 사찰로 유명한 것은 불경의 집대성이라고 할 수 있는 고려대장경 경판

해인사 대장경판

을 비롯해 사찰 자체에서 제작했던 수많은 경판이 온존하게 보존된 곳이기 때문이다.

경판을 안전하게 보존하려면 경판 제작이 완성되는 시점 전후에 장경판전을 완공시키는 게 마땅하다. 그렇다면 해인사 장경판전도 몽골 침략기이자 대장경판이 완성된 1248년 전후에 완공되었다고 볼 수 있지만, 실제로는 조선 초기의 건축 양식을 유지하고 있다. 이는 고려대장경판이 조선 초기에 해인사 장경판전으로 옮겨졌음을 뜻한다.

일단 역사의 기록으로는 고려대장경판이 고려의 임시 수도며 대장도감 소재지인 강화도에서 제작되어 오랫동안 보관되었음을 분명히 전하고 있다. 다음의《고려사》1251년(고종 38) 9월 기사를 예로 들 수 있다.

(고종 임금이) 성의 서문 밖 대장경판당에 행차해 백관을 거느리고 향을 올렸다. 현종顯宗 때 새겼던 판본은 임진년(1232)에 몽골의 침입으로 불탔기 때문에 임금이 여러 신하들과 다시 발원하고 대장도감을 세워 16년 만에 사업이 끝난 것이다.

여기에 등장하는 성이란 지금의 강화도 고려성을 가리키며, 서문 밖은 오늘날의 선원사지禪源寺址를 가리킨다는 학설이 지배적이다. 즉, 이 기사는 대장도감과 고려대장경판 제작 및 일차 보관 장소가 강화도 선원사였다는 사실을 밝히고 있다. 선원사는 1245년(고종 32), 당시 권력자였던 최우崔瑀가 창건한 사찰이었다. 그는 대장경판을 제작하기 위해 대장도감이라는 기구를 세웠고, 그 옆에 선원사를 지었다고 한다.

선원사가 창건된 1245년은 고려대장경판이 거의 완성되어 가던 무렵이었다. 그러나 창건 이후 한때 대찰로 손꼽히던 선원사는 대장경이 이운된 후로는 기록이 보이지 않아 조선 초~중기 사이에 폐허가 되었을 것으로 추측된다. 그 뒤 1977년 무렵 이 선원사지 발굴 조사가 진행되었으며, 지금의 선원사는 선원사지 옆에 새로 세워진 것이다.

그런데 선원사가 지금 알려진 선원사지에 있었는지, 아니면 다른 지점인지에 대해서는 확실한 결론이 나지 않았다. 《고려사》는 행성의 서문 밖에 대장도감이 소재했으며, 선원사는 그 부근에 있었다고 한다. 그런데 지금의 선원사는 고려궁지에서 볼 때 서쪽이 아닌 남쪽에 있다. 따라서 선원사의 위치가 《고려사》에 기록된 곳과 일치하려면 현재의 선원사보다 훨씬 서북쪽에 있어야 한다.

어쨌든 대장도감이나 선원사지가 강화도 안에 있었던 것은 분명하고, 따라서 대장경판은 강화도에서 제작되어 한동안 대장도감 또는 선원사에 보관되었을 것이다.

《동문선東文選》에는 박전지朴全之가 쓴 '영봉산용암사중창기靈鳳山龍巖寺重創記'라는 글 중에서 "……강화도 판당에 가서 (대장경의) 부족한 함函의 권, 장을 인출해 왔다[就江華板堂 印出闕函闕卷闕張而來]"는 내용이 있다. 이는 고려대장경판이 고려 말기까지 강화도에 있었다는 것을 알려 주는 대목이다.

역사서에 대장경판 기록이 다시 등장하는 것은 1398년(조선 태조 7) 5월이다. 그해 5월 10일 자 《태조실록》에는 "임금이 용산강에 거둥擧動(임금의 나들이)했다. 대장경판을 강화 선원사로부터 운반했다"는 간략한 내용이 있다. 이틀 뒤인 5월 12일 자에는 "(태조가) 대장과 대부 2000명으로 하여금 대장경판을 지천사支天寺로 운반하게 했다. 검교참찬문하부사 유광우兪光祐에게 명해 향로를 잡고 따라오게 하고, 오교양종五教兩宗의 승려들에게 불경을 외우게 하며, 의장대가 북을 치고 피리를 불면서 앞에서 인도하게 했다' 는 기사도 있다. 한편 같은 날 기사에는 "태조가 서강으로 행차해 전라도에서 온 조선漕船을 시찰했다' 는 내용도 있다.

따라서 이들 기사를 종합해 보면, 강화에 있던 고려대장경판은 1398년 5월 10일 이전부터 서울 지천사로 옮기기 시작해 5월 10일에는 대부분 이운이 완료되었다. 그리고 5월 12일에는 그 이운을 기념하는, 국가적인 행사가 열렸던 것이다. 이때 태조는 5월 10일 용산강에 거둥해 대장경판이 이운되는 광경을 시찰했고, 5월 12일에도 이운을 기념하는 성대한 의식儀式에 몸소 참가했다.

재미있는 것은 5월 12일 자 첫 기사는 "비가 내렸다' 는 한마디로 되어 있다. 이로 미루어 볼 때 1398년 5월 12일, 태조는 우중에도 불구하고 대장경판 이운 의식에 참석했으며, 내친김에 조운선漕運船까지 시찰했던 것이다.

이 기록은 고려대장경판이 제작된 지 약 150년 만에 강화도를 떠나 한동안 서울 지천사에 봉안되었다는 것을 알려 주는 결정적인 내용이기도 하다. 다만 지천사로 이운된 것이 대장경판 전량인지 일부인지는 분명치 않다.

이후 실록에서 대장경판에 관한 내용이 다시 나타나는 것은 8개월 뒤인 1399년(정종 1) 1월 9일 자로 "(임금이) 경상도 감사에게 명해 불경을 인쇄하는 승도에게 해인사에서 공궤하게 했다. 태상왕太上王(태조)이 사재로 대장경을 인쇄해 만들고자 하니 동북면東北面에 저축한 콩과 조 540석을 단주·길주 두 고을 창고에 납입하게 하고, 해인사 근방 여러 고을의 미두米豆와 그 수량대로 바꾸게 했다"는 내용이 보인다.

즉 태조가 사재私財를 털어 해인사에 보관된 고려대장경판을 인경하게 했고, 그 비용을 콩과 조 540석에 해당하는 미두로 충당하게 했다는 내용이다. 이 기사에서 짐작할 수 있듯 고려대장경판은 1398년 5월 12일 서울 지천사로 옮겨진 뒤 1399년 1월 초 이전, 그러니까 약 7개월 사이에 해인사로 이운되었던 것이다. 하지만 아쉽게도 정확하게 언제, 어느 경로로 이운한 것인지는 기록이 없다.

대장경판 한 장의 무게는 3~3.5킬로그램에 이른다고 하니, 전체 무게는 약 260톤에 달한다. 여기에 경판이 서로 부딪치고 파손되는 것을 막기 위해 한지나 짚으로 일일이 포장을 했다면, 적어도 300톤 이상이었을 것이다. 오늘날 15톤 트럭에 싣는다면 20~25대 분량이다. 당시에는 이 정도의 무게와 부피를 감당하려면 대규모의 인력과 수송 수단이 필요했으므로 국가적인 사업이 아닐 수 없었다. 더구나 경판 이운이 태조의 명으로 이루어진 것이라면, 구체적인 이운 과정도 기록으로 남기는 게 정상이다. 하지만 어떤 이유에선지 이 점에 대해서는 기록이 없다.

그 결과 오늘날 고려대장경판 이운에 관한 다양한 추측이 나오고 있다. 그중에는 고려대장경판이 본래부터 해인사에서 제작되었다는 재래설在來說도 있고, 강화도에서 해인사로 옮긴 것은 사실이지만 그 시기와 관련해서는 고려말설, 1394년(태조 3)에서 1399년(정종 1) 사이에 옮겼다는 정축년 출륙설出陸說, 태조 7년설 등이 있다. 그런가 하면 고려대장경판이 한 벌이 아니라 두 벌이었다는 설도 있다.

이들 여러 설 중 재래설이나 고려말설은 그다지 신빙성이 높지 않지만,

나머지 주장들은 나름대로 근거를 가지고 있다. 그중에서도 태조 7년설이 지배적인 견해로 인정받고 있다.

그렇다면 이운 과정은 어땠을까? 일단 지천사에서 해인사까지의 경로는 크게 육로와 해로 두 가지로 볼 수 있다.

육로를 이용할 경우는 경판을 실은 배를 한강 수로를 이용해 충주까지 이동한 뒤 수레나 지게 등에 옮겨 싣고 육로를 이용해서 문경새재, 점촌을 거쳐 낙동강 상류에 이른 다음 다시 배에 싣고 경북 고령의 장경 나루까지 도착해서 마지막으로 육로를 통해 해인사까지 이운하는 코스로 추정할 수 있다. 즉, 수로→육로→수로→육로의 과정으로 정리할 수 있다. 많은 인력과 시간이 소요되는 것은 물론 복잡하고 비효율적이라는 면에서 오늘날 대부분의 국민이 반대하는 '한반도 대운하'를 연상시킨다.

그러나 해로를 이용했다면 경판을 조운선에 싣고 서해와 남해를 거쳐 낙동강을 거슬러 올라가서 고령의 장경 나루까지 도착하면 되는데, 이는 수로→육상의 과정으로 정리된다.

약 300톤 정도의 대장경판을 육로로 이운하려면 배에 선적하고 하적하는 과정을 제외하더라도 대규모의 인력이 필요하다는 계산이 나온다. 예를 들어 한 사람이 최대 40킬로그램씩 지게로 나른다면, 7500명의 장정이 수레 한 대당 500킬로그램씩 적재한다 해도 약 600대의 수레가 각각 필요했을 것이다. 하지만 해로일 경우에는 사정이 달라진다. '민족문화대백과사전'에 따르면 조선 초기의 조운선 중 가장 규모가 큰 대맹선大猛船은 미곡 800석까지 적재할 수 있었다고 한다. 미곡 1석을 144킬로그램으로 잡으면 대맹선 한 척에 115톤을 실을 수 있다. 따라서 포장재 등을 포함한 고려대장경판 전체 무게를 300톤으로 잡더라도 대맹선 3척 정도면 해로를 이용해 고령의 장경 나루까지 이운할 수 있게 된다.

옛날에도 육상 운송보다는 해상 운송이 효율성과 경제적인 면에서 훨씬 월등했던 것이다. 고려나 조선 시대에 삼남 지방의 조세 대부분을 해로로 운반한 것도 같은 이유에서다. 따라서 여러 상황을 고려한다면 대장경판은 해로로 이운하는 게 합리적이었다.

어쩌면 대장경판 이운이 국가적인 행사임에도 그 기록이 자세히 남지 않은 것은 해로를 통한 수송이 당연한데다, 그 과정 자체가 지금 생각하는 것보다 훨씬 간편했기 때문이었는지도 모른다. 그렇지 않다면 숭유억불을 표방했던 조선 초기의 상황에서 사관史官들이 대장경 이운 과정을 자세히 기록하는 것을 꺼려 국왕과 관련된 기사 외에는 수록하지 않았을 가능성도 생각해 볼 수 있다.

하지만 자세한 기록이 없으니 이런 추측은 그야말로 추측일 뿐이다. 더욱이 해로를 이용했을 경우 굳이 용산 지천사까지 대장경판을 옮긴 이유라든지, 그것이 태조의 참관을 위한 상징적인 행위였다면 군사를 2000명까지 동원할 필요가 있었는지도 의문이다. 일부에서는 여러 근거를 들어 1398년 5월에서 같은 해 12월 사이에 대장경판 전량을 이운하는 것이 물리적으로 불가능하다는 주장을 펴기도 한다.

고려대장경판은 국내뿐만 아니라 세계적으로도 손꼽히는 기록유산이다. 그러나 그 자체의 이운 과정에 관한 기록이 남지 않은 것은 아이러니가 아닐 수 없다.

공민왕의 개혁과 만주 수복 전쟁

14

원나라 제2황후가 된 궁녀 기씨

강화도에서 줄기차게 몽골에 저항하던 고려 정부는 1259년, 훗날 원종元宗으로 즉위할 태자를 사신으로 파견해 강화講和 회담을 성사시키려고 했다. 그러나 고려 사신 일행은 당시 몽골의 칸이던 몽케를 만날 수 없었다. 몽케가 남송을 공격하려다 숨졌기 때문이다.

고려의 태자는 하는 수 없이 발길을 돌렸는데, 이때 우연히 몽케의 동생 쿠빌라이를 만나게 되었다. 쿠빌라이는 "고려는 만 리나 되는 큰 나라다. 옛날 당나라 태종도 정복하지 못했는데, 그 태자가 왔으니 하늘의 뜻으로

다'라고 말했다. 몽골이 고려를 30년간 공격했으나 끈질긴 항쟁으로 끝내 뜻을 이루지 못했는데, 고려의 태자가 강화를 위해 찾아갔으니 실로 반가웠을 것이다. 거꾸로 고려 입장에서도 이때의 만남은 천우신조와 같은 것이었다.

당시 쿠빌라이와 그의 동생 아릭 부케 사이에서는 황위를 이어받기 위한 치열한 권력 투쟁이 전개되고 있었다. 궁궐에서 버티던 아릭 부케가 좀 더 우세한 입장이었다. 이때 고려의 태자는 쿠빌라이에게 고려의 모든 것을 걸었다. 쿠빌라이 또한 고려의 제도와 풍속을 존중하겠다는 '불개토풍不改土風'의 원칙을 천명해 고려 태자를 끌어들였다.

얼마 후 태자의 무모했던 도박이 적중해 쿠빌라이가 황제로 즉위했고, 고려는 몽골과 강화를 맺을 수 있었다. 하지만 강화를 통해 고려가 얻은 실속이라야 별게 없었다. 고려가 몽골에 흡수되는 것을 면하는 정도였다. 다만 불개토풍의 원칙에 따라 고려 왕조와 국가의 정체성을 겨우 유지하는 수준이었는데, 이것만 해도 당시로서는 매우 다행한 일이었다.

쿠빌라이는 1271년, 황제로 즉위해 국호를 원元으로 하는 제국을 성립시켰다. 이때부터 고려는 원나라의 영역에만 포함되지 않았을 뿐, 약 80년에 걸쳐 혹독한 '원 간섭기'를 보냈다. 태자와 귀족 자제들을 인질로 바쳤으며, 수시로 식량 및 공녀貢女를 보냈다. 필요한 경우에는 지원군까지 보내 정복 전쟁에 참여시켰다. 그런 가운데 쿠빌라이는 1279년에 남송을 멸망시키고 중국을 완전히 통일했다.

원 간섭기는 궁중 용어에서부터 상징적으로 드러났는데, 이를테면 '짐'은 '고'로, '폐하'는 '전하'로, '태자'는 '세자'로 낮추어졌다. 또 원종 이후 국왕의 묘호도 원나라에 충성을 바쳐야 한다는 뜻에서 '충' 자 돌림으로 부르게 되었는데, 충렬왕忠烈王·충선왕忠宣王·충숙왕忠肅王·충혜왕忠惠王 등이 모두 그런 경우였다.

이들 왕들은 저마다 어렸을 때 원나라에 인질로 잡혀갔다가 그곳에서 교육을 받았으며, 생활 풍습을 익힌 뒤 왕위에 오를 무렵에야 귀국했다. 그리고 원나라 황실의 공주를 왕비로 맞아야 했으며, 그 왕비가 낳은 아들을 세자로 책봉했다. 따라서 원 간섭기의 국왕들에게는 모두 칭기즈칸의 피가 섞여 있었던 셈이다.

원 간섭기에는 왕실뿐만 아니라 지배층과 일반 사회에도 엄청난 변화와 충격이 가해졌다. 특히 이 시기에 유행했던 몽고풍蒙古風은 오늘날까지 언어, 풍속, 음식 등 여러 분야에 영향을 미칠 정도다.

무엇보다 고려인의 자존심을 상하게 한 것은 공녀였다. 1274년(원종 15), 고려는 원의 요구에 따라 결혼도감結婚都監을 설치하고 140명의 미혼 여성을 징발해 공녀로 보냈다. 그 뒤로도 원은 수시로 공녀를 요구했는데, 백성들이 공녀 징발에 불응하자 고려 정부는 역적의 처나 파계한 승려의 딸 등으로 숫자를 채워 보냈다고 한다. 공녀들은 대부분 원나라 황실의 궁녀로 일했으며, 때로는 제왕 후비帝王后妃의 몸종이 되기도 했다.

원나라 황실에서 유행했던 고려풍高麗風은 바로 공녀들에게서 비롯되었는데, 이런 영향으로 귀족이나 고관들은 출신 성분이 좋은 고려 여자를 아내로 맞아 체면을 세웠다. 그러나 일반 양인 출신의 공녀일 경우 술집 기생 등으로 전전하다가 비참하게 세상을 떠나는 경우도 많았다.

고려 사회에서는 공녀로 징발되는 것을 피하기 위해 조혼早婚이 유행했고, 자존심이 강한 처녀들은 자살이라는 극단의 방법으로 두 나라 정부에 저항했다. 그만큼 공녀의 폐해가 심각했는데, 그렇다고 공녀로 끌려간 처녀들 모두가 핍박과 설움만 당한 것은 아니었다.

우리에게 익숙한 기황후奇皇后가 대표적인 경우였다. 그녀는 무신이던 기자오奇子敖의 막내딸로 태어나 원나라로 보내졌다. 증조부가 정2품 '문하시랑평장사'를 지낸 이래 집안 형편이 기울자 공녀가 되었던 것으로 추측된다. 여느 공녀들처럼 원나라 황궁에서 차나 나르던 그녀는 고려 출신의 환관 고용보와 박불화의 눈에 띄어 출셋길이 열렸다.

당시 원 지배층에서는 한족漢族을 3등 국민으로 취급해 고위직에 진출하는 것을 배제하고 있었다. 그런 상태에서 국가를 경영하려다 보니 학문적 소양이 깊고 한족과 문화 수준이 대등한 고려 출신의 환관과 궁녀들이 꼭 필요했다. 거꾸로 고려의 환관들은 몽골의 지배층보다 지적 수준이 높은 것을 이용해 차츰 황실 내부에서 일정한 세력을 형성해 나갈 수 있었다.

기록에 따르면, 기황후는 미모가 뛰어났을 뿐만 아니라 매우 총명했다고 한다. 《원사元史》〈후비열전〉에는 "순제를 모시면서 비(기황후)의 천성이 총명해 갈수록 총애를 받았다"고 기록되어 있다.

고용보 등은 기씨 궁녀를 잘 키워 순제의 눈에 들게 한 뒤, 더욱 확고한 세력 기반을 마련하려고 했다. 결국 그들의 노력은 열매를 맺어 기씨 궁녀는 순제의 총애를 받기 시작했다. 그러나 당시 황후였던 타나시리가 국적을 가리지 않는 질투심을 드러내, 틈만 나면 기씨를 채찍으로 후려치며 몰아낼 정도였다.

그러던 1335년, 원 황실에서 황제에 대한 반역 사건이 일어났다. 이때 순제는 그 사건과 연루시켜 타나시리와 그녀의 친정 식구들을 처형했다. 황후를 꿈꾸어 왔던 기씨에게는 더없이 좋은 기회였다. 그러나 몽골족이 황후가 되어야 한다는 전통과 규율에 따라 옹기라트 가문 출신인 바얜후두가 그 자리를 차지했다. 참고 기다리던 기씨는 1339년, 순제의 아들 아유시리다라를 낳고서야 비로소 제2황후가 될 수 있었다.

하지만 제2황후가 되기 전부터 바얜후두를 제치고 막강한 영향력을 발휘했으며, 나중에는 제1황후에까지 올라갈 수 있었다. 또한 차츰 늙어 가는 황제를 대신해 내정까지 좌지우지할 정도였다. 더구나 1353년에는 아들 아유시리다라를 황태자로 책봉하게 함으로써 그 위세가 하늘을 찔렀다.

당연히 원 간섭기에 놓였던 고려는 기황후의 원격 조종을 받는 나라, 기씨 일족과 부원배附元輩가 설치는 나라로 전락하고 말았다.

공민왕의 즉위와 개혁 추진

고려 말의 탁월한 개혁 군주며 고려의 자주성을 고양한 것으로 유명한 공민왕恭愍王은 1330년 제27대 국왕인 충숙왕忠肅王(1294~1339)의 둘째 아들로 태어났다. 충숙왕은 왕의 자질을 갖추지 못한데다 왕으로서의 의욕도 없던 인물이었다. 실제로 그는 정치에 소홀한 나머지 선위禪位와 복위復位를 반복하다가 비참하게 생애를 마쳤다.

당시 원은 몽골인의 피가 섞인 고려의 왕들을 통해 고려를 지배하는 체제를 갖추었는데, 이에 따라 원 간섭기의 왕들은 충숙왕처럼 꼭두각시로 살아야만 했다. 그러나 우여곡절을 거친 끝에 즉위한 공민왕은 아버지 충숙왕은 물론 여느 국왕과 비교할 때 달라도 한참 달랐다.

강릉대군江陵大君으로 불렸던 그는 원의 요구에 따라 1341년부터 원나라의 인질이 되었다. 그는 조카들 대신 두 번이나 왕위를 이어받을 기회가 있었지만, 모두 실패한 채 실의의 나날을 보내기도 했다. 그러다가 1349년, 노국대장공주(보탑실리)와 결혼한 이후로 황금기를 맞았다. 공민왕은 보탑실리를 진정으로 사랑했을 뿐만 아니라, 그녀를 통해 정치적인 입지도 강화할 수 있었다.

한 해 전인 1348년, 열한 살로 즉위한 강릉대군의 조카 충정왕忠定王의 앞날은 가시밭길뿐이었다. 조정 대신들이 권력 투쟁을 벌이는가 하면, 남해안 일대는 왜구의 잦은 침입으로 하루도 잠잠할 날이 없었다. 원은 고려의 군사 지원을 받아 두 차례나 왜를 정벌하려다가 실패한 후 남해안에 진변만호부鎭邊萬戶府를 설치하고 감시를 강화했다. 그럼에도 왜구들이 한반도 곳곳을 들쑤시고 다니자 나이 어린 충정왕이 미덥지 않았다. 두 차례의 정벌 실패로 왜에 대한 스트레스가 심했던 원의 입장에서는 고려가 왜구를 발본색원해 주길 원했지만 충정왕의 힘으로는 무리였다.

때마침 고려 조정에서는 윤택尹澤, 이승로李承老 등을 중심으로 충정왕에 대한 탄핵 움직임이 일어났다. 또 조일신趙日新 등 강릉대군 추종자들이 원 조정 안팎에서 정치 공작을 벌여, 고려 국왕을 교체하는 문제가 공식화되었다. 원나라는 결국 1351년, 충정왕을 폐위하고 강릉대군으로 하여금 고려의 새 국왕에 즉위하도록 했다. 조카들에게 밀려 두 차례나 왕위를 놓친 그는 이때 비로소 고려의 제31대 국왕이 될 수 있었다.

여기서 당시 원과 고려 양국에서 막강한 영향력을 행사하던 기황후가 공민왕이 왕위에 오르는 데 절대적인 역할을 했으리라는 것과, 전혀 상반된 입장에 있던 두 사람 사이에 모종의 거래가 있었다는 것을 짐작할 수 있다. 일단 강릉대군은 국왕이 되는 게 급선무였다. 부원배를 처단하고 고려를 자주 국가로 건설하는 것은 그 다음 문제였다. 그리고 기황후는 친정 식구의 안위를 보장받고, 더 나아가 그들을 통해 공민왕을 마음껏 움직일 필요가 있었다. 따라서 두 사람은 이런 조건을 서로 주고받았을 것이다.

고려로 귀국해서 즉위한 공민왕은 고려 지배층의 변발辮髮과 호복胡服을 폐지하는 것으로 개혁의 의지를 내비쳤다. 곧이어 무신 정권 시절의 권력 기구였던 정방政房을 없애고, 그 이전처럼 '전리사典理司'와 '군부사軍簿司'로 환원시켰다. 전리사와 군부사는 관리 및 군인의 인사 기관이었는데, 이를 회복해 왕권을 강화시켰던 것이다. 또한 그는 '전민변정도감'을 만들어 부원배나 권력자들이 수탈한 토지를 본래의 주인에게 돌려주게 했다.

이런 가시적인 개혁 정책이 진행되자 부원배를 중심으로 한 지배층의 저항도 만만치 않았다. 부원배 중에서도 가장 핵심이 되는 인물은 기황후의 오라비 기철奇轍이었다. 기철 등은 무인 시대의 권력자들처럼 국왕마저 마음대로 갈아 치울 수 있는 막강한 힘이 있었다. 더구나 그 배후에는 고려의 운명을 한 손에 쥔 기황후가 있었으니, 당시 상황은 공민왕과 기철 일가의 패권 다툼으로 정리할 수 있었다.

따라서 공민왕의 개혁이 성공하는가의 여부는 부원배를 제거한 뒤에도 기황후가 손을 쓰지 못하게 하는 데 있었다. 부원배를 제거한다는 것은 곧 원 제국과 기황후에게 선전포고를 하는 것과 다름없었기 때문에 적절한 타이밍과 인내심이 필요한 일이었다.

1353년(공민왕 2), 국왕은 기황후의 어머니 이씨를 위한 연회를 베풀었다. 이 자리에는 기황후가 권력의 근거로 삼았던 아들이자 원의 황태자인 아유시리다라도 참석했다. 이날 공민왕은 황태자 앞에 무릎을 꿇고 잔을 올렸다. 황태자는 답주를 내릴 때 공민왕보다 외할머니의 잔을 먼저 채워 주었다. 이는 당시 고려와 원의 지배 관계 및 기씨 일가와 부원배의 막강한 세력을 적나라하게 보여 주는 예였다. 공민왕은 일부러 그런 상황을 자초했는지도 모른다. 조정 대신과 일반 백성들에게 부원배 및 원에 대한 공분公憤을 일으키게 하는 데 그처럼 좋은 방법도 없었을 것이다.

당시 공민왕이 부원배를 그냥 내버려 둔 것은 아직 국정을 완전히 장악할 만한 여건이 안 된 탓이었다. 한 해 전인 1352년만 해도 공민왕은 자신이 즉위하는 데 가장 큰 공을 세웠던 조일신의 반란으로 고초를 겪었다. 조일신은 부원배를 처단하겠다는 명분을 걸고 반란을 도모했지만, 결국 공민왕까지 협박하는 지경에 이르렀다. 그러나 반란 7일 만에 진압을 당한 데 이어 목숨을 잃고 말았다. 배반에 대한 당연한 대가였다.

이로 인해 공민왕은 자신의 중요한 지지 세력을 잃은데다 부원배의 더욱 거센 공격과 의심에 시달려야만 했다. 개혁 정치는 한동안 중단되었고, 부원배들의 의심을 잠재우기 위해 기황후의 어머니 이씨를 위한 연회까지 베푸는 쇼를 벌여야 할 형편이었던 것이다.

그러던 공민왕이 부원배를 척결할 수 있는 중대 국면을 맞은 것은 1356년이었다. 그 무렵에는 중국 대륙 곳곳에서 반란이 일어나 혼란한 상황이었다. 원나라 정부가 고려에까지 지원병을 요구할 지경이었다. 공민왕은 장수들을 파견하면서 원의 내정을 살필 것을 지시했는데, 그들의 보고는 한결같이 원의 멸망이 멀지 않았다는 내용이었다. 이제 기철의 나라는 더 이상 필요 없어졌다고 판단한 그는 어느 날 국가의 중신들을 불러 연회를 열도록 했다.

당시 기철은 공민왕에게 매우 큰 반감을 가지고 있었는데, 그 연회에 참석해 화해할 목적으로 궁궐로 향했다. 권겸, 노책 등 부원배의 핵심 인물과 그 가족들까지 아무 의심 없이 궐문으로 들어섰다. 그러나 그 순간, 궁궐 호위 군사들의 철퇴를 맞고 모조리 즉사했다.

《고려사절요高麗史節要》는 이때의 일을 "……장사를 매복시켜 두었다가 불의에 기철을 철퇴로 내려치니 기철이 즉시 넘어져 죽었고, 권겸은 피해 달아나는 것을 쫓아가 자문에서 죽이니 피가 궁문에 낭자했다"고 기록하고 있다. 기황후의 권력을 믿고 날뛰던 부원배의 중심 인물들은 이처럼 한순간에 무너졌다.

공민왕은 내친김에 원이 고려 국왕과 조정을 원격 조정하려고 설치한 정동행성이문소(정동행성)까지 폐지시켰으며, 압록강 서쪽의 8개 역참驛站과 쌍성총관부를 공격하게 했다. 이들 역참은 모두 고려에서 요양遼陽으로 왕래하는 교통의 요지였다. 왕의 명을 받은 서북면 병마사 인당印璫은 군사를 이끌고 압록강을 건너 파사부 등 3개 역참을 점령함으로써 교두보를 마련했다. 이와 동시에 동북면 병마사 유인우柳仁雨는 함경도 영흥 일대를 관할하던 원나라의 직속 기구인 쌍성총관부를 점령해 고려의 자주성을 대내외에 알렸다.

이처럼 공민왕이 전광석화처럼 부원배를 처단한 데 이어 정동행성 및 쌍성총관부를 폐지하고, 파사부 등의 역참을 점령해 나갈 때 원나라 조정은 속수무책이었다. 기황후도 슬픔과 배반감으로 부글부글 끓었겠지만, 더 이상 공민왕을 건드릴 수가 없었다.

한편 고려에서도 원이 80만 대군으로 반격할 것이라는 소문이 돌자 아연 긴장했으나, 결국 같은 해 10월 원 순제는 고려에 사신을 보내 공민왕의 공격 행위를 용서하겠다는 뜻을 전했다. 이 일은 공민왕이 형세를 읽고 기회를 포착하는 안목이 뛰어났음을 보여 주는 좋은 사례로 손꼽힌다.

고구려 영토를 회복하라

공민왕 즉위 후 5년 만에 이루어진 쌍성총관부 탈환은 고려의 자주성 회복을 상징할 뿐만 아니라, 실제로는 고구려의 옛 영토였던 만주를 공략할 전진 기지를 확보했다는 점에서 의미가 있었다.

공민왕 말년으로 갈수록 중국 대륙은 원·명 교체기라는 홍역을 앓고 있었다. 원은 눈에 띄게 쇠퇴하는 데 비해 명은 급격하게 세력을 확장해 나갔다. 그러나 고려의 북방, 옛 고구려 영토의 중심이었던 요동 지역에는 아직 명나라의 손길이 미치지 않았다. 즉위하기 전부터 그 지역을 수복하는 게 꿈이었던 공민왕은 수많은 자주 개혁 정책을 진행시킨 데 이어, 마침내 요동을 공략하기로 작정했다.

《고려사》에는 공민왕의 명을 받은 고려군이 1370년 "압록강을 건너 요성遼城을 함락했다"는 기록이 있다. 요성은 고구려 후기에 수 양제가 100만 대군을 이끌고 침략했을 때, 끝내 함락시키지 못한 채 발길을 돌린 요동성을 가리킨다. 그야말로 철옹성이자 동북아의 군사 요충지로 유명했던 곳이다.

공민왕은 1369년(공민왕 18) 12월 이성계李成桂를 동북면 원수 겸 지문하성사로 삼고, 지용수池龍壽를 서북면 상원수 겸 평양윤으로 삼았다. 요동 지역을 정복하기 위한 준비 과정이었다. 곧이어 이인임李仁任을 서북면 도통사로 임명하고, 왕의 수레에 꽂는 큰 기旗인 대독大纛을 내렸다. 이는 곧 이인임에게 국왕이 친정親征하는 것과 똑같은 권한을 주었음을 뜻한다.

이렇게 요동 정벌 준비를 마친 공민왕은 1370년 1월, 마침내 공격 명령을 내렸다. 이는 요동성을 점령하기 위한 교두보를 확보하려는 제1차 공략이기도 했다. 이성계는 기병 5000명과 보병 1만 명을 이끌고 황초령, 설한령을 지나 압록강을 건너 계속 진격했다. 이후 별다른 접전을 벌이지 않고도 고구려의 첫 수도였던 올랄산성兀剌山城(오녀산성)을 비롯한 여러 산성의 항복을 받아 냈다.

이때 투항한 민호民戶는 1만 호가 넘었으며, 소 2000여 두와 말 수백 필을 노획할 수 있었다. 이 지역 주민들은 대부분 고구려와 발해 유민의 후손들이었기에 고려군에게 특별한 저항을 하지 않았고, 고려 또한 노획한 우마와 물자들을 원래 주인에게 돌려주어 민심을 크게 얻었다.

당시 이성계 부대가 큰 접전을 벌이지 않고도 승리할 수 있었던 데는 몇가지 요인이 있다. 그중 하나로 고려의 비밀 병기를 들 수 있다. 예컨대 《고려사》에는 "이성계가 편전片箭 70발을 쏘아 모두 적군의 얼굴에 맞추었다"는 기록이 있다. 편전은 일반 화살의 길이보다 훨씬 짧은 30센티미터 안팎이라 일명 '아기살'로 불리기도 한다. 짧은 길이 때문에 작은 대나무를 반으로 잘라 만든 덧살을 씌워 시위를 당기도록 되어 있다.

이 아기살을 쏘는 데는 특별한 기술이 필요한데, 그만큼 적군에게는 두려운 무기기도 했다. 덧살로 인해 목표를 정확하게 겨냥할 수 있을 뿐만 아니라 일반 화살보다 속도가 훨씬 빠르고, 사거리는 보통 화살보다 약 100미터가 더 긴 317미터에 이른다. 즉, 적 화살의 사정거리 밖에서 적군을 사살할 수 있는 필살의 무기가 아기살이었다.

또 다른 승리 요인은 해발 820미터의 깎아지른 듯한 오녀산성까지 거뜬히 올라갈 수 있는 기병들의 기마술에 있었다. 고려군은 이미 오래전부터 말 위에 올라타고 승부를 겨루는 격구擊毬를 즐겼다고 한다. 고려 기병의 능수능란한 기마술은 당시 최고 수준이었을 것으로 추측된다. 결국 이런 우수한 무기와 기마술을 발휘하는 고려군 앞에 원나라 군사들은 잔뜩 겁을 먹은 채 앞다투어 투항하고 말았던 것이다.

고려가 한창 파사부와 오녀산성 등을 점령하며 북방 진출의 기틀을 다지는 동안, 명明에서도 북정北征에 나서 섬서, 감숙 방면으로 출정했다. 명군은 진격하는 곳마다 원나라에 대승을 거두며 영역을 넓혀 나갔다. 더구나 그 무렵에는 원의 순제順帝가 이질에 걸려 사망함으로써 명나라 태조 주원장朱元璋으로선 경사가 겹친 셈이었다.

주원장은 몸소 원의 황제 토곤 테무르에게 순제라는 묘호를 내렸다. 이는 원을 중국의 정통 왕조로 인정하는 동시에 원 황제가 천명天命에 순종해 자신에게 천자의 지위를 넘겼다는 뜻을 담고 있다.

한편 공민왕도 명이 북정을 통해 만주 지역까지 세력을 뻗치고 있다는 소식을 듣고는 지용수, 양백연, 이성계, 임견미 등에게 명을 내려 만주 지역을 선점하도록 했다. 고려군의 제2차 원정이 시작되었던 것이다.

이 명에 따라 고려군은 1370년 11월 초 압록강에 말 3~4필이 지나갈 정도의 넓이로 부교浮橋를 건설하고, 압록강을 건너 요양성으로 진격했다. 이때 요양성에서는 기철의 아들 기사인티무르가 군사들을 정비해 항전 준비에 들어갔다. 고려군은 요양성이 매우 높고 가파른데다 적군의 완강한 저항으로 애를 먹었지만, 미리 준비했던 공성攻城 기구를 이용해 마침내 성을 함락시켰다. 이후 공민왕은 두만강 너머 공험진公嶮鎭 이남을 고려 영토로 환속해 관할하게 함으로써, 고려는 두만강 북쪽의 간도로부터 서쪽의 심양과 요성 및 요동반도에 이르는 영토를 확보할 수 있었다.

고려군이 요성을 공격할 당시 원나라의 기사인티무르는 완강히 저항하다가 성을 빠져나가 도망쳤다. 이때 고려 정부는 원의 동녕부東寧府로 공문을 보내 요동 지역이 본래 고려의 영토라고 강조하면서, 기사인티무르를 체포해 고려로 보낼 것을 요구했다.

……또 요양과 심양 지방은 본래 우리나라의 옛 강토로 원과 장인 사위 관계를 맺어 (요양)행성의 관할하에 맡겨 두었던 것인데, 기사인티무르가 이를 점령해 그의 소굴로 만들어 위로는 조정에 대해 충성하지 않고 아래로는 우리나라에 사단을 일으키고 있다…….

그런가 하면 강계만호부에도 방을 붙여 요양과 심양 지역 주민들에게 고려국 백성이 될 것을 회유하기도 했다.

이처럼 공민왕은 만주 수복 전쟁을 펼쳐 몽골인에게 오랫동안 짓밟혔던 고려인의 상처를 치유하려 했으며, 본래 고려인이 가졌던 역동적인 자주성을 고양시켰다. 하지만 우리 역사상 최후의 만주 수복 전쟁으로 알려진 공민왕의 북방 정벌은 더 이상 지속될 수가 없었다.

당시의 국방력으로는 날로 강성해지는 명의 세력과 왜구의 침략을 감당하기에도 벅찬 상황이었다. 그런 마당이라 새로 수복한 광활한 영토를 더는 지배할 여력이 없었던 것이다. 결국 공민왕의 만주 수복 전쟁은 그 지역이 본래 우리 땅이었음을 주변 국가에 환기시키는 정도로 끝났고, 이로 인해 《고려사》 등에도 이 부분에 대한 자세한 기록이 남아 있지 않다.

공민왕은 왕비인 보탑실리를 잃은 뒤 국정을 신돈辛旽에게 맡겨 개혁을 계속 추진했으나 끝내 실패했고, 환관들에게 시해되어 비참하게 생애를 마쳤다. 이러한 말년의 일들이 악영향을 끼쳐 조선 초기의 사가들은 그의 아들 우왕禑王 및 창왕昌王이 본래는 신돈의 아들이었다는 등 공민왕에게 부정적인 기록을 남기기도 했다. 이로 말미암아 만주 수복 전쟁에 대한 기록과 그 의의가 더욱 축소된 것으로 여겨진다. 지금 생각하면 참으로 애석한 일이 아닐 수 없다.

공민왕릉

두 인물로 보는 임진왜란

15

역관 홍순언의 숨은 활약

500년 조선 역사의 최대 분수령이었던 임진왜란의 역사적 의의나 그 경과, 이순신을 중심으로 한 조선 명장들과 의병들의 활약상은 이미 우리 사회의 상식처럼 자리 잡았다. 하지만 이 전쟁은 개별 전투의 진행 과정보다 한중일 삼국의 외교 문제가 더욱 큰 비중을 차지하는 전쟁이기도 했다. 전쟁이 정유재란을 포함해 7년이나 이어졌지만, 개전 후 석 달 만인 1592년 7월부터 강화 회담이 진행된 것을 예로 들 수 있다. 그만큼 전쟁을 일으킨 일본뿐만 아니라 조선과 명나라에서도 이 전쟁을 부담스러워했고, 전투 과정도 오랜 기간 교착 상태에 있었음을 말해 준다. 대신 삼국은 치열한 외교전을 펼치며 자국에 유리한 상황을 만들려고 했던 것이다.

참고로 요즘 일부 사학자들을 중심으로 '임진왜란' 이라는 용어를 '조일전쟁朝日戰爭' 으로 바꿔 불러야 한다는 주장이 제기되어 많은 호응을 얻고 있다. 사실 왜란倭亂이란 표현은 왜인들이 침략해 노략질을 일삼고, 이로 인해 조선 사회가 혼란에 휩싸였다는 뜻이 강하다. 그래서 '삼포왜란' 이라고 할 때는 왜란이란 말이 적합하지만, 임진왜란은 1592년 일본의 침략으로 말미암아 국가간에 치러진 전쟁이었으니 조일전쟁이란 표현이 좀 더 사실에 가까울 것이다. 이처럼 오랫동안 고유 명사처럼 쓰였던 임진왜란뿐만 아니라, 학자들의 관점에 따라 제각각 다르게 불리는 역사 용어에 대한 교통정리가 필요할 것으로 보인다. 다만 여기서는 기존의 관행과 교과서의 표기를 따라 임진왜란으로 표기한다.

임진왜란 전만 해도 조선은 지극히 평화롭다 못해 문약文弱에 빠진 왕조였다. 고려 말 이후 극성을 부렸던 왜구들은 세종 초 대마도 정벌을 기점으로 그 세력이 크게 약해졌고, 북방의 여진족도 이렇다 할 위협이 되지 않았다. 더구나 조선 정부는 사대교린事大交隣이란 외교 정책을 펼치면서도 교린의 당사자인 왜에는 관심이 없었다. 그것은 왜가 100여 년에 걸쳐 전국 시대를 보냈고, 마침내 도요토미 히데요시豊臣秀吉가 통일 사업을 완수했다는 것을 1587년 대마도주對馬島主 소 요시시게宗義調가 보낸 사신을 통해 비로소 알게 되었다는 사실에서도 여실히 드러난다.

이런 실정이니 도요토미가 1587년 20만 대군을 동원해 규슈九州를 정벌했다거나, 그것이 장차 조선을 침략하기 위한 대규모 병력 동원 훈련의 하나였다는 사실을 까맣게 몰랐던 것이다.

조선 정부는 임진왜란 직전에야 왜의 대규모 침략이 있을 것임을 알아차렸지만, 이에 대한 대응은 한심할 정도였다. 심지어 1592년 4월 13일 저녁, 700여 척의 전함에 나누어 탄 왜군이 부산에 상륙했는데도 사흘이 지나서야 그 일을 보고받았을 만큼 기강이 무너진 때였다.

이처럼 조선 정부가 왜의 동향에 까막눈이었던 것은 1443년(세종 25) 이후 150년 동안 단 한 번도 왜에 사신을 보내지 않았던 게 가장 큰 원인이었다. 말하자면 조선의 왜에 대한 태도는 무관심 그 자체였다. 이는 왜가 조선 건국 후 임진왜란 전까지 약 60여 차례나 사신을 보내 사신 본연의 임무 외에 조선의 지리와 문물, 군사력 등을 자세히 파악해 왔던 것과는 크게 대비되는 일이었다. 그들은 조선 말에 능숙한 상인들을 통해 수시로 정보를 수집했고, 임진왜란 직전에는 수십 명의 밀정을 파견해 전쟁에 필요한 세부적인 정보를 낱낱이 파악해 놓은 상태였다.

도요토미가 조선을 침략할 준비를 서두를 때 고니시 유키나가小西行長 등은 그 사실을 여러 차례 직·간접적인 방법으로 조선 조정에 알렸다. 그들은 외교적인 수단을 통해 조선과 왜의 선린 관계를 유지하려고 했다. 이런 요구에 아랑곳하지 않던 조선 정부가 고니시 등의 요청에 마지못해 응한 것은 1590년 3월이었다. 이때 조선 통신사 100여 명이 왜로 파견되었는데, 정사 正使로는 서인西人인 황윤길黃允吉이, 부사副使로는 동인東人인 김성일金誠一이 각각 임명된 사실은 유명하다.

통신사 일행은 도요토미의 오만방자한 답서를 문제 삼아 많은 시간을 허비하다 파견된 지 1년 만에야 서울로 돌아올 수 있었다. 그러나 황윤길과 김성일의 보고 내용이 서로 달라 조정 대신들 사이에 논쟁이 벌어졌다.

당시의 사정은 《선조수정실록》 1591년 3월 1일 자 기사에 수록되었다.

……부산으로 돌아와 정박하자 윤길은 그간의 실정과 형세를 치계馳啓하면서 "필시 병화兵禍가 있을 것이다"라고 했다. 복명復命한 뒤에 상이 인견引見하고 하문하니, 윤길은 전일의 치계 내용과 같은 의견을 아뢰었으나 성일은 "그러한 정상은 발견하지 못했는데 윤길이 장황하게 아뢰어 인심이 동요되게 하니 사의에 매우 어긋납니다"했다…….

이 내용에 따르면 동인인 김성일도 전쟁의 가능성을 점치고 있었다. 하지만 황윤길과 정적政敵이라는 이유만으로 반대 의견을 펼쳤다고 한다. 실제로 그는 왜에 머물 때도 사사건건 왜인들의 접견 태도를 문제 삼아 마찰을 일으켰다. 유교적인 형식주의에 치중한 나머지 왜가 천주교를 받아들이는 등 서양의 근대 문화에 눈뜨기 시작한 시대 흐름을 외면했던 것이다.

조정에서는 결국 김성일의 의견을 따른 나머지 혹시 모를 전쟁에 대비해 각 도에서 성을 정비하고 방어책을 준비하던 일마저 중지시키고 말았다. 사신 접대 임무를 맡았던 선위사宣慰使 오억령吳億齡은 조선에 한동안 머물던 왜인들에게 왜의 정명가도설征明假道說을 듣고 그대로 보고했다가 파직당하기도 했다. 오억령의 억울함은 당시 조정이 왜의 침략에 얼마나 안일하게 대비했는지를 보여 주는 작은 에피소드에 불과했다.

왜는 16세기 초, 포르투갈인에게 전수받은 조총 및 탄약 제조법을 이미 능숙하게 활용할 수 있었다. 임진왜란 초기에 그 조총과 탄약으로 중무장한 왜군들 앞에 군기조차 없었던 조선군은 말 그대로 추풍낙엽이었다. 1592년 4월 13일 전쟁이 시작되어 불과 15일 정도 지난 4월 28일, 탄금대에 배수진을 쳤던 신립申砬 부대가 궤멸하고 충주성이 함락당하게 된다. 파죽지세로 몰려드는 왜군의 기세에 놀란 선조는 광해군을 세자로 책봉한 뒤 평양으로 파천播遷을 결정했다. 이후 선조와 조정은 계속 북상하다가 6월 11일에는 의주까지 이동했다. 6월 14일, 선조는 치욕스럽게도 명나라로 망명을 결심했다가 조정 대신들의 완강한 반대에 부딪치는 지경에 이르고 말았다.

조선 육군이 속수무책으로 패전을 거듭하는 동안 이순신李舜臣의 수군은 옥포 해전을 비롯해 수많은 해전에서 연승을 거두어 제해권制海權을 장악했고, 그로 인해 도요토미의 야망에 큰 차질을 빚게 한 것은 그나마 다행이었다.

한편 명으로 망명할 계획까지 세웠던 무능한 변덕쟁이 선조는 피난 중에 명군의 지원을 긴급하게 요청했다. 이때 명에서는 파병 여부를 두고 논의가 분분했는데, 마침내 지원병을 보내기로 한 것은 당시 병부상서였던 석성石星의 강력한 주장 때문이었다. 명은 요양부총병遼陽副摠兵 조승훈祖承訓에게 군사 5000명을 딸려 고니시가 장악했던 평양성을 공격하게 했고, 같은 해 12월에는 이여송李如松에게 4만 3000여 명의 군사를 주어 제2차 원병을 파견했다. 또 정유재란 때도 대규모 지원군을 보낸 결과, 임진왜란을 치르는 7년 동안 모두 20만 명의 병력과 900만 냥의 은을 제공했다. 덕분에 조선은 전세를 역전시켜 끝내 왜군을 무찌를 수 있었다. 이 일로 조선의 지배층은 명이 조선을 다시 일으켜 세워 준 은혜, 이른바 재조지은再造之恩을 들먹이며 훗날 친명반청親明反淸 정책을 고수하다가 '삼전도의 치욕'을 당했다. 하지만 도요토미가 조선을 침략한 명분은 정명가도征明假道였고, 게다가 왜가 한반도 전체를 지배할 경우 자국의 안위마저 위태롭다는 것을 잘 알았던 명이 지원군을 안 보낼 도리는 없었다.

어쨌든 임진왜란 초기에는 명이 조선의 지원군 요청에 매우 소극적이었고, 대신들 중에는 반대파가 제법 많았다. 이때 명이 군사를 지원하도록 결정적인 영향을 준 인물이 바로 병부상서 석성이었다. 그리고 그를 움직인 사람은 뜻밖에도 조선의 중인 신분이던 홍순언洪純彦이었다.

최근에야 새롭게 부각되는 홍순언은 중인인 역관譯官 출신으로 나중에는 나라를 빛낸 광국공신光國功臣으로 책봉되었으며, 정2품 벼슬까지 오른 인물이다. 그가 임진왜란의 비사秘史를 장식할 주인공이 된 것은 류씨 성을 가진 한 여인을 만나면서부터였다.

어느 날 사신을 따라 연행길에 오른 홍순언이 한 기생집에 들렀다. 그때 시중을 들러 나온 한 여인이 상복을 입고 있어, 홍순언은 의아하게 여기고 그 이유를 물었다.

"저는 본래 절강성에서 태어났는데, 아버지가 큰 벼슬을 얻어 연경으로 오게 됐습니다. 하지만 얼마 전 아버지가 갑자기 돌아가셨는데, 장례를 치러 드릴 돈조차 없어 상복 차림으로 이런 곳까지 나오게 되었습니다."

그 사정을 딱하게 여긴 홍순언은 그 자리에서 공금 300냥을 선뜻 내주며 장례비에 보태라고 했다. 그리고 기생집을 나서려고 하자 여인이 물었다.

"실례지만 선비님의 존함을 여쭙고 싶습니다."

"그냥 조선의 역관 홍가라고만 알고 계십시오."

《선조실록》 1584년(선조 17) 11월 1일 자 기사에는 "정욱과 응인 및 상통사 홍순언洪純彦 등에게는 가자加資하고 노비와 전택田宅, 잡물 등을 차등 있게 내렸다"는 기록이 있어, 위의 이야기는 아마 1584년 이전, 실제로 일어났던 일로 짐작된다.

아무튼 홍순언은 조선 사나이의 호탕한 기상을 명나라 류씨 처녀에게 과시하긴 했지만, 공금을 횡령한 죄를 벗지 못해 귀국하자마자 옥에 갇혔다. 그 무렵 선조는 종계변무宗系辨誣의 일이 진척되지 않자 대신들에게 역정을 내면서 1584년(선조 17) 종계변무 주청사 황정욱黃廷彧 등을 보낼 때, "이번 연행에서도 그 일을 해결하지 못하면 수석 역관의 목을 베겠다"고 으름장을 놓았다.

종계변무란 명의 《태조실록》,《대명회전》 등 문헌에 태조 이성계가 고려의 권신 이인임李仁任의 아들이며, 고려 말기의 네 임금을 시해한 인물로 잘못 기록된 일을 말한다. 오늘날의 표현대로 하면 엄청난 역사 왜곡인데다 인격 모독이었다. 조선은 이 사실을 1394년(태조 3)에 처음 발견한 후 줄곧 시정하려고 노력했지만, 무려 200여 년 동안 아무 성과가 없었다. 따라서 역대 국왕들은 종계변무를 해결하는 것을 가장 큰 난제로 여겼으며, 선조역시 그 일로 엄청난 스트레스를 받았다.

황정욱을 수행하게 된 역관들은 자칫하면 목숨을 잃을지도 모를 상황이었다. 그러자 돈을 모아 홍순언의 보석금을 내주는 대신 종계변무의 일을 부탁했다. 이는 홍순언이 심성도 곧고 역관으로서의 능력도 탁월했다는 사실을 말하고 있다. 그렇다 해도 홍순언이라고 뾰족한 수가 있었던 것은 아니다.

하지만 그가 연경燕京에 도착했을 때는 그 자신의 운명뿐만 아니라 조선의 국운까지 바꿀 만한 기적과 같은 일이 일어났다. 조선의 사신 일행이 조양문(동문) 앞에 이르렀을 때, 어떤 부부가 애타게 홍순언을 찾고 있었다. 남편은 명나라 예부禮部의 차관급에 해당하는 석성이었고, 부인은 홍순언과 구면인 류씨 여인이었다. 사연인즉 류씨는 홍순언 덕분에 부모님의 장례를 잘 치르고 석성에게 시집을 갔다. 그 뒤 조선에서 사신이 온다는 소식만 들리면 부부가 홍순언을 찾느라 애를 태웠고, 마침내 감격적인 재회를 하게 된 것이다.

마침 석성은 종계변무를 해결할 수 있는 최고 지위에 있었으므로 홍순언의 부탁을 기꺼이 들어주었다. 덕분에 선조는 역대 국왕들의 가장 큰 난제를 해결할 수 있었고, 중인인 홍순언은 일약 광국공신의 반열에 올랐다.

이후 8년 뒤, 임진왜란이 일어났을 때 석성은 병부상서로 승진해 명나라의 병권을 쥐고 있었다. 앞에서 소개한 것처럼 명의 대신들이 조선에 지원병을 파견하는 문제로 의견이 분분할 때, 석성의 강력한 주장으로 파병이 실현되었다. 이 역시 홍순언과 석성의 특별한 인연이 결정적인 계기가 되었음은 물론이다.

하지만 임진왜란 후 명의 국방과 경제력이 극도로 쇠약해지자 석성은 그 책임을 지고 옥에서 숨졌다. 한편 부인 류씨와 두 아들은 석성의 유언에 따라 조선으로 귀화해, 오늘날 해주 석씨의 시조가 되었다고 한다.

사명대사의 빼어난 외교력

임진왜란 때의 외교 교섭 과정을 말할 때 그 중심에 있던 유정惟政 사명대사四溟大師를 빼놓을 수는 없다.

임진왜란이 일어난 뒤 전국 각지에서 의병이 본격적으로 봉기한 것은 1592년 6월 이후였다. 의병은 신분으로 보면 천민에서부터 양반에 이르기까지 다양했으며, 주로 전직 관리나 해당 지역에서 존경받던 유생들이 의병 조직을 이끌었다. 의병 봉기 후 약 7개월이 지난 1593년 1월 조정에서 명나라에 통보한 의병 수는 2만 6000여 명으로, 이는 당시 관군의 1/4에 해당하는 숫자였다. 초기의 의병은 그보다 훨씬 많았지만, 장기전의 조짐을 보이자 차츰 해체되거나 관군에 편입되어 그 수가 줄었던 것이다. 이들 의병 조직 속에는 승려들만으로 구성된 특수 집단이 있었는데, 그들을 의승병義僧兵 또는 승병으로 따로 구분해 부르기도 한다.

승려들은 주로 깊은 산속에 머문 까닭에 왜적의 침입 소식을 뒤늦게 전해 들었다. 하지만 국왕이 파천을 하는가 하면, 이순신의 수군을 제외한 조선군이 일방적으로 패배를 당하는 국가적인 위기 앞에 수행에만 전념할 수는 없었다. 때마침 선조는 피난길에서 묘향산에 주석하던 휴정休靜 서산대사西山大師에게 사람을 보내 구국救國의 방도를 물었다. 당시 73세였던 서산대사는 "늙고 병들어 싸움에 나아가지 못할 승려는 절을 지키면서 불보살에게 구국을 위한 기도를 드리게 하고, 소승은 젊고 기백이 있는 승려들을 통솔해 왜적을 무찌르는 데 일조하겠다"며, 곧 전국 사찰에 격문檄文을 돌렸다.

불살생不殺生을 제일의 계율로 삼는 승려들이 적을 살생할 무기를 들어야 하는 모순의 시대였다. 하지만 역사적으로는 삼국 시대부터 승병이 조직되었다는 기록이 있는 만큼 한국 불교는 호국불교護國佛敎라는 특이한 전통을 가지고 있었다. 불교에서 말하는 나라 또는 국토의 개념은 세속과 약간 차이가 있다. 즉, 불교적인 국토란 '불보살의 진리가 상존하는 대지'를 가리킨다. 따라서 나라를 지키는 것은 곧 불법佛法을 수호한다는 말과 다르지 않으며, 더구나 '중생이 부처〔衆生是佛〕'라고 했으니 무자비한 외적으로부터 국토와 백성을 지키는 일 또한 수행의 한 형태라 할 수 있었다.

아무튼 당대의 고승으로 추앙받던 서산대사의 격문이 전달되자 충청 지역의 영규靈圭, 호남의 처영處英, 관동의 유정, 해서의 의엄義嚴 등 휴정의 문도門徒들을 중심으로 전국 각 사찰에서 승병이 조직되었다. 연로한 휴정은 제자들을 이끌고 평양성을 탈환하는 데 큰 공을 세웠으나, 이후 팔도선교도총섭八道禪敎都摠攝이라는 직함을 제자인 사명당에게 물려주고 묘향산으로 돌아갔다.

사명당은 삼각산 인근 노원평 전투 등에서 많은 전공을 세우기도 했지만, 탁월한 능력을 발휘해 공을 세운 것은 외교 분야였다.

왜장 고니시는 명이 군사 지원을 본격화하자 먼저 강화를 요청했다. 이에 따라 명의 심유경沈惟敬과 왜의 고니시가 1592년 8월 29일 평양에서 회담을 가졌는데, 결과적으로는 소득이 없었다. 이후 조명 연합군이 평양성을 탈환한 데 이어 권율 장군이 행주대첩을 거두자, 1593년 다시 명과 일본 사이에 강화 회담이 진행되었다. 물론 이 사이에도 조선군과 왜군의 치열한 접전이 간헐적으로 이루어지고 있었다.

그 뒤 심유경은 왜국으로 건너가 도요토미와 직접 만나기도 하면서 몇 차례 외교 교섭을 벌였으나, 도요토미의 오만방자한 요구에 따라 회담은 번번이 결렬되었다. 이를테면 도요토미는 명나라에 대해 명나라의 황녀를 왜의 후비後妃로 보낼 것, 감합인勘合印(무역 인증)을 복구할 것, 조선 8도 중 4도를 왜에 할양할 것, 조선의 왕자 및 대신 12인을 인질로 보낼 것 등을 요구했다.

심유경은 이런 지나친 요구때문에 강화가 이루어지지 않을 것을 염려한 나머지 본국에 도요토미를 왜왕으로 책봉해 줄 것과 명에 대한 조공을 허락해 달라는 내용의 허위 보고서를 올려 승인을 받았다. 이에 따라 명은 1596년 왜에 사신을 보내 도요토미를 국왕으로 책봉하는 책서策書와 금인金印을 전했다. 하지만 뒤늦게 심유경에게 놀아난 사실을 알아차린 도요토미는 크게 노해 책서와 금인을 돌려보내고, 다시 조선을 침략하기로 결정했다. 이것이 1597년의 정유재란이었다. 한편 명으로 귀국한 심유경은 황제를 기만한 죄로 처형되었다.

이보다 앞선 1594년, 사명당은 울산 서생포 왜성西生浦倭城을 근거지로 삼고 있던 가토 기요마사加藤淸正와 강화 회담을 가졌다. 서생포 왜성은 가토가 1592년 7월부터 1593년에 걸쳐 축성한 전형적인 왜성의 형태를 띠고 있는데, 임란 시에 가토 부대의 본영으로 쓰인 곳이다. 왜는 조선을 침략한 후 남해안 및 내륙 지역에까지 일본식 성곽을 쌓고 왜장들이 주둔하게 함으로써 근거지를 확보했다. 이러한 왜성은 일본 본토와 각지에 주둔한 왜장들 사이의 상호 연락처로 이용되었다. 현재까지 남해안 일대에서만 약 30개의 왜성 유구遺構가 발견되었으며, 그중 가토 기요마사가 주둔했던 서생포 왜성, 고니시 유키나가의 순천 왜성 등이 유명하다.

사명당은 뛰어난 학문과 해박한 지식을 갖추었을 뿐만 아니라 설득력 있는 변론, 상황을 정확히 판단하는 예리한 시각을 지닌 천부적인 외교관이었다. 더구나 상대를 압도하는 당당한 용모를 갖추어 당시 조선 정부가 내세울 만한 최고의 협상 대표였다.

그는 1594년 승병 1000여 명으로 서생포 왜성을 공략하기 위해 성 전체를 포위하는가 하면, 명나라 총병總兵 유정劉綎과 의논해 서생포 왜성을 네 차례 왕래하며 적정敵情을 살피는 동시에 강화 회담을 열었다. 세 번째 회담 때 가토가 "조선에 보배가 있는가?" 라고 묻자, "지금 조선인들 모두는 당신의 머리를 보물로 생각한다"고 말해 상대의 기세를 꺾어 놓기도 했다. 자칫하면 목숨을 잃을지도 모를 그 살벌한 상황에서 사명당은 태연하게 가토를 조롱했던 것이다. 그래서 이때의 회담이 끝난 뒤 사명당에게는 '설보 화상說寶和尙' 이라는 별명이 붙었다.

하지만 네 차례에 걸친 강화 회담은 결렬되었다. 《선조수정실록》 1594년(선조 27) 4월 1일 자 기사에는 "도원수 권율이 승장 유정惟政으로 하여금 서생포에 가서 가토 기요마사를 보고 군사를 철수하도록 유도하게 했더니 기요마사는 땅을 떼어 주면 군사를 철수하겠다고 대답했다. 유정이 누차 고니시 유키나가와 가토 기요마사의 군영을 드나들며 화친의 일을 논했으나 모두 성사되지 않았다"는 내용이 있다. 비록 왜군의 억지로 회담이 결렬되었지만, 사명당은 이를 통해 몇 가지 성과를 올렸다.

첫째로는 명나라와 왜군 사이의 강화 회담 조항 가운데 '조선의 8도 중 4도를 왜에게 넘긴다'는 내용이 있음을 파악해 이를 단호하게 거부했다. 둘째로는 가토와 고니시 사이가 갈등 관계에 있음을 파악하고 전쟁 상황을 조선에 유리한 방향으로 이끌어 나갔다. 셋째로는 왜가 군사 활동을 재개하는 데 대비해 조선의 군사력을 강화시키도록 했다. 이는 사명당이 1595년(선조 28) 전쟁이 소강 상태에 이르자 왕에게 상소문을 올려 국난 수습책을 개진한 것으로 알 수 있다.

1598년 정유재란이 한창일 때 도요토미 히데요시는 병을 얻어 후시미성伏見城에서 사망했고, 왜군은 곧바로 철수했다. 도요토미에 이어 도쿠가와 이에야스德川家康가 정권을 잡고 관백關白이 되었다. 도쿠가와는 전후 문제를 처리하고 조선과 평화 관계를 유지하기 위해 여러 차례 사신을 보내줄 것을 요청해 왔다.

선조는 사명당으로 하여금 협상을 추진할 것을 명했다. 이에 따라 사명당은 1604년 몇몇 제자를 비롯해 절충장군折衝將軍 손문욱孫文彧과 함께 대마도에 상륙했다. 당시 사명당은 왜국의 내정 탐지 및 평화 교섭, 조선인 포로 송환 등 무거운 임무를 부여받았다.

왜로 건너간 사명당은 대마도에 석 달 동안 머물다가 1604년 12월 말에서 이듬해 1월 초 사이에 교토京都의 후시미 성으로 가 도쿠가와를 만났다. 이때의 첫 회담에서 사명당은 왜가 전쟁을 일으킨 것을 인정하고 두 번 다시 조선을 침략하지 않겠다는 각서를 요구했다.

도쿠가와로서는 자신의 권력을 안정적으로 유지하면서 조선 침략으로 궁핍해진 왜의 경제를 살려야 할 과제가 있었다. 따라서 처음에는 사명당의 요구에 난색을 표명했지만, 1605년 3월 6일의 두 번째 만남에서는 여러 가지를 양보할 수밖에 없었다. 이에 따라 사명당은 왜가 두번 다시 조선을

사명대사의 생가(밀양)

사명대사 초상(동화사 소장)

밀양 표충비(사명당비)

침략하지 않겠다는 도쿠가와의 서약을 받아 냈고, 양국 평화 교류의 징표로 국서國書를 교환했다. 또한 조선 통신사를 파견할 것, 임란 시 정릉靖陵과 선릉宣陵을 도굴한 범인을 조선으로 인도할 것, 전란 중 포로가 된 조선인 3000여 명을 돌려보내 줄 것 등을 요구해 큰 성과를 얻었다. 물론 일본 측은 자국에 불리한 이 회담의 세부 내용을 기록으로 남기지 않았다.

당시 조선 정부는 사명당의 귀국을 애타게 기다렸다. 백성들 사이에서도 "조정에 삼정승이 있다고 말하지 마라. 나라의 안위는 한 스님이 돌아오는 데 달려 있다"는 노래가 유행할 정도였다. 그만큼 사명당이 어떤 성과를 가지고 귀국하느냐에 조선 민중의 관심이 쏠려 있었던 것이다.

《선조수정실록》 1605년(선조 38) 4월 1일 자에는 "유정이 일본에서 돌아오면서 우리나라 남녀 3000여 명을 쇄환했다. 유정은 승려다. 갑진년 봄 왜인 다치바나 도모마사橘智正가 와서 통신을 요구하니 조정에서는 유정에게 가서 적정을 탐색하라고 명했는데, 이때에 이르러 비로소 돌아왔다"는 간략한 내용이 있다. 사명당이 거둔 엄청난 성과에 비해 지나치게 인색한 기록이 아닐 수 없다.

왜 그랬을까?

당시 정부는 승려인 사명당을 사절로 파견할 수밖에 없는 형편이었다. 국왕 이하 조정 대신들 대부분은 왜를 무찌르는 데 도움을 준 명의 군사 지원을 감사히 여겼다. 이런 '재조지은'에 대한 인식은 훗날 인조반정仁祖反正 주도 세력들의 가장 큰 명분이기도 했다. 따라서 임진왜란 직후에 조선이 명나라의 승인 없이 독자적으로 왜와 평화 교섭을 갖는 것은 매우 조심스러운 일이었다.

조선 정부가 사명당을 사신으로 파견하면서 국서를 내주지 않은 것도 그런 사정 때문이었다. 즉, 사명당은 비공식적인 사절 신분으로 공식적인 외교 업무를 처리해야 하는 이중고에 시달렸다. 그러면서도 사명당 한 사람에게 국운을 걸어야 했던 것이 조선 정부의 입장이었으니, 역설적인 일이다.

　이처럼 당시 조선 정부는 사대라는 명분에 갇혀 독자적인 교섭권을 갖지 못했다. 따라서 가장 애꿎은 전쟁 피해국이면서도 명과 왜 사이의 강화 회담을 지켜보아야 할 처지였고, 자칫했으면 조선의 4도를 왜국에 빼앗길 뻔했다. 그럼에도 역관 홍순언, 지배층에서 팔천八賤의 하나로 취급하던 승려 사명대사 등의 외교력에 힘입어 나라를 지키고 전후戰後 문제를 유리하게 끌고 나갈 수 있었다.

　홍순언과 사명당은 당시 신분상의 한계를 가진 사회적 약자들이었다. 그런데도 나라의 운명이 경각에 이르자 목숨을 걸고 능력을 발휘한, 임진왜란의 숨은 영웅들이었다.

임금이시여, 우리를 버리십니까?

16

인조仁祖, 그 석연치 않은 묘호

1649년 5월 8일은 인조가 창덕궁 대조전에서 승하한 날이다. 그가 세상을 하직하자 왕위는 효종이 이어받았고, 대신들은 선왕의 묘호廟號를 지어 바치는 데 골몰했다.

잘 알려진 것처럼 왕조 시대의 국왕은 승하한 뒤에야 생전의 공을 따져 묘호를 정하는 게 관례였다. 묘호란 왕이 승하한 후 종묘宗廟에 봉안되는 이름을 뜻한다. 조선 시대의 경우 묘호를 정할 때는 '조공종덕祖功宗德'이라 해서, 나라에 큰 공을 세운 국왕에게는 조祖를 붙이고 덕치德治를 이룩한 왕에게는 종宗을 붙이는 것을 기본 원칙으로 삼았다. 하지만 이런 원칙이 제대로 지켜진 것은 아니어서, 선조宣祖와 인조仁祖는 임진왜란과 양대 호란을 겪은 것도 '나라에 큰 공을 세운 것'으로 인정되어 '조'라는 묘호를 받았던 모양이다.

기록에 따르면 인조는 승하한 지 7일 만인 1649년 5월 15일에 열조烈祖라는 묘호를 받았다. 그런데 8일이 지난 5월 23일, 그의 묘호는 비로소 인조로 개정되었다. 이때 대신들은 인조로 개정해야 할 당위성에 대해 덧붙였다. 그것을 요약하면 "열烈 자에 대한 해석 가운데 덕을 지켜 업을 높인다는 뜻이 있어 애초에 열조로 했으나, 남당南唐의 임금 서지고徐知誥가 이미 열조라는 호칭을 사용했으므로 취소하고 인仁 자를 쓰는 게 합당할 것"이라고 했다.

이에 대해 효종은 "이는 바로 만세의 공론이므로 내가 감히 사사로이 할 수 없다. 정신廷臣의 정성이 재차 삼차에까지 이르렀으니 감격스러운 생각이 마음속에 간절해 절로 눈물이 흐를 뿐이다"라고 답하며, 마침내 아버지의 묘호를 인조로 결정했다. 하지만 같은 날 인조라는 새 묘호를 반대하는 상소가 올라와 효종을 괴롭혔다.

그날 홍문관弘文館 부교리 유계兪棨가 올린 상소인즉, "이미 인 자를 쓴 임금, 즉 인종仁宗(조선 제12대 국왕 등)이 계시는데 다시금 인 자를 쓰는 것은 묘호를 중첩해서 쓰지 않았던 중국의 전례前例나 유교 예법에 맞지 않다"는 것이었다. 아울러 "종이라 해서 조보다 낮은 것이 아니고, 조라 해서 종보다 높은 것이 아니다"라고 하면서 인조의 묘호 끝 자를 '조'로 정한 것도 에둘러 반대했다. 경서經書와 사적史籍을 제찬, 검토하는 게 임무인 홍문관 부교리 입장에서는 마땅히 할 말을 했을 뿐이다. 하지만 이런 건의에 대해 효종은 "공의公議가 이미 정해졌으니 어지럽히지 마라"고 말해, 그 뜻을 묵살했다.

인조의 장례는 승하한 지 4개월도 더 지난 1649년(효종 즉위년) 9월 20일에 치러졌다. 그런데 이듬해인 1650년 4월 3일, 효종은 아무래도 유계가 괘씸했는지 관작을 삭탈하고 말았다. 이때 유계가 뒤집어쓴 죄목은 선왕 인조를 비방했다는 것이다. 유계의 불행은 관작 삭탈로 끝나지 않고, 몇 년 동안의 유배형으로까지 이어진다. 수많은 대신들이 그 일을 말렸음에도 효종은 유계에 대한 분노를 좀체 풀지 않았다. 과연 효종孝宗이란 묘호에 어울리는 지극한 효심이었다.

광해군과 반대의 길만 걸으면 만사형통?

선조를 이어 즉위했던 광해군光海君은 집권 전부터 심한 스트레스에 시달려야만 했다. 무엇보다 그가 풀어야 할 당면 과제는 임란의 전후 복구였다. 임진왜란으로 조선 사회는 신분 제도가 크게 문란해졌고, 수많은 백성이 목숨을 잃었다. 경작지는 전쟁 이전보다 1/3로 축소된 형편이었다.

젊은 국왕이 이 문제를 풀어 나가기 위해서는 좀 더 진취적이며 일사불란한 통치 체계를 확립할 필요가 있었다. 이에 따라 광해군을 지지하던 정인홍鄭仁弘, 이이첨李爾瞻 등 대북파大北派는 반대파인 소북파小北派를 끝없이 견제해 나갔는데, 그 결정판이 이른바 계축화옥癸丑禍獄이었다. 1613년(광해군 5) 4월, 조령에서 일어난 강도 사건으로 불거진 계축화옥은 오늘날까지 광해군이 임금으로서의 묘호를 받지 못하게 한 족쇄가 되고 말았다.

당시 영의정을 지낸 박순朴淳의 서자 박응서朴應犀 등 대신들의 서얼 일곱 명은 출셋길이 막힌 것에 불만을 품고 작당해 온갖 악행을 일삼았다. 조령의 강도 사건도 그중 하나였는데, 이를 추궁하던 대북파 대신들은 박응서로부터 반역을 꾀했다는 자백을 얻어냈다. 그렇지 않아도 소북파를 철저하게 제거하려던 대북파는 쾌재를 부르며 이 사건과 연루시켜 영의정 유영경柳永慶과 영창대군의 외할아버지 김제남金悌男을 유배시켰다가 사사賜死했고, 5년이 지난 1618년에는 영창대군의 생모인 인목대비仁穆大妃마저 폐모해 서궁西宮에 유폐했다.

대북파가 인목대비를 폐모한 사건은 얼마 후 서인西人을 비롯해 남인, 소북 세력이 연합해서 인조반정을 일으키는 가장 큰 구실이 되었다. 유교 지상주의를 천명한 조선에서 비록 친모는 아닐지라도 어머니를 핍박하는 것은 매우 큰 패륜이었기 때문이다.

광해군은 대동법, 양전 사업, 창덕궁 등의 궁궐 재건, 수많은 문헌 편찬 등을 시행하며 임란 후유증을 극복해 나갔다. 그런가 하면 임진왜란과 같은 국난을 사전에 예방하기 위해 국방력을 키워 나가는 일에도 많은 노력을 기울였다. 특히 청나라의 전신 후금이 일어서기 시작했을 때 광해군이 펼친 자주적이며 실용적인 외교 정책은 오늘날에도 주목받고 있다. 강홍립姜弘立에게 1만 군사를 딸려 명나라 지원군으로 보내면서도 정세를 잘 살펴보고 적당한 때에 후금으로 투항하게 한 것은 사실상 명분과 실리를 함께 얻을 수 있는 최선의 전략이었다.

하지만 오직 명나라를 상국上國으로 받들고 재조지은만을 외치는 상당수의 대신들은 광해군을 상국의 은혜를 저버린 군주로 몰아갔다. 인목대비 폐위 문제까지 있었으니 그럴 만한 명분은 충분했다. 결국 1620년(광해군 12)부터 정변 모의를 시작한 반정 세력은 1623년 3월 12일, 거사를 성공시킨 다음 능양군綾陽君을 새 국왕(인조)으로 추대했다. 능양군은 광해군으로 인해 아우 능창군綾昌君과 아버지 정원군定遠君을 연거푸 잃은 상처가 있었다. 당시의 주상이었던 광해군에 대한 원망이 깊었을 것이다.

능양군은 거사를 성공시킨 뒤 가장 먼저 인목대비를 복위시켰다. 1623년 3월 13일 자《인조실록》에는 "상이 의병을 일으켜 왕대비를 받들어 복위復位시킨 다음 대비의 명으로 경운궁에서 즉위했다. 광해군을 폐위시켜 강화로 내쫓고, 이이첨 등을 처형한 다음 전국에 대사령을 내렸다"는 기사가 있다.

인조반정의 주역인 서인西人은 광해군이 패륜을 저지른 것, 명과 조선의 관계인 군신君臣 관계를 배반했다는 것을 가장 큰 거사의 명분으로 내세웠다. 이는 거꾸로 말해 자신들은 광해군처럼 권력을 유지하기 위해 정적을 제거하지 않으며, 명에 대해 끝까지 사대할 것임을 밝힌 셈이었다. 요즘 항간에 떠돌았던 'ABCAnything But Clinton'란 표현을 차용하면 'ABKAnything But Kwanghae' 정책을 펴겠다는 소리였다.

그러나 당시 대부분의 백성들은 인조반정 세력을 별로 탐탁지 않게 여겼다. 더구나 명에게 사대할 것을 여러 차례 강조한 대목은 국제 정세에 대한 그들의 감각이 매우 한심한 수준이었음을 잘 보여 준다.

정권을 장악한 서인 세력들은 처음에 민심 이반을 우려한 나머지 남인南

人인 이원익李元翼을 영의정으로 추천하는 등 여러 세력을 규합해 개혁을 하겠다는 의지를 밝히기도 했다. 하지만 그들의 개혁은 진보가 아니라 후퇴였다. 욕하면서 닮는다는 속담처럼 광해군 추종 세력에게 대반격을 가해 대북파 수십 명을 처형했고, 200여 명은 유배형에 처했다. 반면 반정에 참여한 53명을 공신으로 책봉하게 함으로써 부귀영화의 발판을 마련했다.

한편 선왕先王이 아닌, 즉위 이전의 호칭인 군君으로 강등된 광해는 강화 교동을 비롯해 충청도 태안, 제주도 등으로 위리안치圍籬安置(울타리로 둘러싼 집에만 머물게 하는 유배형)되었다가 쓸쓸하게 생애를 마쳤다.

기록에는 인조가 효성이 지극하고 어진 성품을 타고났다고 한다. 그런 성품은 서인 중심의 반정 세력이 그를 추대하는 요인이 되기도 했다. 그래서였는지 그가 즉위한 후 왕실 어른인 인목대비가 매일 광해군을 죽일 것을 요구했음에도 끝까지 버텼다. 오히려 철마다 광해군에게 옷과 음식을 보내 위로했고, 그 주변 가족들도 보살펴 주었다. 당시 동아시아의 국제 질서가 급변하는 데도 인조가 친명배금親明排金 정책을 고집스럽게 추진한 데는 'ABK' 외에 개인적인 성품이 많은 영향을 주었을 것이다. 그러던 끝에 그는 두 차례의 호란을 겪으며 청 태종에게 세 번 절하고 아홉 번 머리를 조아리는 '삼배구고두례三拜九叩頭禮'란 수치의 역사를 기록했다.

《인조실록》 1637년 1월 30일 자 기사는 인조와 척화斥和를 주장했던 대신들의 하루 일과를 자세히 기록하고 있다. 이날 인조는 청 태종에게 머리를 조아린 뒤 해질 무렵에야 도성으로 돌아가게 되었다. 인조 일행이 나루에 이르렀을 때 한강을 건널 배는 두 척밖에 없었는데, 조정 대신들은 서로 그 배를 먼저 타려고 인조의 어의御衣를 잡아당기기까지 했다. 당시 그처럼 한심하고 천박한 중신들을 거느린 인조의 마음은 어땠을까? 그런데 그렇게 강을 건너자 이번에는 수많은 백성과 청으로 끌려갈 그들의 자녀들에게서 원망을 들어야 했다.

> ……사로잡힌 자녀들이 바라보고 울부짖으며 모두 말하기를 "우리 임금이시여, 우리 임금이시여. 우리를 버리고 가십니까" 했는데, 길을 끼고 울며 부르짖는 자가 만 명을 헤아렸다.*

이 대목은 마치 왜군의 침입을 피해 몽진蒙塵하던 선조를 떠올리게 한다. 그런가 하면 박해를 피해 도망치던 베드로가 십자가에 못 박히러 가는 예수를 향해 물었다는 "쿼바디스 도미네?(주여, 어디로 가시나이까?)"를 연상시키기도 한다. 하지만 대응하는 상황은 정반대니, 세계적인 성인聖人과 한 나라 국왕의 차이가 이처럼 클까 싶다.

아무튼 인조는 이날의 수치를 결코 잊지 않았을 것이다. 따라서 청의 인질이 된 소현세자昭顯世子(1612~1645)가 차츰 실용주의로 기우는 것을 용납할 수 없었다.

---

* 被擄子女望見 號哭皆曰 吾君吾君捨我而去乎 挾路啼號者以萬數.

병자호란 때 인조와 신하들이 피신했던 남한산성

남한산성 행궁

역사를 퇴보시킨 소현세자의 죽음

인조 대에 일어났던 양대 호란은 사실상 인조와 재조지은에 목을 맨 대신들이 자초한 것이었다. 하지만 그들은 치욕을 당한 뒤에도 청에 대한 적개심만 키웠지, 광해군이나 소현세자처럼 현실적인 대응을 하지 못했다. 그런 나머지 인조는 소현세자를 독살했다는 의심과 함께 비정한 아버지였다는 오명을 남겼는지 모른다.

오늘날 소현세자는 아버지 인조에게 의문사를 당한 인물로 알려지고 있다. 물론 인조가 아들을 독살했다는 기록은 어디에도 없다. 다만 앞뒤의 정황을 따졌을 때, 인조의 뜻에 의해 소현세자가 제거되었을 가능성이 매우 높다는 것이다.

소현세자 부부는 청에 끌려갔다가 8년 만인 1645년 2월 18일에 영구 귀국했다. 이때 인조는 적지에서 돌아온 아들을 그다지 반가워하지 않았다. 《인조실록》을 보면 그럴 만한 사정이 있었다. 소현세자 일행만 귀국한 게 아니라 청 황제의 칙서勅書를 가진 사신이 함께 왔는데, 그 행차가 요란했다. 청의 사신은 인조로 하여금 서울 교외까지 나와 자신들을 영접하도록 요구했다. 그때 인조는 병을 평계로 그 요구를 몇 차례 거절했다. 실제로 그의 건강이 좋지 않았던 것인지는 분명치 않지만, 아마 삼전도에서의 치욕을 반복할 생각은 없었을 것이다.

결국 청나라 사신은 조선 대신들이 차례대로 나가 사정을 빌고 간청하자 못 이긴 체하며 궁궐로 들어가 순치제順治帝의 칙서를 전했다. 그 칙서는 '(황제가) 특별히 너그러운 은혜를 베풀어 세자를 본국으로 돌려보내는 것이며, 조선 정부가 바쳐야 할 세공歲貢과 폐물幣物의 규모를 크게 줄여 주겠다'는 내용을 담고 있었다. 덧붙여 이렇게 한 것은 '순치제가 마침내 중원中原 전체를 평정하고 천자天子의 자리에 올랐음을 자축하는 뜻'에서라고 했다. 따라서 소현세자가 귀국하기 전, 중국은 이미 여진족 중심의 대국으로 통일되었던 것이다.

인조 이하 유교적인 명분과 재조지은을 앞세운 친명파 사대주의자들이 기댈 곳은 더 이상 없었다. 자신들이 오랑캐라고 그토록 깔보던 여진족이 중원을 평정한 현실을 그들은 인정할 수 없었을 것이다.

인조는 오래전부터 여러 감시자를 붙여 연경에 있는 소현세자의 일거일동을 살펴보고 있었다. 따라서 인조의 마음속에 있던 소현세자는 이미 세자가 아니라 청에 의해 언제 자신의 왕위를 차지할지 모르는, 남모르게 제거해야 할 권력의 라이벌이었을지 모른다.

귀국한 소현세자는 한동안 이런저런 환영연과 의례적인 행사에 참석했다. 따라서 이때만 해도 극히 일부를 제외하고는 소현세자가 왕위에 오를 것을 의심하는 사람들은 없었다. 그런데 그가 귀국한 지 2개월이 조금 지나서 학질에 걸려 자리에 눕자 사정이 달라졌다.

《인조실록》은 1645년 4월 23일부터 4월 26일까지 세자가 받은 처방과 병의 경과 및 사망까지의 과정을 다음처럼 기록하고 있다.

4월 23일: 세자가 병이 났는데 어의 박군朴頵이 들어가 진맥을 해보고는 학질로 진찰했다. 약방藥房이 다음날 새벽에 이형익李馨益에게 명해 침을 놓아서 학질의 열熱을 내리게 할 것을 청하니 상이 따랐다.

4월 24일: 세자가 침을 맞았다.

4월 25일: 이날 세자가 또 침을 맞았다.

4월 26일: 왕세자가 창경궁昌慶宮 환경당歡慶堂에서 죽었다. 세자는 자질이 영민하고 총명했으나 재능과 도량은 넓지 못했다. ……세자가 10년 동안 타국에 있으면서 온갖 고생을 두루 맛보고 본국에 돌아온 지 겨우 수개월 만에 병이 들었는데, 의관醫官들 또한 함부로 침을 놓고 약을 쓰다가 끝내 죽기에 이르렀으므로 온 나라 사람들이 슬프게 여겼다. 세자의 향년은 34세인데, 3남 3녀를 두었다.

이 나흘 치의 기록은 참으로 많은 궁금증을 불러일으킨다. 어떤 고인이든, 그가 국가의 반역자나 흉악무도한 범죄자가 아니라면 생전의 공덕과 선행을 추모하고 그 죽음을 안타까워하는 게 동서양을 불문한 인류이다. 하물며 소현세자는 머잖아 왕위를 이어받을 존엄의 대상이었으며, 조선의 종묘사직宗廟社稷을 잇기 위해 고행을 자처한 인물 아닌가?

그런데 기록에서 보는 것처럼 어의들은 학질에 걸린 소현세자에게 사흘 동안 침을 놓은 게 고작이었다. 약을 썼다고는 하나 무슨 약을 어떻게 썼는지 애매하고, 정확하고 안전한 치료를 위해 노력했다는 흔적도 보이지 않는다.

소현세자의 죽음을 담은 4월 26일 자 기사 전체를 보면, 소현세자가 인질이 되기 전과 청으로 끌려간 뒤의 인물평으로 크게 구분이 된다. 그것을 요약하면, 병자호란 당시만 해도 백성을 지극히 사랑하고 임금에게 충성하던 소현세자가 청으로 끌려가서는 갑자기 사람이 이상해져서 수렵이나 일삼고 학문과 거리가 먼 사람들과 어울려 심히 우려스러웠다는 것이다. 결과적으로 이 기사는 소현세자가 '재능과 도량이 넓지 못한 인물'인데, 갑자기 학질에 걸려 죽었다는 것이다.

이 기록처럼 소현세자의 공식적인 사망 원인은 학질(말라리아)이었다. 말라리아는 크게 온대성과 열대성 말라리아로 구분되며, 열대성 말라리아(뇌형 말라리아)의 경우 일부 사망할 위험성이 있지만 한반도에 나돌던 온대성 말라리아는 대수롭지 않았다. 조선 시대만 해도 여름철마다 흔하게 반복되는 질병이라 증상에 따른 치료법도 잘 발달되어 있었다. 따라서 소현세자처럼 젊고 건강한 사람이, 당대 최고의 의술을 지닌 어의들이 있는 왕실에서 학질 따위에 목숨을 잃었다는 것은 의아한 일이다.

그래서였는지 대신들조차 젊은 왕세자가 학질에 걸려 불과 사흘 만에 숨졌다는 사실을 크게 의심해 담당 의원이던 이형익을 처벌할 것을 건의했다.

4월 27일 기록에는 사간원과 사헌부가 어의 이형익의 경솔하고 망령된 처방과 치료 행위를 지적한 뒤 엄한 벌로 다스릴 것을 청하는 상소를 올렸다. 광해군 및 대북파와 반대의 길을 추구했던 그들이었지만, 자신들도 소현세자의 죽음과 관련해 대북파처럼 몰락할 것이라는 위기의식을 느꼈을 것이다. 그래서 책임을 벗어나기 위해 이형익을 물고 늘어졌다.

하지만 인조는 "여러 의원은 신중하지 않은 일이 별로 없으니 굳이 잡아다 국문鞫問할 것 없다"고 무시했다. 이후 조정 중신들은 몇 개월에 걸쳐 이형익을 처벌할 것을 줄기차게 요구했지만, 인조는 쇠심줄처럼 자신의 뜻을 관철시켰다. 이처럼 어의를 감싸 주는 '어질고 착한' 임금도 다 있구나 싶을 정도였다.

익히 알려진 대로 조선 시대의 어의들은 진찰과 치료에 극진한 정성을 쏟고도 국왕이나 왕실 가족이 숨질 경우 사형을 당하거나 유배형을 받는 게 일반적이었다. 따라서 소현세자가 사망한 후 중신들이 어의에 대한 처벌을 건의한 것은 형식적인 행위로 볼 수도 있다. 그러나 수많은 대신이 번갈아 가며 몇 달 동안 같은 상소를 반복했다면, 실제로 이형익 등을 깊이 의심했다는 뜻이다. 결코 요식적인 행위가 아니었다.

그런가 하면 《인조실록》에는 소현세자가 독살되었다는 걸 뒷받침하는 매우 중요한 기사도 실려 있다. 소현세자가 죽은 지 2개월이 지난 1645년 6월 27일 자 기사는 다음과 같다.

……상(인조)이 총애하는 조소용趙昭容은 전일부터 세자 및 세자빈과 본디 서로 좋지 않았던 터라 밤낮으로 상께 참소해 세자 내외에게 죄악을 얽어 만들어서 저주를 했다느니 대역부도의 행위를 했다느니 하는 말로 빈궁을 무함했다. (소현)세자는 본국에 돌아온 지 얼마 안 되어 병을 얻었고 병이 난 지 수일 만에 죽었는데, 온몸이 전부 검은 빛이었고 이목구비의 일곱 구멍에서는 모두 선혈이 흘러나오므로 검은 멱목으로 그 얼굴 반쪽만 덮어 놓았으나 곁에 있는 사람도 그 얼굴빛을 분별할 수 없어서 마치 약물에 중독되어 죽은 사람과 같았다. 그런데 이 사실을 외인들은 아는 자가 없었고 상도 알지 못했다. 당시 종실 진원군珍原君 이세완李世完의 아내는 곧 인열왕후仁烈王后의 서제庶弟였기 때문에 세완이 내척內戚으로서 세자의 염습殮襲에 참여했다가 그 이상한 것을 보고 나와서 사람들에게 말한 것이다.

생략한 앞부분의 내용까지 합쳐서 이 기사를 분석하면, 크게 두 가지 내용으로 요약된다.

첫째는 소현세자가 청에 머물 때 조선 포로들을 움직여 농사를 짓게 하고 그렇게 얻은 자금으로 청의 진기한 물건을 사들였는데, 이것을 알게 된 인조가 못마땅히 여겼으며 조소용이라는 후궁이 세자 및 세자빈을 심하게 모함했다는 것. 둘째는 소현세자의 시신이 시커멓고 이목구비에서 선혈이 흘러나오며 얼굴빛을 분별할 수 없어 독살당한 사람과 같은데, 이런 사실은 세자의 내척인 이세완이 목격해 주변 사람들에게 털어놓았다는 것.

여기서 첫째 부분은 소현세자의 사인과 직접적인 관련이 없는 이야기다. 그럼에도 두 가지를 함께 서술한 사관들의 의도는 무엇이었을까. 두 사건이 긴밀하게 연결되었음을 강조하려 했던 것은 아닐까? 정리하면 "인조가 청에서 지내던 아들의 태도에 크게 분노했는데, 때마침 조소용 등 측근들이 부채질했다. 귀국한 소현세자는 두어 달 만에 병을 얻어 갑자기 숨졌는데, 그 시신에는 독살당한 흔적이 완연하니 이는 누구의 소행이겠는가?" 하고 사관들은 완곡하게 묻고 있는 셈이다.

그렇다고 해도 소현세자를 죽게 한 어느 특정한 인물을 지목한 기록은 없다.

그러나 왕세자의 처소에 드나들 수 있는 사람이 극히 제한되었다는 점 등 조선 시대의 왕실 법도와 제도를 고려한다면, 물증은 없지만 심증은 가는 사건이다.

내의원은 왕실 가족을 치료할 때 진단과 조제, 시술의 모든 과정에서 최소한 세 사람 이상이 협의해서 결정하는 시스템을 갖추고 있다. 이를 염두

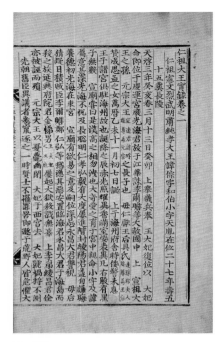

《인조실록》

에 둔다면 가장 혐의가 짙은 인물은 바로 이형익이었다. 그는 세자 부부를 끝없이 모함했던 조소용의 천거로 어의가 되었다는 점에서 더욱 의심스러운 인물이다. 그리고 이형익의 배후로는 자연스럽게 인조를 거론하지 않을 수 없다. 실제로 《인조실록》에서는 인조가 이형익을 감싸고 도는 대목이 수십 군데 발견된다.

　이것이 요즘 일반화되어 있는 소현세자 독살설의 근거인데, 이 밖에도 인조가 아들의 장례를 급하고도 소홀하게 치렀다는 점, 원손(소현세자의 아들)

을 놓아두고 굳이 봉림대군(효종)을 세자로 책봉했다는 점, 채 1년이 지나지 않아 세자빈이었던 강빈을 비롯해 소현세자의 세 아들 중 첫째와 둘째를 모두 죽였다는 점 등 의심스러운 대목이 한두 가지가 아니다.

흔히 역사에는 가정법이 성립할 수 없다고들 말한다. 그렇다 하더라도 역사적 사건을 통해 우리는 비정한 정치 현실을 추론할 수는 있다. 인조는 이런 점에서 자식까지 죽인 고루하고 어리석은 국왕이었다. 비록 그가 학문이 깊고 어진 성품을 가진 국왕이었다 해도, 그것은 역사 기록이 승자의 입장에서 서술된다는 것을 아는 사람들에게는 통하지 않는 이야기일 뿐이다.

《정감록》, 그날이 오면

17

비결서는 희망의 텍스트?

조선 왕조는 유학을 국가의 지도 이념으로 정착시켰지만, 그 이전 왕조들과 마찬가지로 수많은 민란과 반역 사건으로 점철되었다.

조선 초기의 주요 반란 사건으로는 이시애李施愛의 난이 있었고, 임진왜란 수십 년 전에는 임꺽정 등이 의적義賊을 자처하며 국가를 흔들었다. 그런가 하면 불세출의 사상가로 알려진 정여립鄭汝立은 "천하는 일정한 주인이 따로 없다"는 이른바 천하공물설天下公物說과 "누구라도 임금으로 섬길 수 있다"는 하사비군론何事非君論을 앞세워 세계 최초의 공화주의자로 평가받는 올리버 크롬웰Oliver Cromwell보다 50년 먼저 공화주의를 주장했고, 이로 인해 기축옥사己丑獄事라는 조선 최대의 옥사를 일으킨 장본인으로 기억되고 있다.

국가 체제의 변혁을 꾀하는 사건들은 임진왜란 중에도 예외가 없어서 송유진宋儒眞, 이몽학李夢鶴 등이 난을 일으켰고, 1618년에는 허균許筠이 하인준河仁俊, 김개金闓, 김우성金宇成 등과 더불어 반역을 꾀하다 발각되어 희대의 패륜아로 낙인찍힌 일도 있었다.

이와 같은 반란이나 민란은 조선 후기에 더욱 규모가 커졌는데, 그중에서도 홍경래의 난과 임술민란, 동학농민운동을 대표적으로 꼽을 수 있다.

이처럼 신분을 가리지 않고 저항 운동이 숱하게 일어난 것은 당연히 국가 체제에 대한 변혁 의지와 탐관오리의 수탈 및 현실에 대한 불만이 원인이었다. 특히 조선 후기에는 미륵신앙彌勒信仰과 《정감록鄭鑑錄》 등으로 상징되는 참서讖書 또는 비결서秘訣書가 민란 내지 반역 사건의 사상적 배경을 이루었다는 점이 흥미롭다.

1688년(숙종 14), 승려 여환呂還을 중심으로 한 '미륵 신도'들이 서울을 공격해 조선 왕조를 무너뜨리려던 사건이 일어났다. 본래 강원도 통천에서 비천한 신분으로 태어난 여환은 출가 입산해 곳곳을 떠돌던 중 미륵불의 계시를 받았다고 한다. 이후 계시를 실현하기 위해 무녀인 원향元香을 만나 결혼하고, 더욱 세력을 확장해 1688년 마침내 거사를 실현하려고 했다.

여환은 자신의 신도들에게 "7월에 큰 비가 내릴 터이니, 그렇게 되면 나라가 도탄에 빠지고 도성도 무너질 것이다. 따라서 우리가 군사를 일으켜 도성으로 들어가면 왕이 될 수 있으며, 비로소 미륵 세상이 이루어질 것이다"라고 공언했다. 이에 따라 신도들은 무장을 하고 7월 15일 서울로 잠입했다. 이때 여환과 원향도 정성껏 기우제를 지냈는데, 끝내 비는 내리지 않았다. 이에 실망한 그의 신도들 중 누군가가 고변告變해 40여 명이 체포되었고, 여환 등 11명은 처형당했다.

불교에서 말하는 미륵은 석가모니불의 뒤를 이어 57억 년 후에 세상에 나타나 중생을 구제할 미래의 부처를 가리킨다. 본래 석가모니의 제자였던 미륵은 스승으로부터 미래에 성불할 것이라는 예언을 받은 뒤 내세의 부처로 추앙받게 되었다.

여기서 57억 년이라는 숫자는 먼 미래의 어느 날을 가리키는 상징으로 보는 것이 타당하다. 그런데 석가모니가 열반한 후 약 2300여 년이 지난 조선 후기에는 57억 년이 먼 미래가 아닌 가까운 미래로 인식되었을 것이다.

그 미래의 시기는 저마다 해석하기 나름인데, 어쨌든 현실이 각박할수록 미래에 대한 갈망이 커지는 게 인지상정 아닌가? 그래서 후삼국 시대에 궁예弓裔가 미륵불의 화신임을 자처했을 때 그 어수선한 현실에 불만을 느꼈던 사람들이 구름처럼 모여들었고, 덕분에 궁예는 태봉국泰封國을 세울 수 있었다. 궁예 이후로도 미륵불을 자처하거나 그런 시대가 속히 찾아오기를 바라는, 이른바 미륵신앙이 민중 속에서 끈질기게 이어졌던 것은 익히 알려진 사실이다. 미륵신앙의 성지로 알려진 화순 운주사와 천불천탑 이야기도 그중 대표적인 사례로 꼽는다. 현실에 대한 불만, 정의롭고 풍요로운 미래에 대한 갈망이라는 차원에서《정감록》또한 조선 시대 민중의 희망이 되었던 비결이다. 오늘날《정감록》은 '조선의 조상으로 알려진 이심李沁과 조선이 멸망한 후에 일어설 새 나라의 왕인 정씨鄭氏의 조상 정감鄭堪이 금강산에서 마주 앉아 대화를 나누는 형식으로 엮어진 책'으로 정의된다.

일단 조선이 멸망한 뒤의 미래를 그리고 있다는 점이 큰 비중을 차지한다. 이를테면 이씨가 한양에서 도읍한 지 몇 백 년이 지나면 정씨가 계룡산에 도읍해서 새 나라를 이끌 것이고, 이후에도 조씨趙氏, 범씨范氏, 왕씨王氏 등이 차례대로 수백 년씩 하나의 왕조를 이룰 것이라는 예언이 담겨 있다.

다른 비결서처럼《정감록》또한 암호 같은 난해한 구절들로 구성되어 있어 누구든 입장에 따라 색다르게 해석할 수 있다. 뿐만 아니라 저자가 분명치 않고, 이심과 정감의 문답 외에도 의상義湘, 도선道詵, 무학無學, 서산西山을 비롯한 역대 고승들과 낭선자浪仙子 어무적魚無跡, 토정土亭 이지함李之菡, 격암格庵 남사고南師古, 두사총杜師聰, 정북창鄭北窓 등 이른바 한국판 선지자先知者들의 문답이 담긴 이본들까지 합치면 약 70여 종에 이른다.

그래서 대부분《정감록》이라고 할 때는 넓은 뜻으로는 '감결鑑訣'을 비롯한 여러 비기秘記를 종합한 것을 뜻하고, 좁은 뜻으로는 '감결' 하나만을 가리킨다.

이 많은 종류의 책들은 대부분 현실을 부정하고 새로운 미래의 희망을 담고 있으며, 그중에서도 "이씨가 망하고 정씨가 득세한다"는 내용이 핵심이다. 물론 정씨도 영구히 이어질 왕조는 아니라고 했다. 그런데《정감록》이 민초들의 깊은 관심을 끌었던 조선 후기에는 먼저 이씨 왕조가 무너지고 정씨 왕조가 성립하는 게 관건이었다. 그래야《정감록》이 역성혁명易姓革命을 통한 희망의 텍스트로 자리를 잡기 때문이었다. 그러나 21세기에 이르도록 정씨가 대권을 잡은 적은 없으니, 오늘날의 기준으로 볼 때《정감록》은 황당무계한 도참서가 분명하다.

《정감록》

《정감록》의 여러 이본(異本) 중
하나로 알려진 징비록(徵秘錄)

그럼에도 최근 몇 차례의 대선 때 정씨들이 출마할 경우, 은근히 《정감록》의 예언을 들먹이기는 했다. 하물며 임진왜란과 양대 호란을 거치면서 극도로 피폐해진 조선의 민초들은 어땠을까? 천지개벽이나 새 세상이 열리기를 갈구했을 그들에게 《정감록》은 허무맹랑한 내용 여부를 떠나 막대한 영향을 주었을 것이다.

《정감록》뿐만 아니라 이 책의 저본底本을 이루거나 영향을 주었던 참서들의 경우는 일단 현실적인 국가 체제를 부정하면서 동시에 이상향을 추구하고 있어 조선 조정으로부터 발행 및 소지를 금지당했다. 《조선왕조실록》에는 1417년(태종 17)을 비롯해 1469년(성종 즉위년) 등 여러 차례에 걸쳐 천문과 지리, 음양에 관련된 책들을 색출해 모조리 서울로 올려 보내라는 왕명이 내려진 것으로 기록되었다.

그러나 당시에는 중앙 정부의 행정력이 각 지방에 골고루 미치지 않았으므로, 그런 책들을 얼마든지 은폐할 수 있었다. 더구나 현실에 대한 불만이 커질수록 《정감록》은 필사 등의 방법으로 더욱 확대 재생산되었으며, 그 핵심 사상이 민초들의 마음을 파고들었다.

문인방이 일으킨 정감록 사건

국가의 기록에 《정감록》이 처음 나타나는 것은 1782년(정조 6) 11월이었다. 이 무렵 이경래李京來, 문인방文仁邦 등이 주도한 반역 사건이 사전에 적발되었는데, 그들이 역성혁명의 근거로 삼았던 책과 사상이 《정감록》이었다.

　조선의 문예부흥기를 이끌었던 정조正祖 시대에도 민란과 반역 사건이 그치지 않았다는 것은 아이러니가 아닐 수 없다. 하긴 정조는 즉위하기 전부터 숱한 정치적 반대파들에게 생명의 위협을 받았으니, 왕이 되었다고 그런 사정이 달라지진 않았을 것이다. 실제로 그가 마흔아홉에 승하한 일을 두고도 오늘날까지 독살설 시비가 그치지 않으니, 그의 시대는 결코 태평성대가 아니었다.

　잘 알려졌다시피 정조가 즉위하는 데 가장 크게 이바지한 인물은 외척의 한 사람인 홍국영洪國榮이었다. 홍국영은 정조가 왕이 된 후 반대파를 제거해 나가는 과정에서 권력을 남용한 나머지 나중엔 유배를 당해 강릉에서 숨졌다.

　홍국영의 실각은 이조판서를 지냈던 송덕상宋德相에게도 많은 영향을 미쳤다. 송덕상은 노론 벽파의 영수였던 우암 송시열宋時烈의 후손으로, 1753년(영조 29) 산림山林으로 천거되어 벼슬을 시작했다. 이후 정조가 등극한 뒤로는 홍국영의 비호를 받으며 승승장구해 이조판서에까지 오른 인물이었다. 본래는 홍국영과 정치적인 반대파였으나 정조가 즉위한 뒤 권력의 핵심이 되었으니, 오늘날의 기준으로는 기회주의적인 처사였다. 그런데다 홍국영이 실각했을 때는 자신이 홍국영과는 별 관계가 없다는 식으로 발뺌하려 했다. 그러다가 1781년 4월 말경에는 영의정 서명선徐命善, 홍문관 교리 서유성徐有成 등 중신들로부터 탄핵을 받았다.

　……교리 서유성徐有成은 아뢰기를 "송덕상은 유신儒臣의 이름을 지니고 홍

국영에게 빌붙어서 심지어 네 글자의 흉언(凶言)을 내기에 이르렀으니, 그 마음의 소재가 더없이 헤아릴 수 없습니다. 청컨대 송덕상에게 국청(鞫廳)을 설치해 엄중히 심문하소서" 했으나 (임금은) 윤허하지 않았다.

《정조실록》 1781년 4월 28일 자 기사 중에서

이처럼 송덕상은 정조의 비호를 받기는 했지만 날마다 좌불안석이었다. 그러다가 결국 같은 해 9월, 치명적인 사건에 휘말려 삼수부三水府(현재의 함경북도 삼수군)로 유배를 당했다. 그 치명적인 사건이란 호서湖西의 유생들이 일으킨 옥사 사건을 가리킨다. 즉, 연덕윤延德潤 등이 송덕상을 위한다는 명분으로 사도四道에 통문通文을 보내 서로 선동했다가 모두 체포되어 옥에 갇히는 사건이 일어났다. 이때 송덕상을 감쌌던 정조도 더는 명분이 없어 그를 유배시킨 것이다.

한편 이보다 훨씬 앞선 1772년(영조 48), 송덕상에게 글을 배웠던 두 사람이 금강산 유점사에서 운명적인 만남을 가졌다. 그 두 사람이란 앞에서 말한 이경래와 문인방을 가리킨다. 그들은 송덕상의 제자였다는 것 외에는 일면식도 없었으며, 출신 지역도 달랐다.

먼저 이경래는 강원도 양양 출신으로 정조 초기에 역모를 일으켰던 이택징李澤徵의 친척이었다. 몰락한 양반의 후손이어서 진사進士 신분이라 해도 관직을 얻기는 힘들었다고 한다. 그래서였는지 아니면 본래 과대망상을 즐긴 탓이었는지, 그는 일찍이 무력으로 거사를 일으켜 왕이 되려는 야망을 키우고 있었다. 사람들 사이에서는 "이경래가 한번 인상을 쓰면 동네 개들이 겁먹고 도망을 칠 정도로 눈동자가 중후하다"는 소문이 돌았다.

《정감록》, 그날이 오면

257

황해도 곡산에서 태어난 문인방은 천민이면서도 송덕상에게 글을 배웠다고 하는데, 어떤 인연으로 사제지간이 된 것인지, 당시 그런 일이 가능했는지는 의문이다. 더욱 놀라운 일은 그가 송덕상으로부터 '옥포玉圃 선생'이라는 서호書號까지 받을 정도로 학문이 깊었다는 점이다. 그런 나머지 의관을 제대로 갖추어 입고 외지로 나가서는 자신이 서당 훈장이었다며 사기를 치고 다녔다. 하지만 제아무리 날고뛰어도 천민이라는 꼬리표를 뗄 수 없었으니 당연히 왕조 체제와 신분 제도에 깊은 불만을 가졌을 것이고, 이것이 훗날 거사를 일으키는 계기로 작용했다.

체포될 당시 이경래는 45세, 문인방은 28세였으니 어느 모로 보나 이경래가 서열이 높았다. 유점사에서 우연히 만난 두 사람은 금세 의기를 투합해 친교가 깊어졌다. 이후 몇 차례 비정기적으로 만나면서 세상사를 두루 논하게 되었고, 차츰 체제를 뒤집어엎을 준비를 시작했다.

그들의 거사 준비가 본격적으로 이루어진 것은 정조 즉위년(1776)으로 알려지고 있다. 이경래는 스스로 장수가 되어 힘을 갖출 것을 다짐하는가 하면, 문인방에게 거사 동참 세력을 포섭하라고 지시하기도 했다.

그렇게 은밀한 포섭 활동이 진행되는 동안, 그들은 스승 송덕상이 옥사에 휘말려 삼수부로 유배당했다는 소식을 접한 것이다. 마침내 오래전부터 갈망하던 때가 다가오고 있었다. 두 사람은 다가오는 1784년 7월에서 9월 사이에 거사를 일으키기로 하고, 본격적으로 조직을 정비해 나갔다.

거사의 총지휘를 맡을 이경래는 도원수가 되었고, 선봉장은 도창국, 군량 운반 책임자인 운량관運糧官은 박서집이 맡기로 했다. 거사가 성공한 뒤로는 송덕상을 대선생大先生으로 추대할 계획도 세워 놓았다. 그런데 총참모 격인 문인방의 직위는 기록에 보이지 않는다. 아마 어떤 직위도 갖지 않은 채 실질적으로 거사를 지휘했을 것으로 추측된다. 실제로 훗날의 공초供招 기록에는 이경래보다 문인방의 죄상이 더욱 구체적으로 드러나고 있다.

아무튼 엉성하게나마 지휘 체계를 갖춘 이들은 양양 관아를 기습 접거해 무기와 병력을 보충한 뒤 간성, 강릉, 원주, 서울 동대문 순서로 진격하기로 공격 루트까지 정했다. 하지만 이러한 거사 계획은 운량관으로 임명된 박서집의 고변에 따라 물거품이 되었다. 실제 거사를 일으키기로 한 것보다 2년이나 앞선 때였다.

자수를 한 박서집 또한 송덕상의 제자였다. 그는 스승이 벼슬자리에서 쫓겨나 유배당했을 때, 스승을 위문하기 위해 삼수부로 찾아갔다가 우연히 문인방을 만나 뜻을 함께하게 되었다. 하지만 운량관이라는 직책을 맡기자 나이가 많다는 이유를 들어 거절했고, 나중엔 겁을 먹은 나머지 고변을 했던 것이다.

결국 이때 거사를 모의했던 주동자들은 속속 체포되어 이경래, 문인방 등은 처형되었고, 나머지 인물들도 큰 처벌을 받았다. 실록에는 문인방 등을 체포해 신문한 결과를 기록해 놓았는데, 당시 양사兩司가 국왕에게 보고한 죄상은 다음과 같다.

……그러다가 과연 이번에 문인방이 출현했는데, 내막의 흉악함과 모의의 음참함이 실로 역사상 있지 않았던 극도로 흉악한 악인들이었습니다. 삼자三字, 육자六字 등의 흉악한 말은 참으로 너무나 불측한 것이었습니다만, 도당들을 불러 모아 원수나 선봉장으로 일컫고 감영과 고을을 도략한 다음 곧바로

도성을 침범한다는 것에 있어서는, 오로지 송덕상을 위해서였다는 상황에 대해 낱낱이 바른대로 공초했습니다. 이미 결안을 받았는데 어떻게 다른 죄인을 미처 붙잡아 오지 못했다고 해서 일각이라도 천지 사이에 목숨을 부지하게 놔둘 수 있겠습니까. 청컨대 대역부도 죄인 문인방에게 사형을 시행하소서.

《정조실록》 1782년 11월 20일 자 기사 중에서

문제는 이 사건의 핵심 주동자인 문인방이 동조 세력을 포섭하기 위해 《정감록》 등을 비롯한 여러 비결의 내용을 퍼뜨리며 혹세무민했다는 점이다. 실록에는 이경래보다 문인방의 활동 내용이 좀 더 상세히 기록되어 있다. 문인방은 《승문연의乘門衍義》, 《경험록經驗錄》, 《신도경神韜經》, 《금귀서金龜書》 등 '요술의 책'들을 얻어 그 내용을 익히고, 양성陽城과 진천鎭川 등을 돌아다니며 "곧 난리가 날 것"이라든가 "별의 움직임이 심상치 않다"든가 하는 말을 퍼뜨렸다.

그는 신문 과정에서 "《정감록》 가운데 육자 흉언(여섯 자의 흉악한 말)도 지어내어 모함하려는 계교였는데, 이 흉악한 말은 일찍이 신의 책자 중 《경험록》에서도 나타나 있습니다. 대체로 신이 가지고 있는 책을 합하면 네 책인데, 모두 매우 요망하고 허탄한 글로서 오로지 거짓 핑계 대어 대중을 현혹시키려고 꾀한 것입니다"라고 자백하기도 했다.

문인방은 또한 자신을 비롯한 주동자들이 초인적인 능력을 가졌다는 소문을 퍼뜨려 체제의 변혁을 원하는 민중들의 마음을 사로잡으려고 했다. 그런데 위의 실록 기록에서처럼 그들이 퍼뜨렸다는 삼자 흉언이나 육자 흉언의 구체적인 내용은 알려지지 않고 있다. 다만 문인방이 자백한 내용대

로 하면 《정감록》의 핵심이랄 수 있는 '이망정흥李亡鄭興'의 논리를 응용한
어떤 예언으로 추측된다.

아무튼 이 '문인방 사건'은 《정감록》이 공식적으로 기록된 첫 번째 사건
이었다는 점에서 각별한 의미가 있다. 당시에는 한글판까지 나돌 정도로
《정감록》의 인기가 만만치 않았다고 한다.

물론 이 사건은 이경래, 문인방 등 대부분의 주모자들이 송덕상의 문하
였다는 점에서 정치적인 성격이 강하다. 그러면서도 세력을 규합하기 위한
방법으로 《정감록》과 같은 비결을 두루 활용했다. 또 이 사건 이후에도 정
조 대에만 《정감록》과 관련한 여러 차례의 반란 사건이 있었다는 점도 흥미
롭다.

왜 아직도 《정감록》인가?

널리 알려진 것처럼 왜란과 호란을 겪고 난 조선 후기는 사회 전체가
극심한 변화를 겪었던 것은 물론, 지배층의 당쟁과 탐관오리의 수탈로 민심
의 이반이 심각했다. 당연히 대부분의 백성들은 고통스런 현실을 벗어날
수 있는 풍요롭고 안정적인 미래를 그리워했으며, 《정감록》을 비롯해 《토
정비결》이나 《격암유록》 등의 예언서들은 이런 세계를 보여 주는 창窓과 같
았을 것이다.

특히 편찬 시기와 저자가 분명하지 않은 《정감록》의 경우는 반체제적인
내용을 노골적으로 드러내고 있어 더욱 큰 영향을 주었다. 조선 후기에 이

르면 동학東學을 비롯한 신흥 종교의 성립과 민중의식의 변화에도 영향력을 미쳤다.

반면 지나치게 풍수와 도참사상을 반영한 내용에 영향을 받은 사람들이 《정감록》 속의 십승지를 찾아가기 위해 가산을 탕진했다거나, 사회의 구조적인 모순과 체제를 개혁하기보다는 자신과 가문의 영화만을 도모했던 부정적인 영향도 지적되고 있다.

이를테면 《정감록》에는 "새재에 성을 쌓으면 대군이 바다에 떠서 배로 남쪽 전주全州에 들어가고…… 장씨張氏가 의병을 일으켜 난을 시작하는 것이 경염庚炎의 때니 지각이 있는 자는 이때 십승지로 가라. 그러나 먼저 들어가는 자는 되돌아오고, 중간에 들어가는 자는 살고, 나중에 들어가는 자는 죽으리라"는 내용이 있다. 난리가 날 징조가 보이면 선착순으로 십승지를 찾아가야 개인과 가족의 영화가 보장된다는 것이니, 근래에 세상을 떠들썩하게 만든 종말론자들의 주장을 연상시킨다.

조선 후기가 그랬듯이 21세기로 접어든 오늘날에도 대부분의 국민들은 늘 현실이 불안하다. 실제 근·현대사와 관련된 책을 읽지 않았더라도 강화도조약 이후 오늘날까지 대한민국이 걸어온 발자취는 험난하고 위태로웠음을 체감하고 있다. 그래서인지 현대 사회에 와서도 《정감록》의 내용을 들먹이고, 더 나아가 그런 책의 내용을 응용해서 만든 새로운 예언서인 《율곡비기》나 《송하비결》 같은 책에 이목이 집중되었으며, 그 책에 서술된 내용을 아전인수식으로 해석해 위안을 얻으려고 하는지 모른다.

조선 후기와는 비교할 수도 없는 경제 성장을 이루었고, 민주주의 체제도 거의 정착시킨 오늘날에도 《정감록》과 같은 책이 관심을 끄는 것을 어떻게 보아야 할까? 결코 바람직한 현상은 아니다. 그러나 그것은 무언가 답답한 현실을 벗어나고자 하는 마음에서 나온, 희망의 메시지를 찾고자 한 대다수 서민의 염원을 반영한 것이 아닐까.

명성황후와 대원군, 그 숙명의 라이벌

18

서로 엇갈리는 평가들

오늘날 명성황후明成皇后의 생애에 대해서는 텔레비전 드라마와 뮤지컬, 단행본 등을 통해 대중에게 널리 알려져 있다. 특히 '뮤지컬 명성황후'는 명성황후에 대한 신드롬을 일으키는 데 큰 영향을 주었다.

이 작품은 1997년 최초로 뉴욕 브로드웨이에 진출해 한국 뮤지컬의 활성화와 해외 진출의 기틀을 마련했다는 평가를 받고 있다. 이 작품을 기획한 회사는 소개문에서 "당시 뉴욕 링컨센터 진출로 전회 기립 박수와《뉴욕타임스》리뷰를 받으며 좌석 매진, 입석 발매 기록을 세웠고,《뉴욕타임스》로부터 '어떤 국적의 관객이건 감동받기에 충분하다'는 평을 얻은 바 있다"면서, 이 작품이 지금까지 "한국 뮤지컬이 발전하는 데 견인차 역할을 해내고 있다"고 분석하기도 했다.

그런데 이는 작품에 대한 자체 평가일 뿐 역사 속 인물로서의 명성황후에 대한 객관적인 평가는 아니다. 하지만 이 뮤지컬이 대대적인 성공을 거둔데다 드라마와 단행본들까지 가세하면서 이전까지 부정적이었던 명성황후에 대한 인식이 크게 바뀔 수 있었다. 동시에 이런 현상은 역사적인 소재를 사극이나 소설로 다룬 여느 창작품들과 마찬가지로 '역사 왜곡'이라는 시빗거리를 남겼다. 심지어 호칭에 대한 문제까지 불거져 종래의 민비閔妃라는 용어가 일제나 친일파들이 '고종의 왕비'를 비하하려는 목적에서 부른 것이라며, 명성황후로 통일해야 한다고 주장하는 실정이다.

일반적으로 왕비는 왕과 동격이어서 품계品階를 뛰어넘는다. 이하 후궁들은 저마다 정1품 빈嬪, 종1품 귀인貴人 등 품계에 따라 호칭도 달라진다. 따라서 '민씨 성의 왕비'라는 뜻의 '민비'라는 용어는 공식적인 왕실 호칭으로는 합당하지 않다. 그러나 '명성황후'가 오늘날처럼 일반화되기 전까지는 대부분 '민비'로 불렸던 것도 사실이다. 그렇다고 그 호칭이 요즘 일부에서 비판하는 것처럼 '고종의 왕비'를 비하하는 뜻으로 쓰인 것만도 아니다. 물론 드라마와 뮤지컬로 '명성황후'에 대한 이미지가 크게 격상된 오늘날의 사정으로 보면, 민비가 왠지 격이 낮은 호칭처럼 느껴지기도 한다.

익히 알려진 것처럼 명성황후는 고종이 조선의 국호와 체제를 '대한제국大韓帝國'으로 바꾼 뒤 추존推尊한 호칭이다. 참고로 명성황후와 대척점을 이루었던 흥선대원군 또한 대한제국 이후에는 흥선헌의대원왕興宣獻懿大院王

명성황후와 대원군, 그 숙명의 라이벌

265

으로 추존되었다. 따라서 고종의 왕비를 굳이 명성황후로 불러야 한다면, 대원군 또한 '홍선대원왕'으로 부르는 게 격에 맞는 일이다.

이런 부분들과 고종 이전의 왕비들에 대해 성씨와 비妃를 합쳐 부르는 경우가 별로 없었던 점을 감안해 여기서는 '민 왕후'와 '명성황후'를 함께 표기하며, 그중 오늘날의 시점에서 지칭할 때는 가급적 '명성황후'로 적으려고 한다.

홍선대원군이 집권할 무렵, 조선은 개화와 위정척사라는 상반된 두 가지 난제를 두고 혼란에 빠져 있었다. 이항로李恒老 등 유학자들을 중심으로 완강한 척사斥邪 운동이 일어나는가 하면, 박규수朴珪壽와 유대치劉大致 등 개화파 선구자들은 적극적인 개항과 개화를 통해 조선을 근대화하려는 물 밑 작업을 펼쳤다.

이미 중국은 아편전쟁에서 패배한 후 여러 도시가 서양 열강의 무역 시장으로 점령당한 상태였고, 일본 역시 쇄국을 고집하다 미국 등의 무력을 당하지 못해 강제로 문호를 열고 내부적으로는 메이지 유신을 추진하고 있었다. 한창 동방 진출 정책을 펼친 러시아도 조선과 국경을 마주하면서부터 개항을 줄기차게 요구했다.

바로 이런 시기에 대원군은 둘째 아들을 즉위시킨 뒤 편법으로 섭정攝政이 되어 권력의 핵심으로 떠올랐다. 집권한 그가 중점적으로 펼친 정책들, 곧 세도 정치 및 서원 철폐, 내정 개혁, 삼정의 문란 시정, 경복궁 중건 등은 궁극적으로는 무너져 내린 왕권을 강화하려는 데 초점을 맞춘 것이었다. 하지만 그러한 '개혁 정책'을 추진하는 과정에서 유림 및 위정척사파의 저항에 부딪칠 수밖에 없었다.

이에 대해 그는 집권할 때 "남대문을 3층으로 만들겠다"고 천명한 것처럼, 남인南人들을 지지 기반으로 삼고 개혁을 진행시켰다. 따라서 집권 초기의 대원군은 천주교도에 대해 우호적이었고, 부인〔여흥대부인(驪興府大夫人)〕이나 측근들이 천주교 활동을 하는 것조차 묵인할 정도였다. 그러던 중 러시아가 여러 차례 개항을 요구하자 비밀리에 프랑스 신부들과 접촉해 프랑스 및 영국의 도움을 받아 러시아의 남진을 막으려 했지만, 결국 뜻을 이루지 못했다. 오히려 서원 철폐 등의 개혁으로 자신에게 불만을 가진 위정척사 세력에게 공격의 빌미를 제공하자, 이번에는 정치 기반을 강화하려는 목적에서 천주교인을 대대적으로 박해했다. 이 일은 두 차례의 양요(병인양요와 신미양요)가 일어나는 원인이 되었고, 그 와중에 일어난 제너럴셔먼호 사건, 오페르트의 남연군 묘 훼손 사건 등은 대원군으로 하여금 더욱 강력한 쇄국 정책을 펼치게 하는 요인이 되었다.

요컨대 대원군은 처음부터 쇄국을 고집하진 않았지만, 집권 기간 중에 여러 상황이 악화되어 '척화비斥和碑'로 상징되는 쇄국 정책을 펼칠 수밖에 없었다.

이 무렵에는 대원군과 명성황후 사이에도 치열한 권력 투쟁이 시작되었는데, 이는 결국 조선이 멸망하는 비극의 씨앗이 되기도 했다.

홍선대원군은 실각한 뒤에도 임오군란(1882년), 갑신정변(1884년), 동학농민운동(1894년)이 일어나는 과정에서 구식 군인이나 일반 농민들로부터 지지를 받아, 비록 짧지만 두 차례나 재집권하는 기회를 얻었다. 그러나 민씨 세도 정권의 반격을 받아 번번이 실각하는가 하면, 임오군란 후에는 민씨 세력과 결탁한 청에 의해 천진天津으로 납치되어 치욕적인 유배 생활을 하기도 했다.

조선이 멸망하는 중대한 고비가 되는 시점마다 일반 민중이나 청, 일본 등이 서로 대원군을 끌어들이려고 했던 것은 대원군의 정치적인 영향력이 계속되었음을 뜻한다. 하지만 대원군에 대해서는 그의 집권이 가장 확고했던 1차 집권기와 이후 2~3차 집권기를 구분해서 평가하는 것이 합당하며, 일반적으로 대원군에 대한 평가는 대부분 1차 집권기에 뿌리를 두고 있다. 1차 집권 이후로도 대원군이 지속적으로 민중의 지지를 받은 것은 분명하지만 2~3차 집권이나 실각 과정들은 대원군과 명성황후(또는 고종) 사이의 치열한 권력 투쟁에 기인하고 있으며, 그런 정치 상황을 청이나 일본이 적절히 활용해 이루어졌기 때문이다.

하루아침에 실각한 대원군

민 왕후는 고종이 스무 살을 넘어 친정親政이 가능한 나이가 되자 온갖 방법을 동원해 대원군을 실각시키는 데 성공했다.

본래 대원군이 명문 출신이면서도 고아인 민씨 소녀를 고종의 왕비로 간택한 것은 외척에 의한 세도 정치를 차단하기 위해서였다. 60년 동안의 세도 정치에 짓눌려 왕족이면서도 숨 한번 제대로 쉴 수 없었던 대원군에게는 왕권을 강화하는 것이 필생의 소원이었고, 그런 측면에서 민씨 소녀는 마음에 쏙 드는 며느릿감이었다.

고종과 민 왕후가 가례를 치른 후 2년 정도는 대원군과 며느리 사이에 이렇다 할 갈등은 없었다. 그동안 대원군은 조선 최고의 권력자로서 강화도를 침범한 프랑스군을 몰아내고 쇄국 정책과 여러 개혁 정책을 펼쳐 나가고 있었다. 이때 천하태평인 고종은 제법 이성異性에 눈을 떠 궁녀들의 처소를 부지런히 드나들었다.

민 왕후는 하루빨리 왕자를 잉태하는 일과 고종이 의젓하게 나랏일을 이끌어 가기만을 기다릴 뿐이었다. 어려서부터 책 읽기를 좋아했던 왕비는 언젠가는 현실로 다가올 미래를 대비해 나갔다. 민 왕후가 읽은 많은 책들 중에는《춘추좌씨전》등 중국의 외교와 역사를 다룬 책들도 포함되어 있었다. 이렇게 형성된 민 왕후의 지식과 교양은 훗날 그녀가 격랑의 조선 말기에 중심 인물로 대두하는 밑거름이 되었다. 물론 민 왕후는 천성적으로 두뇌 회전이 빨라 우유부단한 고종을 보이지 않게 이끌었던 것으로도 유명하다.

그러던 1868년 윤4월, 이씨 성의 궁녀가 왕자를 낳았다. 이때 대원군은 그 궁녀를 종1품 귀인貴人으로 격상시켰으며, 왕자는 '완화군完和君'으로 봉해 민 왕후를 잔뜩 긴장시켰다.

한편 완화군이 태어난 지 3년이 지난 1871년에는 민 왕후도 마침내 첫째 왕자를 출산했다. 완화군이 태어날 때와는 달리 나라 전체가 큰 경사를 맞은 듯했다. 그런데 갓 태어난 대군은 쇄항鎖肛이라는 희귀한 병을 달고 태어났다. 대원군이 줄기차게 쇄국 정책을 펼친 탓인지 어린 왕자의 항문도 막힌 것이었다. 문제는 대원군이 정성껏 달여서 보낸 한약을 먹은 원자元子가 탄생 사흘 만에 숨졌다는 점이다. 이때부터 민 왕후의 신경은 매우 날카로워졌으며, 시아버지를 의심하기 시작했다.

민 왕후가 그 충격에서 벗어나 두 번째 왕자 척拓(훗날의 순종)을 임신한 것은 2년 뒤인 1873년 3월이었다. 민 왕후는 배가 불러질수록 옛날의 자신감을 회복했다. 그래서였는지 흥선대원군을 반대하는 사람들이라면 파벌을 가리지 않고 끌어들여 자기 세력으로 만들어 나갔다. 그중에는 대원군의 형 이최응李最應과 맏아들 이재면李載冕도 포함될 정도였다.

민 왕후가 세력을 규합하던 시기인 1873년 10월, 동부승지同副承旨였던 최익현崔益鉉은 다소 충격적인 상소를 올렸다. 그 상소는 흥선대원군이 정치를 엉망으로 만들어 백성은 도탄에 빠졌고 대신들은 복지부동伏地不動이라 나라의 앞날이 순탄치 않다는 내용을 담고 있었다. 말하자면 대원군의 실정失政을 강력히 비난했던 것이다.

최익현은 외모나 성격, 성향, 정책 등 여러 측면에서 흥선대원군과 닮은 데가 많은 인물이었다. 특히 그는 스승 이항로와 더불어 대원군이 쇄국 정책을 펼치게 하는 데 큰 영향을 주었다. 훗날 강화도조약이 체결된 후로는 유생들을 이끌고 그 유명한 '도끼 상소'를 추진했고, 나중에는 항일 의병에 앞장섰다가 쓰시마섬對馬島으로 유배당해 의로운 최후를 마쳤다.

이처럼 초지일관 유교 철학과 행동으로 무장한 그가 대원군을 탄핵하려고 한 배경은 무엇이었을까? 결론부터 말하면, 그 배후에 민 왕후와 민승호閔升鎬를 중심으로 한 민씨 세력이 있었다는 것이다. 이는 고종의 매우 호의적인 반응, 그러니까 "그대의 이 상소문은 가슴속에서 우러나온 것이고, 또 나에게 경계를 주는 말이니 매우 가상한 일이다. 감히 열성조列聖朝의 훌륭한 일을 계승해 호조참판戶曹參判으로 제수한다. 그리고 이렇게 정직한 말에 대해 만일 다른 의견을 내는 사람이 있다면 소인이 됨을 면하지 못할 것이다"라는 답변에서도 확인된다. 다시 말해 고종과 민 왕후는 최익현의 입을 빌려 대원군의 정책을 강력히 비판하고 친정 체제를 예고했던 것이다.

사실 최익현이 대원군을 비난한 것은 이때가 처음은 아니었다. 1868년(고종 5)에도 대원군이 무리수를 두어 가며 경복궁을 중건하자 이를 신랄하게 비판하는 상소를 올린 적이 있었다. 그 일로 사간원의 탄핵을 받아 장령掌令(사헌부의 정4품 관직)에서 돈령부敦寧府 도정都正으로 좌천되었다가 곧 사직했다.

이후 5년이 지난 1873년 9월, 그는 다시 동부승지가 되어 조정으로 돌아올 수 있었다. 동부승지는 왕명 출납을 담당한 승정원承政院 소속 정3품 관직이므로 5년 전 그가 탄핵당한 것에 비하면 파격적인 일이었다.

최익현 못지않게 꼬장꼬장한 대원군은 자신의 지지 세력을 움직여 고종의 친정, 거꾸로 말하면 자신의 실각을 막으려고 했지만 끝내 실패했다. 그럴 수밖에 없는 것이 고종과 민 왕후가 대원군의 적대 세력들을 모두 포섭한데다 대원군 자신은 어떤 공식적인 지위가 있었던 것이 아니기 때문이다.

최익현이 같은 해 11월 3일, 다시 한번 대원군을 탄핵하며 고종의 친정을 요구하는 상소를 올리자 고종은 "지금 호조참판 최익현의 상소문을 보니 나를 핍박하는 어구들이 많다. 어찌 이런 도리가 있을 수 있는가? 아주 해괴한 일이니 찬배竄配(유배 조치)의 법을 시행하라"면서 즉시 최익현에 대한 유배 조치를 시행했다. 그러나 이런 재빠른 조치는 대원군 지지 세력이 최익현의 생명을 노리는 상황을 사전에 막기 위한 선수先手였다.

최익현을 안전한 곳으로 보낸 고종은 이틀 뒤에 조보朝報를 통해 자신이 친정하겠다는 뜻을 만천하에 알렸다. 실록이나 《승정원일기承政院日記》에는 이 친정 선포에 대한 기록이 보이지 않지만, 어쨌든 "금일(11월 5일) 이후로 과인이 직접 국정을 수행하겠노라"는 한마디에 따라 대원군은 실각했다.

어찌 보면 대원군은 실각하고 말 것도 없었다. 공식적으로 그는 말 그대로 임금의 생부生父인 대원군이었을 뿐이기 때문이다. 상징적인 서열은 높았겠지만 법적인 권한은 정승이나 판서들에 비해 결코 크다고 볼 수 없는 무관無冠의 제왕이었으니, 그날처럼 국왕이 친정을 선포하면 그저 본래의 대원군으로 돌아갈 수밖에 없는 처지였다.

알 수 없는 고종의 본심

서구 열강의 전 세계적인 식민지 쟁탈 내지 무역 시장 확보가 치열하던 19세기 말, 대원군이 조선의 쇄국을 펼친 것은 시대에 뒤처진 일이었다. 이는 대원군 자신도 집권 초기에 프랑스 신부와 접촉하는 등 일정한 시기에 개항을 하려고 했던 정황에서 확인되는 사실이다.

그러나 대원군이 실각한 뒤 고종과 민 왕후가 추진한 개항도 바람직하지 않았다. 적어도 조선은 정치와 제도를 개혁하고 자발적으로 문호를 열 수 있을 때까지 국력을 키워야 했기 때문이다. 대원군은 쇄국을 펼치면서도 내부적으로는 군사력을 키우고 경복궁 중건으로 상징되는 것처럼 왕권을 강화해 번듯한 조선을 가꾸려고 했다. 하지만 그의 개혁은 전통적인 봉건체제의 범위 안에서 이루어졌으며, 경복궁 중건 과정에서 당백전當百錢을 발행하는 등 민폐를 일으켰다. 이로 인해 사적인 감정으로 촉발된 민 왕후의

경복궁 전경

반발을 불러 실각했고, 이후 두 사람의 극한적인 대결은 결국 조선의 멸망
으로 이어지고 말았다.

　이런 측면에서 오늘날 뮤지컬이나 드라마가 그리는 명성황후의 면모는
역사성이 결여되었다는 지적을 받고 있다. 명성황후가 일본 낭인들의 무자
비한 만행으로 숨진 부분에만 초점이 맞추어진 나머지 그가 주도했던 외교
정책의 실패, 세도 정치의 부활, 지나친 정치 개입과 낭비벽 등 부정적인 측
면이 가려졌기 때문이다.

　민 왕후 생존 시에 영화를 누렸던 민씨 세도 정권은 그 이전의 안동 김씨

세도 정권에 못지않은 부작용과 폐단을 불러일으켰다. 황현黃玹의 《매천야록梅泉野錄》은 고종과 민 왕후에 대한 당대 사람들의 시각을 생생하게 그리고 있다. "밤에 고종과 함께 놀이패를 불러 잡스러운 노래를 듣던 명성황후가 혼자 좋아서 넓적다리를 치며 '좋다, 좋아' 라는 감탄사를 연발했다"는 대목을 예로 들 수 있다. 그런가 하면 "민 왕후가 불필요한 일로 궁중의 재산을 마구 낭비한 나머지 나중에는 매관매직과 뇌물이 성행했고, 지나치게 미신에 현혹되어 결국 조선이 멸망하는 원인이 되었다"고 분석하기도 했다. 또한 대원군이 실각한 후의 민씨 세도 정권에 대해서는 "임금이 친히 나라를 다스리자 모든 사람들이 기대했지만 나라 안의 일은 중궁(민비)이 이끌었고 바깥일은 민승호에게 위임해, 결국 민씨들이 줄줄이 등장하고 간사한 무리들이 번갈아 나왔다"고 기록했다.

수교 초기에 주한 미국 공사를 지냈던 허드Augustine Heard는 "민씨 척족은 조선의 거의 모든 권세와 부귀 있는 자리를 독차지해 국민의 미움을 사고 있다. 만약 누군가 실력 있는 지도자가 나타난다면 혁명을 바라는 사람들은 그 지도자 주위로 모여들 것이다. 지금으로서는 강력한 의지와 정신력을 가진 대원군을 빼고 그런 지도자가 없는 것 같다"는 보고서를 자국 정부에 보내기도 했다.

이와 같은 생생한 기록들은 당시 민씨 세도 정권의 폐해와 대원군에 대한 백성들의 기대를 잘 보여 준다. 그런가 하면 고종은 1895년, 을미사변을 겪은 뒤 일본의 압력을 이기지 못해 민 왕후를 서인으로 강등시키면서 다음처럼 말했다.

짐이 보위에 오른 지 32년에 정사와 교화가 널리 펴지지 못하고 있는 중에 왕후 민씨가 자기의 가까운 무리들을 끌어들여 짐의 주위에 배치하고 짐의 총명을 가리며 백성을 착취하고 짐의 정령政令을 어지럽히며 벼슬을 팔아 탐욕과 포악이 지방에 퍼지니 도적이 사방에서 일어나 종묘사직이 아슬아슬하게 위태로워졌다. ……그러나 민씨는 오래된 악을 고치지 않고 그 패거리와 보잘것없는 무리를 몰래 끌어들여 짐의 동정을 살피고…… 이것은 왕후의 작위와 덕에 타당하지 않을 뿐만 아니라 그 죄악이 가득 차 선왕들의 종묘를 받들 수 없는 것이다. 짐이 할 수 없이 짐의 가문의 고사故事를 삼가 본받아 왕후 민씨를 폐해 서인庶人으로 삼는다.

《고종실록》 1895년 8월 22일 자 기사 중에서

비록 일본의 압력에 따른 폐서인 조치와 발언이라고는 하지만, 왕후에 대한 좋지 않은 감정과 정치 개입으로 인한 폐단을 진솔하게 서술했다는 점에서 꽤 흥미로운 기록이다.

일본은 을미사변을 일으킨 뒤 오히려 기세를 굽히고 말았다. 명성황후 시해 당시 그 현장에는 고종뿐만 아니라 미국인 교관 다이, 러시아인 기사 사바틴 외에 수많은 조선인들이 있어 진상을 낱낱이 목격했다. 따라서 범인들의 정체 및 배후에 관한 실상이 국내외로 급속히 퍼졌고, 서구 열강은 일본을 강하게 압박했다. 일본은 즉시 미우라 공사를 해임하고 관련자 48명을 히로시마 감옥으로 보내는 등 형식적으로나마 저자세를 취해 사건을 무마하려고 했다.

이때 고종은 자신의 생명도 결코 안전하지 않다는 것을 절감하고, 미국·러시아 공사들이 직접 건네주는 음식 외에는 입에도 대지 않을 만큼 극도의 불안에 시달렸다. 그리고 얼마 후 최측근의 도움을 받아 아관파천俄館播遷을 단행해, 조선에 대한 지배권을 두고 일본과 다투던 러시아의 손을 들어주었다. 이런 때여서 일본의 압박에 못 이겨 위와 같은 교서를 내렸다는 것은 의아한 일이다.

이후 고종은 이듬해인 1897년 대한제국을 선포하고 왕실의 호칭을 격상하면서 명성황후를 다음처럼 평가하고 있다.

명성황후 생가(경기도 여주군 여주읍 능현리)

……생각건대 황후 민씨는 영특하고 슬기로우며 착하고 온화하고 단정하고 엄숙한 자품으로 왕비에 간택되어 왕실의 빈嬪이 되었다. 아름다운 신정왕후神貞王后를 계승해 정성과 효도가 두터웠고 종묘를 공손히 받들어 엄숙하게 게을리 하는 일이 없었다. ……어려운 때를 거듭 만나서 온갖 근심을 다 맛보았으며 사변에 대처해서는 경도經道와 권도權道에 합치되었고, 황후로서의 위의를 손상시키지 않으면서도 위태로운 상황을 편안한 데로 인도해 태평의 기반을 다졌으니 어찌 거룩하고 아름답지 않겠는가? 내가 임금 자리에 오른 지 32년이 되는 을미년(1895) 8월 20일에 세상을 떠났는데, 이런 궁내의 사변은 너무나 불측스러운 것이어서 만고에 없었던 일이다. 원수를 갚지 못한 채 상복을 벗은 지금, 나의 슬픔과 동궁의 애통함은 끝이 없다. 생각건대 오늘날 큰 왕업을 중흥해 자주 국권을 찾은 것은 실로 황비皇妃가 도와준 성과다…….

《고종실록》1897년 11월 6일 자 기사 중에서

과연 을미년 기사와 정유년 기사 중 어느 것이 고종의 본심일까? 당사자가 아닌 바에야 그 속마음을 알 길은 없다. 다만 이처럼 상반되는 기록은 역설적이게도 명성황후의 본래면목本來面目을 좀 더 뚜렷하게 보여 주는 길잡이인 것만은 분명하다.

경술국치일, 민중들은 울지 않았다

19

창덕궁 대조전

늦더위가 기승을 부리던 1910년 8월 22일 오후 1시. 순종純宗 황제는 창덕궁의 대조전에서 어전회의御前會議를 열었다. 대한제국의 마지막 어전회의였다. 이 회의에는 국무대신國務大臣 외에 황족皇族 대표자와 문무 원로의 대표자들이 참석했는데, 안건은 한일병합조약안에 대한 것이었다.

이미 사태를 파악하고 있던 대신들은 이완용李完用, 송병준宋秉畯 등의 눈치만 살폈다. 본래 건강이 좋지 않았던 순종은 식은땀을 흘리며 회의에 참석한 사람들을 두루 살펴보았다. 그는 1907년 아버지 고종이 추진했던 헤이그 밀사 사건을 떠올렸다.

1905년 을사조약을 체결한 후 한국의 외교권은 일본이 행사했으며, 그 것은 곧 국제 사회에서 대한제국이 존재하지 않음을 뜻했다. 그런 나라를 살리기 위해 고종은 비밀 정보기관인 제국익문사帝國益聞社까지 운영하며 안 간힘을 썼지만, 이렇다 할 성과는 없었다. 이준李儁이 네덜란드 헤이그의 한 호텔에서 단식투쟁을 하던 무렵인 1907년 7월 3일 저녁, 통감으로 한국에 와 있던 이토 히로부미伊藤博文가 고종을 찾아가서 따졌다.

"폐하는 어째서 대일본제국의 방침을 따르지 않고 밀사를 보내셨습니 까?"

고종은 자신이 을사늑약에 동의하지 않았으니 일본의 간섭을 받을 이유 가 없다고 항변했지만, 이토는 고종을 실컷 비웃어 주었다.

며칠 후 친일 매국으로는 이완용과 쌍벽을 이루던 농상공부대신 송병준 이 두 시간 동안 고종을 협박했다. 송병준의 요구는 헤이그 밀사 사건에 대 해 일본 천황을 찾아가 사죄를 하든지, 그게 어렵다면 서울에 주둔하고 있 던 하세가와 사령관에게 사죄하라는 것이었다.

그로부터 며칠이 지나는 동안 이완용과 송병준은 이토 히로부미와 함께 고종을 폐위시키기로 결정했다. 이완용은 고종을 찾아가 황태자에게 양위 讓位할 것을 요구했다. 이완용의 집에 모였던 대신들도 경운궁慶運宮(훗날의 덕 수궁) 중명전으로 찾아가 밤새도록 고종의 퇴위를 요구했다. 끈질기게 버티 던 고종은 결국 양위를 하는 대신 대리청정을 맡기겠다는 타협안을 제시하 고, 7월 18일 새벽 5시에 "군국軍國의 대사大事를 황태자로 하여금 대리代理 하게 한다"는 조칙을 내렸다.

창덕궁 대조전

7월 19일, 황태자는 두 차례나 상소를 올려 대리청정 명령을 취소해 줄 것을 청했다. 30년이나 황태자로 있었지만 아무것도 모르는데다, 감히 아버지를 대신해 국정을 살필 능력도 안 된다는 게 요지였다. 형식적인 사양이 아니라 실제 속마음도 그랬을 것이다.

하지만 고종은 그날로 황제에서 물러나야만 했다. 따라서 7월 19일의 국정은《고종실록》의 마지막 부분이면서《순종실록》의 첫 부분을 차지하게 되었다. 그날의《순종실록》기사는 "명을 받들어 대리청정代理聽政했다. 선위禪位했다"라는 간략한 내용이 전부다. 그러니까 순종은 대리청정이란 형식을 통해 황제의 자리를 이어받았다(禪位)는 것인데, 왠지 석연치 않다. 엄밀하게 말하면 고종은 물러나는 순간까지 양위할 뜻을 밝힌 게 아니라 순종을 대리로 앞세웠기 때문이다.

이토 히로부미와 친일 매국노들은 7월 19일 일방적으로 고종의 퇴위를 공포하고, 순종의 즉위식 행사를 치렀다. 고종과 순종이 모두 참석하지 않은 채 두 사람을 각각 대리하는 내관들만으로 새 황제의 즉위 행사를 가졌던 것이다.

이 소식을 들은 서울 시민들은 경운궁의 대한문 앞으로 모여들어 일제의 만행에 격렬히 항의했고, 끝내 무력 충돌까지 일어났다. 당시 상황에 대해 미국의 종교 및 역사학자 헐버트H. B. Hulbert(1863~1949)는 다음과 같은 기록을 남겼다.

광무제(고종)는 일본에 항복한 적이 결코 없다. ······생명의 위험을 무릅쓰고 미국의 협조를 구했으며 만국평화회의에 호소했으나 성과가 없었다. ······

그는 고립무원의 군주였다.

이처럼 순종은 어정쩡한 형식으로 즉위해서 국정을 이끌어 나가야만 했다.

이보다 훨씬 앞선 1884년 겨울에 고종을 알현했던 미국인 퍼시발 로웰 Percival Lowell(1855~1916)은 순종과의 첫 만남에 대해 "그가 나를 접견했을 때 두 대신이 그의 양옆에 서 있었다. 그러고는 그가 무슨 말을 하려 할 때마다 대신들이 허리를 굽히고 그의 귀에 무슨 말을 해야 하는가를 속삭여 주곤 했다. 그러면 그는 동상처럼 무표정하게 서 있다가 앳된 목소리로 대신들이 속삭여 주는 말을 그대로 따라 외우는 것이었다"고 회상한 바 있다. 순종이 어려서부터 황제로서의 기상과 위엄을 갖추지 못한 인물이었음을 잘 드러내는 대목이라 하겠다. 천문학을 전공한 로웰은 한국과 일본 등을 여행한 뒤《조선》(1886년),《극동의 정신》(1888년) 등 여러 기행서를 펴냈고, 특히 고종高宗의 사진을 처음 촬영한 것으로 유명하다.

1907년 7월 20일, 순종은 일본 천황의 축전을 받는 것으로 허수아비 황제의 첫날을 시작했다. 순종이 처음 내린 조령詔令은 "이상설李相卨, 이위종 李瑋鍾, 이준이 거짓으로 밀사라고 칭하며 사람들을 현혹시켰으니 법부法部가 중형에 처결하라"는 것이었다. 아버지 고종이 보낸 밀사를 처벌해야 하는, 이토 히로부미나 친일파 대신들의 압력이 아니면 결코 있을 수 없는 조령이었다.

7월 21일에는 "이미 대조大朝(고종)의 처분을 받들었으니 (고종을) 태황제로 높이 받드는 의식 절차를 궁내부의 장례원掌禮院에서 도감都監을 설치해 거행하도록 하라"고 했는데, 이런 기록은 고종에서 순종으로 양위된 것이 기정사실로 굳어졌음을 말한다.

일제는 순종을 즉위시킨 뒤 한일신협약(정미7조약)을 강제로 체결하고 일본인 관리들을 대한제국 정부의 차관으로 임명해 한국을 직접 지배하기 시작했다. 그 뒤 한국의 사법권과 감옥 사무를 통감부統監府로 이양시켰고, 언론을 탄압하기 위한 신문지법, 집회 및 결사를 금지하는 보안법을 연이어 제정했다. 또한 대한제국 군부軍部를 폐지하고, 8월 1일에는 대한제국 군대마저 강제 해산했다.

1909년 이용구李容九, 송병준 등이 이끄는 친일 단체인 일진회一進會가 일제의 지시를 받아 '한일합방론'을 들먹이며 이를 여론화시켰다. 이런 가운데 일본 내각은 비밀리에 회의를 열어 한국을 완전한 식민지로 통치할 것을 결의해 천황의 재가를 받았다. 하지만 이런 시도는 안중근安重根의 하얼빈 의거와 이재명李在明의 이완용 습격 사건으로 큰 차질을 빚어 한동안 중단되었다.

고종을 강제 퇴위시킨 이토 히로부미는 1909년 10월 26일, 하얼빈에서 안중근 의사의 저격을 받아 즉사했다. 이토를 스승으로 받들던 이완용은 부친의 죽음보다 슬퍼하며 사흘 동안 음주와 가무를 중지하라는 명령을 전국에 내렸다. 궁궐에서는 명성황후의 탄신일 잔치마저 취소되었다.

안중근 의거 소식에 용기를 얻은 애국 청년 이재명은 1909년 12월 명동성당 앞에서 가마에 오르던 이완용을 칼로 습격해 복부와 어깨에 중상을 입히고 체포되어, 이듬해 9월 13일에 사형당했다.

이 두 사건으로 일제의 한일 병합 계획은 미뤄졌으나, 1910년 3월 26일

안중근 의사를 사형시킨 뒤에 다시 합병을 본격화했다. 이재명의 습격을 받아 두 달 이상 치료를 받느라 국정을 수행하지 못하던 이완용은 1910년 7월 29일, 내각총리대신으로 재차 임명받고 업무에 복귀했다. 순종은 이처럼 좌불안석의 3년을 보내던 끝에 마침내 공식적인 한일병합조약을 묵인하는 처지가 되고 말았다. 그날(1910년 8월 22일) 순종이 내린 조령은 이렇다.

"짐은 동양 평화를 공고히 하기 위해…… 대일본국 황제 폐하에게 양여讓與하기로 결정하고…… 내각총리대신內閣總理大臣 이완용을 전권위원으로 임명하고 대일본제국 통감 데라우치 마사타케寺內正毅와 회동해 상의해서 협정하게 하는 것이니 제신諸臣 또한 짐의 결단을 체득해서 봉행하라."

이 말로 한일 병합은 공식적으로 결정되었다.

강대국들이 승인한 일본의 한국 지배

조선의 제27대 국왕이며 대한제국의 2대 황제인 순종은 결국 백제의 의자왕처럼 망국의 군주가 되고 말았다. 하지만 그의 황제 선위 과정이 석연치 않다는 점과 황제로서의 권위와 위상을 전혀 찾아볼 수 없다는 점, 고종 재위 시인 1905년 을사조약으로 이미 국권을 상실했다는 점으로 볼 때 조선의 마지막 국왕은 고종이라 해도 지나친 말이 아니다.

훗날 순종이 남긴 유서를 보면, 한일병합조약 당시 그가 일제와 친일파들로부터 상당한 압력을 받았음을 알 수 있다. 그는 1926년 4월 25일, 창덕궁 대조전에서 53세를 일기로 숨졌다. 그 바로 전에 궁내부 대신 조정구趙鼎九에게 구술한 유조遺詔가 석 달 뒤인 7월 28일 자《신한민보》에 실렸다. 그 내용을 보면 "한일병합조약에 인준할 당시 일제가 나를 유폐하고 협제脅制해 나로 하여금 명백히 말을 할 수 없게 한 것으로 (인준 지시를) 내가 한 것이 아니니 고금에 어찌 이런 도리가 있으리오"라고 되어 있다.

순종은 이때의 유언에서 "여러분이여, 노력해서 광복光復하라. 짐의 혼백이 명명冥冥한 가운데 여러분을 도우리라"는 말로 끝을 맺고 있다. 비록 멸망한 나라의 군주였지만, 그 역시 나라와 백성을 끝까지 사랑하는 마음이 있었을 것이다.

잘 알려진 것처럼《고종실록》과《순종실록》은 시노다 지사쿠篠田治策, 오다 쇼고小田省吾, 나리타 세키나이成田碩內 등 수많은 일본인 학자들이 편찬위원장 및 감수위원 등을 맡아 편찬되었다. 따라서 두 실록 모두 일본에 불리한 내용은 들어갈 수가 없었다. 이는 순종이 한일병합조약을 승인할 때 내렸다는 조칙 또한 실록을 편찬할 때 얼마든지 왜곡되었음을 알게 하는 대목이다.

어쨌든 1910년 8월 22일, 순종이 한일 합병을 공식화한다는 조칙에 따라 이완용과 데라우치 마사다케는 그날 오후 4시에 만나 조약문에 서명하고 각각 내각총리대신과 통감자작統監子爵이라는 직인으로 날인했다.

오늘날 일본이 한국을 강제 점령한 이 사건을 두고 '한일 합병', '한일 합방' 또는 '한국 병합' 등 여러 용어가 사용되고 있다. 이때 합병(병합)과 합방合邦에는 약간의 차이가 있다. 합병은 우세한 집단이나 국가가 열등한 집단이나 국가를 강제로 합친다는 뜻이 강한 반면, 합방은 대등한 관계에서 하나로 연합한다는 뜻을 담기 때문이다. 《순종실록》에도 1910년 8월 22일 자 기사 등에 '한일 합병' 또는 '일한 합병'이라고 했지 '합방'으로 표기하지는 않았다. 따라서 한일 합방보다는 한일 합병이라고 하는 것이 역사적 사실과 가까운 표현이라고 하겠다.

일제는 한국을 강제 점령하기 전부터 총리대신 가츠라, 외무대신 고무라 등이 여러 차례 회합을 갖고 한국을 병합하는 데 필요한 치안과 행정, 한반도를 지나 만주까지 연결되는 철도 건설 계획 등을 세부적으로 다듬어 나갔다. 1910년 2월에는 재일본 외국 공사관에 대한제국 병합 계획을 통보했다. 이미 국제적으로는 일본이 한국의 외교권을 확보한데다 가츠라-태프트 밀약, 영일동맹, 포츠머스조약 등으로 일본의 한국 지배가 승인된 상태였다. 이제 남은 것은 한국을 완전하게 점령할 시기뿐이었다.

1910년 5월 말, 일제의 육군대신이던 데라우치 마사타케 대장이 통감으로 임명되었다. 이후 한국으로 부임한 데라우치는 이완용 친일 내각으로부터 경찰권을 이양받아 헌병과 경찰을 동원한 삼엄한 공포 분위기를 연출했다.

이완용은 한일병합조약에 서명하기 전인 1910년 8월 16일, 데라우치의 부름을 받고 통감의 관저로 달려갔다. 데라우치로부터 조약문 초안을 받은 이완용은 합병 후에도 대한제국이라는 국호를 남길 것과 황제에게 왕의 칭호를 쓰도록 허용해 달라는 것 두 가지를 건의했다.

그 뒤 8월 22일, 대한제국의 마지막 어전회의가 끝나자 이완용은 다시 데라우치를 만나 한일병합조약문에 서명 날인했다. 이 당시 일제는 서울의

4대 문과 주요 관문에 예외 없이 무장 군인들을 배치해 놓아 삼엄한 경비를 펼쳤다.

한일병합조약문은 모두 8개 조항으로 구성되어 있다.

제1조는 "한국 황제 폐하는 한국 전부全部에 관한 일체 통치권을 완전하고 영구히 일본 황제 폐하에게 양여한다" 로 되어 있고, 제2조는 "일본국 황제 폐하는 전 조에 게재한 양여를 수락하고 또 완전히 한국을 일본 제국에 병합하는 것을 승낙한다" 이다. 대한제국 황제가 한국의 모든 것을 완전하고 영구히 일본 황제에게 바치기를 염원했고 이를 천황이 수락한다는 형식으로 이루어져, 결코 일제가 한국을 강제 점령한 게 아님을 대외적으로 보이려는 수사修辭였다.

조약문의 나머지 조항들은 대부분 일본이 대한제국 황실을 안전하게 보호한다는 것과 한일 병합에 공을 세운 이완용 등 매국노들에게 작위와 땅을 하사하겠다는 내용을 담고 있다. 한국의 황실과 귀족만 회유해 나머지 '미개한' 민중들을 힘들이지 않고 지배하겠다는 저의가 분명하다.

국제법상 합법적인 합병?

8월 22일에 체결한 한일병합조약은 일주일 동안 공포되지 않았다. 그리고 제8조 "본 조약은 한국 황제 폐하 및 일본국 황제 폐하의 재가를 경유한 것이니 반포일로부터 이를 시행한다" 는 내용에 따라 8월 29일에 공포되어, 일제의 강제 점령이 공식적으로 시작되었다.

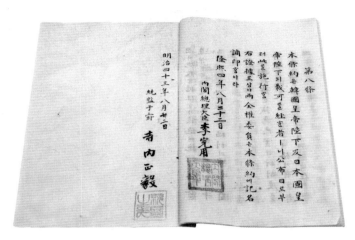

한일병합조약 문서(복제)

그렇다면 조약을 체결한 뒤 일주일 사이에 무슨 일이 있었을까?

결론부터 말하면, 일제는 한국인의 반발을 막기 위해 경찰과 군사력을 동원해 계엄 상태를 만들어 놓고 있었다. 《순종실록》 8월 24일 자 기사는 "통감부統監府 경무총감부의 명령으로 정치와 관련된 집합, 야외 집합 금지령을 공포하다. 내각 고시內閣告示로 현재 정치에 관한 집회 또는 옥외에서 많은 사람들의 집합을 금지하는 것에 관해 통감부 경무총감부령을 게시해 반포한다"는 내용으로 이루어졌다. 실록에조차 한국인들의 격렬한 반발을 우려해 옥외 집회를 금지했다는 내용이 담겼으니, 실제로는 훨씬 심각한 반발이 있었음을 짐작하게 된다.

이처럼 일제는 전국을 삼엄하게 감시하는 가운데 내각총리대신 이완용 등에게는 금척대수장金尺大綬章을, 내무대신 박제순朴齊純 등에게는 이화대수장李花大綬章을 수여해 친일 지배층의 자축 분위기를 유도했다. 이윽고 8월 29일이 되자 순종은 "일본 제국의 문명한 새 정치에 복종해 행복을 함께 받으라"면서 한일 합병 사실을 공포했다. 물론 이런 기록도 완전히 왜곡된 것이거나 일제의 삼엄한 감시와 압박 속에서 비롯된 발언이었다.

이는 데라우치가 총리대신 가츠라에게 보낸 보고서에서도 확인되는 사실인데, 이를테면 "본 관은 성지를 받들어 지난 7월 23일 한국에 착임한 이래, 이미 확정된 방침에 따라 시기를 노려 병합의 실행에 착수코자 한편으로는 준비를 서두름"이라고 하면서, "(일본의) 군대 경찰의 위협과 끊임없는 경비가 간접적으로 상당한 효력을 나타낸 것 역시 다툴 수 없는 사실"이라고 한 대목에서도 확인된다.

이 보고서처럼 일제는 8월 29일, 서울에 주둔시킨 일본군을 약 30미터 간격으로 무장 배치한 뒤 한일 합병 사실을 알렸다. 한국인들이 그날을 '나라의 수치〔國恥〕'로 여기며 멍하니 주저앉았을 때, 일본 열도에서는 집집마다 일장기를 내걸고 축제 분위기에 들떠 있었다.

일제는 이때부터 대한제국이라는 국호를 없애고, 대한제국이 영토로 삼았던 지역 전체를 조선으로 호칭했다. 즉 일제 강점기에 일본인이 사용한 조선이란 용어는 대한제국 이전의 국호를 뜻하는 게 아니라, '일제의 통치권이 미치거나 합병된 지역'이란 의미를 내포하고 있다. 마찬가지로 한국인에 대해서는 '조선인' 또는 '반도인半島人'이라고 불렸으며, 황제는 왕으로 격하시켰다. 순종의 경우 이씨 성을 가진 왕이라는 뜻의 '이왕李王'으로 불렀으며, 역사적인 왕조로서의 조선은 '이씨 조선' 또는 '이조李朝'로 호칭했다.

순종 시기의 연호 '융희隆熙'는 금지되는 대신 일본 천황의 연호 '메이지明治'가 사용되었고, 서울의 이름 '한성漢城'도 '경성京城'으로 변경되었다.

2004년 8월 20일 소설가 이문열은 《문화일보》와 가진 전화 인터뷰에서 친일 청산을 반대하는 입장을 밝히며, "……그러나 우리는 36년간 국제법상으로 합법적으로 합방되었다. 합방 당시 태어난 아이는 서른여섯 살이 되도록 식민지 지배를 받고 살았다. 프랑스와 똑같이 비교하는 건 우습다……"라고 말해 네티즌들의 뭇매를 맞은 적이 있다.

일본의 정치 지도자들이 틈만 나면 한일 관계에 대해 망언을 일삼는 것은 바로 이문열의 주장처럼 '한일병합조약이 당시로서는 합법적이었다'는 인식에서 비롯된 것이다. 그들의 이와 같은 인식은 1910년 이래 100년이 다 되도록 확고하게 유지되고 있다. 그래서 1995년 10월, 무라야마 도미이치村山富市 수상은 "일한병합조약은 당시의 국제 관계 등 역사적 사정 가운데에서 법적으로 유효하게 체결되었다"는 망언을 내뱉기도 했다. 그러면서도 한일 양국의 외교적 갈등을 피하기 위해 "일한병합조약은 형식적으로는 합의로서 성립했지만 당시의 상황에 대해서는 우리로서 깊이 반성해야 할 것이 있으며, 조약 체결에 있어서는 쌍방의 입장이 평등했다고는 생각하지 않는다"고 한발 빼기도 했다. 이런 점에서는 한국의 보수적 작가로 명성이 높은 이문열보다 무라야마의 주장이 좀 더 양심적으로 느껴질 정도다.

이와는 반대로 한국의 대다수 국민과 학자들은 한일 합병이 근본적으로 무효라는 주장을 펴고 있다. 그 이유로는 1905년에 체결한 을사조약이 전제 국가 시대의 최고 결정권자인 고종의 승인과 비준을 받지 못했기에 효력이 없으며, 따라서 을사조약 이후 양국 사이에 체결되었던 모든 조약은 원천 무효라는 것이다. 또한 1910년에 맺은 한일병합조약도 일제의 군사적 점령과 삼엄한 감시 속에서 한국 황제 및 정부의 자발적인 의사로 체결된 것이라 할 수 없기 때문이다.

하지만 오늘날 한일 합병이 원천 무효라 해도 속 시원한 일은 결코 아니다. 이미 한국은 40여 년에 걸쳐 일제에게 강제 점령당했고, 이는 되돌릴 수 없는 역사적 사실로 굳어졌기 때문이다. 당시 한국은 국력을 비롯한 모든 것이 기울었던 반면, 일본은 말 그대로 '욱일승천旭日昇天' 하는 기세였다. 우유부단하고 사태 파악이 늦은 고종과 당시의 지배층은 거대한 시대의 흐름을 바로잡을 만한 힘이 절대적으로 부족했다.

한때는 민족 대표 33인의 한 사람으로 활약했지만 훗날 변절해 대표적인 친일파가 된 최린崔麟은 "1910년 8월 29일, 대한제국이 일제에 합병된다는 조약이 공포되는 시간에도 종로의 상인들은 평소와 다름없이 장사를 했다"는 일기를 남겼다. 이미 일반인들은 지배층의 무능력과 매국 행위에 더 이상의 울분도 느끼지 못한 채 국권을 상실하는 수치에도 별다른 반응을 보이지 않았던 것이다.

다만 오래전부터 문제의 본질을 깨달은 우국지사들이 만주, 연해주로 건너가 독립군을 양성하는 데 혼신의 힘을 기울였던 것이 당시 민중의 유일한 희망이었다.

정부 수립과 건국을
혼동하는 사람들

20

이승만과 미군정

2008년 7월 3일, 정갑윤 의원 등 한나라당 소속 국회의원 13명(무소속 1명 포함)이 '국경일에 관한 법률 일부 개정 법률안'을 국회에 제출했다. 이 개정안의 핵심 내용은 "광복절光復節을 건국절建國節로 바꾸자"는 것이며, "해방은 외세에 의해 이루어져 그다지 의미가 없지만 건국은 산업화와 민주화의 근원이 되는 뜻 깊은 날이므로 광복절이 아닌 건국절로 명칭을 바꾸어 국경일로 삼자"는 제안 취지가 덧붙여졌다.

이처럼 우리 사회 일부에서 일어난 건국절 논란은 서울대학교 경제학과 이영훈 교수가 한 신문에 '우리도 건국절을 만들자'는 칼럼을 게재하면서 본격적으로 불을 지폈다. 물론 그 전에도 일부 보수 언론이 건국절을 기념하자고 주장한 바 있다. 2006년 7월 31일 자 《동아일보》에 실린 이영훈 교수의 칼럼 일부를 보면 다음과 같다.

> ······광복은 일제가 무리하게 제국의 판도를 확장하다가 미국과 충돌해 미국에 의해 제국이 깨지는 통에 이루어진 것이다. 또한 광복을 맞았다고 하나 어떠한 모양새의 근대 국가를 세울지, 그에 관한 준비가 되어 있지 않았다. ······내후년(2008년)이면 대한민국이 새 갑자를 맞는다. 그해에 들어서는 새 정부는 아무쪼록 대한민국의 60년 건국사를 존중하는 인사들로 채워지면 좋겠다. 그해부터 지난 60년간의 '광복절'을 미래 지향적인 '건국절'로 바꾸자······.

어떤 이유로 광복절보다 건국절이 미래 지향적인지는 알 수 없지만, 그로부터 2년이 지나 '새 정부'가 들어서자 과연 입법기관에서까지 국경일 법률 개정안을 제출하기에 이르렀다. 이와 함께 건국절을 주장하는 사람들 중에서는 이른바 '건국의 아버지' 또는 국부론國父論을 제기하면서 초대 대통령인 이승만李承晩을 대한민국의 국부로 추앙하자고까지 주장하는 실정이다.

이러한 건국절 및 이승만 국부론은 대다수 국민의 반대 여론에 밀려 일단 수면 아래로 잠겼다. 그러나 언제든 때가 되면 이 같은 주장은 계속 반복될 것이 분명하다.

건국절 주장과 이승만 국부론은 근본적으로 맥을 같이한다. 그런 주장을 펴는 사람들의 견해로는 이승만이 대한민국의 '건국'을 이끌었으며, 그때 세워진 나라를 대한민국의 근본으로 보기 때문이다.

여러 기록을 보면 이승만은 개인적으로 뛰어난 역량을 가진 인물임에 틀림없다. 양녕대군의 16대손인 그는 1875년 황해도 평산의 가난한 집에서 태어났다. 어려서부터 학문에 천재성을 보였던 그는 갑오경장 후 과거제도가 없어지자 비교적 늦은 나이에 배재학당에 입학해 매우 우수한 성적으로 졸업했다. 그가 특히 집중한 과목은 영어였는데, 덕분에 배재학당을 졸업할 때는 조선 정부의 대신과 협판, 각국 외교관들 및 선교사, 학부형 등 800여 명의 청중 앞에서 '한국의 독립Independence of Korea'이라는 주제로 영어 연설을 했다. 이는 한국인 최초의 영어 연설로 알려지고 있다.

이후 이승만은 조선의 절대군주제를 폐지하는 대신 입헌군주제를 도입하려다 사전에 적발되어 한성감옥서漢城監獄署에 5년 8개월 동안 수감되기도 했다. 이때 직접 영한사전을 편찬하는가 하면, 독실한 기독교 신자가 되었다.

그런 뒤 미국으로 건너가 하버드대학과 프린스턴대학, 조지워싱턴대학 등에서 수학하며, '불과 5년 만에 학사·석사·박사 학위를 취득하는 놀라운 성과'를 이룩했다. 예컨대 그는 프린스턴대학 대학원에서 「미국의 영향을 받은 중립주의Neutrality as Influenced by the United States」라는 제목의 논문으로 1910년 7월에 박사 학위를 취득했다. 이로 인해 오늘날에도 많은 사람들이 그를 '이 박사'로 칭하고 있다.

한편 그의 이런 학문적인 성과와 미국 내에서 독립운동을 이끌었던 업적을 인정해 블라디보스토크에 수립된 노령 임시정부는 '국무경', 상하이 임시정부에서는 '국무총리', 서울의 한성 임시정부에서는 '집정관 총재執政官攝裁'로 그를 추대했다. 내로라하는 독립지사들이 태평양 건너편에 있던 그를 최고 요직에 추대한 것은 그만큼 이승만의 능력이 탁월했고, 국제적으로 명성이 높았음을 반증한다. 이때 이승만은 한성 임시정부가 추대한 집정관 총재라는 직함을 택해 이를 영어로 'President'로 번역하고는 스스로 대한민국의 대통령임을 자처하고 다녔다.

그는 루스벨트를 시작으로 미국의 역대 대통령들을 비롯해 국무성, 국방성의 고위 관료들과 자주 접촉했고, 워싱턴 군축회의 등에 대한민국 임시정부의 대표 자격으로 참관하면서 미주 등에서 한국의 독립운동을 이끌었다.

해방 후 귀국해서는 철저한 반공주의 정책을 펼쳐 공산주의 세력은 물론 김구 등의 민족주의 세력을 제거해 나갔고, 친일파·친미파 등과 연합해 집권에 성공할 수 있었다. 그가 미군정의 비호를 받으며 남한만의 단독 정부를 구성한 것을 두고 오늘날까지 남북 분단 고착화의 원인으로 평가하는 것이 일반적인 견해다. 물론 이 부분에 대해 이승만 옹호자들은 남북 분단은 1946년 2월에 이미 사실적인 단독 정부를 구성한 북한이 먼저 획책한 것이라고 주장하고 있다.

아무튼 이승만은 집권 후에 '발췌 개헌', '3·15 부정선거' 등으로 상징되는 수많은 불법과 편법은 물론 야당을 탄압해 장기 집권 야욕을 드러냈고, 결국 그런 끝없는 노욕과 자유당의 부정부패가 원인이 되어 1960년 4·19 혁명으로 하야하고 말았다.

요컨대 이승만은 일제 강점기부터 한국을 대표할 만한 국제적인 인물이었지만, 광복 후에는 지나친 정치적인 야망으로 인해 대한민국의 정체성을 확립하고 정의로운 국가 체제의 기틀을 다지는 데는 실패한 대통령으로 평가되는 인물이다.

건국절 제정을 주장하는 사람들의 말처럼 광복은 외세의 도움으로 이루어졌다. 그러나 이런 시각으로만 광복을 이해하는 것은 소극적이고 편협한 일이다. 광복은 일제 강점기 이전부터 끈질기고 완강하게 독립 투쟁에 매진했던 인사들과 국민 대부분의 한결같은 염원이 이루어낸 결과기도 하기 때문이다. 예를 들어 광복 직전, 미국 등 연합국이 치열하게 일본을 공격할 때 대한민국 임시정부는 독립군을 대일 전선으로 파견해 연합국의 일원으로서의 자격을 얻으려고 했다. 비록 이런 노력들이 연합국의 외면과 무시로 결실을 거두지는 못했지만, 결국 카이로 회담 등을 통해 한국의 독립을 보장받는 데 중요한 역할을 했던 것은 분명한 사실이다.

광복光復이란 말 그대로 빛을 되찾았다는 뜻이지만, 그것이 약 40년 동안 우리나라가 빼앗겼던 주권이나 통치권을 되찾았다는 은유적인 표현이라는 것은 초등학생들도 알고 있는 사실이다. 다시 말해 국가를 구성하는 3대 요소인 영토, 국민, 주권 중에서 주권을 되찾았다는 뜻의 광복이다.

1945년 8월 14일 밤, 히로히토 일본 천황은 도쿄의 황궁에서 종전終戰을 선언하는 방송을 녹음했다. 천황의 목소리를 담은 이 테이프는 8월 15일 정오에 처음으로 전파를 탔고, 같은 날 오후 2시에 재방송되었다. 서울의 경성방송국을 통해 한반도에서도 청취되었다.

히로히토는 이 방송을 통해 "미·영·중·소 4개국의 공동 선언을 수락하며 종전을 선언한다"고 밝혔다. 그러면서도 자신의 신하들이 강제 점령해 온갖 탄압과 수탈의 대상으로 삼았던 한국에 대해서 사과는커녕 아예 언급조차 하지 않았다. 그럼에도 이 방송을 일반적으로 항복 선언으로 인식하는 것은 '4개국 공동 선언', 즉 '포츠담 선언'을 받아들인다고 했기 때문이다. 포츠담 선언은 카이로 선언과 함께 일제의 무조건 항복과 전쟁 후 한국의 독립을 언급하는 내용을 담고 있었다. 따라서 히로히토의 종전 선언은 곧 한국의 독립을 뜻하는 것이었다. 하지만 일제가 무조건 항복한 것은 미국의 두 차례에 걸친 원자폭탄 투하와 소련의 개입이 직접적인 원인이었고, 이로 인해 두 강대국은 당연하다는 듯 한반도를 38도선으로 분할해서 '점령'했다.

광복을 맞으면서 남한에서는 여운형呂運亨을 중심으로 조선건국준비위원회(건준)가 결성되었다. 건준은 9월 6일에 '조선인민공화국 임시조직법안'을 통과시켜 '조선인민공화국(인공)'을 수립한 뒤 이를 발표했다. 하지만 이튿날인 9월 7일 태평양 방면 미 육군 맥아더 총사령관 명의로 포고문 제1호가 발표되면서 인공은 실체도 없는 정부로 그치고 말았다.

조선 인민에게 고함.

태평양 방면 미 육군 총사령관으로서 본관은 아래와 같이 선포한다. …… 항복 문서의 조항에 따라 본관 휘하에 있는, 승리에 빛나는 군대는 금일 북위 38도선 이남의 조선 영토를 점령했다. ……나는 이에 북위 38도 이남의 조선과 조선 주민에 대해 군정the military control을 펴면서 다음과 같은 점령 조건을 발표한다.

제1조: 북위 38도 이남의 조선 영토와 조선 인민에 대한 최고 통치권은 당

분간 본관의 권한하에서 실시한다…….

미군을 남한에 대한 점령군the occupying forces으로 규정한 이 포고문에 이어 10월 10일에는 미군의 아놀드 군정장관이 "남한에는 미군정이라는 단하나의 정부만 있다. 이 정부는 맥아더 원수의 포고와 하지 중장의 정령과 아놀드 소장의 행정령에 의해 정당히 수립된 것이다"라는 내용의 성명을 발표했다. 이날 아놀드 군정장관은 "미군정은 남한 각지에 조직된 지방인민위원회의 해체를 종용하고, 이에 응하지 않을 경우에는 군대와 경찰을 동원해 강제로 해산하겠다"고 밝혔다.

이에 따라 유명무실했던 인공은 강제 해체되었고, 김구가 이끄는 대한민국 임시정부도 용납되지 않아 나중에 임정 요인要人들과 이승만 등 미주 지역의 정치가들은 개인 자격으로 귀국하는 사태가 벌어졌다.

정부 수립 과정과 기원 연호

이 무렵, 미국의 대한對韓 정책은 국무성과 국방성의 입장이 달라 갈피를 잡지 못하고 있었다. 이때 이승만은 국방성 인사들과 좀 더 친밀한 관계에 있었다고 한다. 하와이에 있던 그는 한국이 해방되자 곧바로 귀국하려고 했으나, 국무성에서 '여행증명서'를 발급하지 않아 한동안 귀국이 지체되었다. 이미 미 국무성은 미주 한인들을 대상으로 여론 조사를 한 결과 이승만이 한국인 전체를 대표할 만한 인물이 아님을 파악하고 그의 귀국을 지연시켰던 것이다.

그런데 얼마 후 이승만은 국방성의 도움으로 군용기를 이용해 일본 도쿄로 가서, 맥아더 사령관 및 미군정 책임자였던 하지 중장과 3자 회동을 가졌다. 이때 세 사람은 일본이 공산화되는 것을 막기 위해 38도선 이북으로 진출한 소련 공산 세력의 남진을 막아야 한다는 데 뜻을 모았다.

당시만 해도 미 국무성은 소련을 그다지 적대시하지 않았다. 따라서 국무성의 압력을 받은 하지 중장은 남한을 이끌어 갈 지도자로 좌파 내지 중도 노선인 여운형과 김규식을 선택했다. 이로 인해 이승만과 하지는 한동안 불화를 겪었지만, 1947년 무렵 미국에서 매카시즘 선풍이 불면서 미국의 대한 정책은 반공 노선으로 급선회했다.

이보다 앞서 노회한 정치가였던 이승만은 여러 정치 세력들과 이합집산하는 과정을 거치면서 세를 불려 나갔다. 당시 국내 정치 세력은 크게 좌익과 우익, 중도 세력 등으로 나뉘었는데, 조선공산당을 결성한 박헌영, 좌우합작 운동을 추진하려 했던 안재홍과 김규식, 미군정의 지원을 받아 급성장하던 한국민주당(한민당)과 손잡은 이승만, 대한민국 임시정부의 법통을 내세운 한국독립당(한독당)의 김구 등이 주요 정치 세력이었다.

미국식 자본주의에 익숙했던 이승만은 1945년 10월 16일 귀국한 이래 줄곧 남한 내의 사회주의자나 공산주의자들을 비판해, 당시 우익 보수 세력의 지지를 이끌어 냈다. 그리고 1946년 6월 3일에는 이른바 '정읍井邑 발언'을 통해 남한만의 단독 정부를 수립할 것을 주장했는데, 이로 말미암아 국내는 더욱 극심한 정치 혼란에 휩싸였다. 남북 문제 또한 미국과 소련의 일시 점령 상태가 악화되어 통일을 기약할 수 없는 분단 상태로 접어들었다.

　이에 아랑곳없이 이승만은 1947년 7월, 한국민족대표자대회를 조직해 본격적으로 단독 정부 수립을 추진했다. 주로 한민당을 구성하는 친일파 지주와 자본가들이 이승만의 논리를 전파해 나갔고, 이 무렵 반공 정책을 공식화한 미국도 '철저한 반공주의자'인 이승만을 적극 지원하기 시작했다.

　같은 해 11월 14일, 유엔은 인구 비례에 따른 남북한 총선거를 실시할 것을 결의하고 유엔한국임시위원단(유엔한위, UNTCOK)을 구성했다. 한국을 제외한 7개국으로 구성된 유엔한위는 1948년 1월 8일 남한에 입국했지만, 이때 북한과 소련은 '미국과 소련의 군대가 모두 철수한 뒤 자주 정부를 수립해야 한다'는 조건을 내걸고 유엔한위가 북한으로 입국하는 것을 막았다. 이에 따라 유엔한위는 미국의 제안대로 남한만의 단독 정부를 수립하기 위해 5월 10일 총선거를 실시하기로 결정했다.

　결국 한민당 등 일부를 제외한 대부분의 정당, 사회단체가 단독 정부 수립을 반대하는 가운데 총선이 치러졌는데, 의석수는 무소속 85석, 이승만의 독촉국민회(대한독립촉성국민회) 54석, 한민당 29석 등 대부분 극우 세력이 차지했다. 미군정에 등록되었던 425개의 정당 및 사회단체 중 43개만 총선에 참여했으니, 당시 대부분의 정치 세력이 단독 정부 수립에 반대했음을 알 수 있다. 참고로 독촉국민회는 기존의 반탁反託 운동기관인 이승만 중심의 독립촉성중앙협의회와 김구 중심의 신탁통치반대 국민총동원중앙위원회가 통합해서 1946년 2월에 발족한 정치 단체였다. 하지만 이 단체에 관여했던 김구와 김규식 등 남북 협상파들이 제헌국회 총선에 불참한 뒤로 독촉국민회는 이승만의 직계 정치 세력으로 남았다.

모두 198명으로 구성된 제헌국회의원들은 1948년 7월 12일에 헌법을 제정해 7월 17일에 공포했고, 국회의원 간선으로 대통령을 선출한다는 당시 헌법에 따라 7월 20일에는 이승만과 이시영李始榮을 각각 초대 대통령과 부통령으로 선출했다. 며칠 뒤인 7월 24일 이승만은 초대 대통령 취임식을 가졌다. 이때의 취임식과 동시에 내각이 구성되어 정부가 출범한 것이므로, 대한민국 정부는 실질적으로 1948년 7월 24일에 수립된 것이다.

같은 해 8월 15일, 중앙청(옛 조선총독부 청사)에서는 역사적인 '정부 수립 선포식'이 열렸다. 그 행사에 내걸었던 대형 현수막도 '대한민국 정부 수립 국민 축하大韓民國政府樹立國民祝賀'로 표기되어 있다.

이날 이승만은 축사를 통해, "오늘에 거행하는 이 식은 우리의 해방을 기념하는 동시에 우리 민국民國이 새로 탄생한 것을 겸해 경축하는 것입니다. 이날에 동양의 한 고대국인 대한민국 정부가 회복되어서 40여 년을 두고 바라며 꿈꾸며 투쟁해 온 결실이 실현되는 것입니다'라고 말했다. 우리나라가 '민주공화국'이란 체제로 새로 출범하는 것이며, 동양의 한 고대국이 대한민국 정부로 '회복'되었음을 분명히 하고 있다. 또한 그 정부 수립이 40여 년간의 독립 투쟁을 통해 얻은 결실이라고 규정했다. 이는 제헌헌법 전문前文에 "유구한 역사와 전통에 빛나는 우리 대한국민은 기미 3·1 운동으로 대한민국을 건립하여 세계에 선포한 독립 정신을 계승하여 이제 민주독립국가를 재건함에 있어서……"라고 서술된 것과 동일한 인식이었다.

이승만은 이때의 연설문 말미에도 '대한민국 30년 8월 15일'로 대한민국의 기원 연호를 표기했다. 왜 1948년이 대한민국 30년인가? 이미 이승만은 1948년 5월 31일 제헌국회의 의장으로 선출되어 연설할 때, "……이 국회에서 건설되는 정부는 즉 기미년己未年(1919)에 서울에서 수립된 민국의 임시정부의 계승에서……"라고 밝힌 바 있다. 따라서 한성 임시정부(이승만은 대한민국 임시정부와 불화해 굳이 한성 임시정부를 계승한 것으로 밝혔지만)가 수립된 1919년을 정부 수립 1년으로 잡으면 1948년은 '대한민국 30년'이 되는 것이다.

1948년 8월 15일 중앙청에서 열린 대한민국 '정부 수립 국민 축하' 행사

자다가 봉창 두드리는 건국절 주장

대한민국이라는 국호의 경우는 어떤가? 조선 말기에 칭제건원을 하면서 국호를 대한제국大韓帝國으로 바꾼 것은 한韓이라는 글자가 '크다, 넓다, 하나다'라는 뜻을 가졌을 뿐만 아니라, 고대의 마한·변한·진한 등 삼한三韓에서 비롯된 것이다. 한이 고대부터 동이東夷, 예맥濊貊 등과 함께 우리나라나 민족을 가리키는 용어의 하나라는 것은 이 책의 앞 장에서 언급한 바 있다.

그 뒤 1919년 4월 10일, 상하이 임시정부 의정원에서 신석우申錫雨(1894~1953) 교통 총장交通總長이 '국민이 주권을 가진 나라'라는 뜻에서 대한제국의 제국을 민국으로 바꾸자고 제안했다. 이때 일부에서는 "한번 망한 나라의 이름(대한)을 또 쓰느냐?"고 반대했지만, 투표 결과 다수결로 대한민국이란 국호가 채택되었다. 이후 1948년 제헌국회가 임시정부 시기의 국호를 정식으로 확정해 오늘날까지 이르고 있다. 요컨대 대한민국이란 국호는 조선 후기의 대한제국에 직접적인 뿌리를 두고 있으며, 그 근원을 따지면 고대의 삼한 시대로까지 거슬러 올라간다.

이러한 역사적 사실과 정부 수립 당시의 기록들은 이승만을 비롯한 당시의 집권층에서 1948년 8월 15일을 건국절로 생각한 게 결코 아니었음을 증명하고 있다. 요컨대 1945년 8월 15일은 한국인이 강제로 빼앗겼던 나라의 주권을 되찾은 날(광복절)이고, 1948년 8월 15일은 이미 의회와 헌법, 대통령 등의 통치 조직을 갖추고 국가의 주권을 행사하게 된 것을 국내외에 널리 알리기 위한 '정부 수립 기념일'이었다.

아울러 7월 24일에 정부를 출범시키고도 8월 15일에 기념식을 가진 것은 이승만의 연설처럼 광복절이 갖는 상징적인 의의가 매우 컸기 때문이다. 실제로 광복절은 정부 수립 후 1년이 지난 1949년 10월 1일, '국경일에 관한 법률'을 제정하면서 국경일로 제정되었다. 제정 이유는 '한민족이 해방되었음을 경축함과 동시에 대한민국 정부가 수립된 것을 함께 경축하기 위함'이었다. 이는 이승만 초대 대통령이 정부 수립 기념 행사에서 했던 연설과 같은 개념이기도 하다.

따라서 지금까지 해마다 기념해 왔던 광복절이란 말 속에는 한민족이 일제로부터 해방된 것과 대한민국 정부 수립을 동시에 경축한다는 의미가 내포되어 있는 것이다. 다만 대부분의 국민들이 광복절을 일제로부터 해방된 날로만 인식하고 있었다는 게 문제라면 문제였다. 이는 일부에서 광복절이란 명칭을 건국절로 바꾸자는 가장 큰 이유기도 하다.

그러나 광복절이란 말을 없애고 대신 건국절로 표기한다면 어떤 문제가 생길까?

먼저 대한민국이 그 전까지의 왕조 및 역사와는 별개인 신생 국가로 출범했다는 뜻이 된다. 이렇게 되면 현재의 정부 수립이 3·1 운동에서 비롯되었다는 역사적인 사실을 부정하는 것이며, 일제 강점기 이전부터 치열하게 전개되었던 독립 운동과 이승만의 주도로 이루어진 정부 수립의 연관성이 전혀 없다는 논리로 비약하게 된다. 단군이 한민족 최초의 국가를 세운 것을 경축하는 개천절開天節과의 관계도 새로 설정해야 할 판이다.

앞에서 살펴본 것처럼 이승만 등 당시 우파의 지도자들은 정부 수립과 건국의 개념을 정확하게 구분하고 있었다. 그래서 총선 이전이나 이후에도 건국이라는 표현은 사용하지 않았다. 오히려 여운형 등 좌파 세력이 건국 동맹建國同盟이나 건준建準이라는 용어를 사용해 건국과 정부 수립의 차이를 혼동한 게 아닌가 싶다.

역사적으로 건국과 개국開國이란 말은 동의어처럼 사용되고 있다. 예컨 대 고려나 조선 왕조가 수립된 것을 두고 건국과 개국을 혼용하는 경우가 많다. 하지만 현대적인 의미의 건국은 말 그대로 새로 나라를 세웠다는 뜻 이니, 국제 사회의 신생 국가라는 의미가 강하다. 유대 민족이 수천 년 동안 전 세계를 떠돌다가 팔레스타인 지방에 모여 이스라엘을 세웠으니, 그것은 건국이라는 표현이 합당하다.

그러나 건국과 정부 수립에는 근본적인 차이가 있다. 만일 어떤 정부와 통치 체제가 수립 또는 교체된 것을 건국과 동일시한다면, 중국이나 인도, 서구의 수많은 국가들 역시 건국이 수없이 반복된 셈이라 할 수 있다. 하지 만 오늘날 오랜 역사를 거쳤고 왕조와 정치 체제가 수없이 교체된 그런 나 라들을 신생 국가라고 부르지 않는 것처럼, 한국도 신생 국가가 아니다.

지금 건국절을 주장하는 사람들은 습관적으로 '자유민주주의'니 '국가 의 정체성' 운운하면서 그 반대쪽에 있는 사람들을 '반대한민국적'이라고 몰아붙이고 있다. 그렇다면 그들이 말하는 대한민국의 정체성은 과연 어디 서부터 찾아야 할까? 그들은 1948년에 '건국'된 신생 국가에서 대한민국의 정체성을 찾고 싶겠지만, 대부분의 국민들은 반만년의 역사를 이어 왔으며 일제에 맞서 3·1 운동을 일으킨 민족정신과 대한민국 임시정부를 수립한 자주성에서 대한민국의 정체성을 찾으려고 한다. 한국인이 국제 사회에서 자부심을 갖는 것은 신흥 민주국 또는 신흥 산업국의 국민이라기보다 세계 에서 손꼽히는 뿌리 깊은 역사와 문화, 영토를 지켜 온 나라의 국민이라는 데 더 큰 이유가 있다.

현재의 헌법 전문前文은 "유구한 역사와 전통에 빛나는 우리 대한국민은 3·1 운동으로 건립된 대한민국 임시정부의 법통과 불의에 항거한 4·19 민주 이념을 계승하고……"라는 대목으로 시작된다. 여기서 법통이란 법의 계승이나 전통을 뜻하는 것이니, 우리 헌법은 한국이 유구한 역사와 전통을 가졌다는 것과 현재의 정부와 통치 체제가 3·1 운동 정신과 대한민국 임시 정부의 체제, 이승만 정부의 전횡과 장기 독재에 항거한 4·19 민주 이념을 계승하고 있음을 명확히 하고 있다. 따라서 굳이 건국절을 법률로 제정하고 이승만을 국부로 추대하려면, 국민적인 합의를 거쳐 이 헌법 전문부터 개정해야 옳을 것이다.

이런 점에서도 건국절, 국부 운운하는 일부의 논의는 구구한 반박이 필요 없을 정도로 황당함 그 자체다. 정치 세력을 우파와 좌파로 구분하고 우파의 정통성을 내세우고 싶은 심정은 충분히 이해할 수도 있지만, 굳이 건국절과 국부론으로 어두운 친일과 독재의 그림자를 감추려고 드는 것은 역사에 대한 왜곡이고 모독일 것이다. 그게 아니라면 자유당의 부정부패와 이승만의 장기 독재에 향수를 느끼는 사람들의 잠꼬대 정도로 여겨야 할까?